Produktion und Logistik

Geschäftsführender Herausgeber

Horst Tempelmeier, Universität zu Köln

Herausgeber

Wolfgang Domschke, Technische Hochschule Darmstadt
Andreas Drexl, Universität Kiel
Bernhard Fleischmann, Universität Augsburg
Hans-Otto Günther, Technische Universität Berlin
Hartmut Stadtler, Technische Hochschule Darmstadt

Produktion und Logistik **Production and Logistics**

M. Gietz
Computergestützte Tourenplanung mit zeitkritischen Restriktionen
1994. XIV/267 Seiten
ISBN 3-7908-0808-3

E. Pesch
Learning in Automated Manufacturing
1994. XIV/258 pages
ISBN 3-7908-0792-3

R. Kolisch
Project Scheduling under Resource Constraints
1995. X/212 pages
ISBN 3-7908-0829-6

Frank Salewski

Hierarchische Personaleinsatzplanung in Wirtschafts-prüfungsgesellschaften

Mit 4 Abbildungen

Physica-Verlag

Ein Unternehmen
des Springer-Verlags

Dr. Frank Salewski
Universität Kiel
Institut für Betriebswirtschaftslehre
Lehrstuhl für Produktion und Logistik
Olshausenstraße 40
D-24118 Kiel

ISBN 978-3-7908-0832-2 ISBN 978-3-642-51097-7 (eBook)
DOI 10.1007/978-3-642-51097-7

CIP-Titelaufnahme der Deutschen Bibliothek
Salewski, Frank:
Hierarchische Personaleinsatzplanung in Wirtschaftsprüfungsgesellschaften / Frank Salewski. - Heidelberg : Physica-Verl., 1995
(Produktion und Logistik)
ISBN 978-3-7908-0832-2

88/2202-543210 - Gedruckt auf säurefreiem Papier

Danksagung

Die Bearbeitung einer Problemstellung mit unmittelbarem Praxisbezug wie der Personaleinsatzplanung in Wirtschaftsprüfungsgesellschaften sollte nicht ausschließlich auf theoretisch gewonnenen Erkenntnissen basieren, sondern vielmehr die Entwicklung eines Instruments zum Ziel haben, das - nach wissenschaftlichen Kriterien erstellt - den Anforderungen der Prüfungspraxis gerecht werden kann. Dazu ging der vorliegenden Arbeit eine insgesamt einjährige Tätigkeit als Prüfungsassistent bei der Arthur Andersen & Co. GmbH in Frankfurt a. M. voraus. Die eigentliche Durchführung der Arbeit erfolgte dann im Zeitraum von April 1991 bis Januar 1994 während meiner Tätigkeit als wissenschaftlicher Mitarbeiter am Institut für Betriebswirtschaftslehre der Christian-Albrechts-Universität zu Kiel.

Mein besonderer Dank gilt Herrn Prof. Dr. Andreas Drexl für seine stete Förderung der Arbeit; seine fortwährende Diskussionsbereitschaft und die hervorragenden Arbeitsbedingungen haben maßgeblich zum Entstehen der Arbeit beigetragen. Dank gebührt meinen ehemaligen Kollegen der Arthur Andersen & Co. GmbH, insbesondere Herrn StB Dipl.-Betriebsw. Eckard Blauhut, der den Fortgang der Arbeit von Beginn an mit der fruchtbar kritischen Sichtweise eines Praktikers verfolgte. Danken möchte ich Herrn Privatdozent Dr. Erwin Pesch von der Rijksuniversiteit Limburg / Maastricht, meinen Kollegen am Institut für Betriebswirtschaftslehre an der Christian-Albrechts-Universität zu Kiel, insbesondere Herrn Dipl.-Inform. Andreas Schirmer, sowie den Diplomanden Herrn Thomas Bartsch, Herrn Lars Böttcher, Herrn Jan Juretzka, Herrn Rüdiger Nissen und Herrn Henning Schmidt für viele wertvolle Anregungen.

Ebenfalls zu Dank verpflichtet bin ich Herrn Dipl.-Ing. Uwe Penke für die Schaffung eines ausgezeichneten Arbeitsumfeldes im PC-Labor sowie Herrn Frank Hinrichs für die Durchführung von Programmiertätigkeiten. Mein Dank gilt schließlich auch Herrn Marc Schumann für die kreative Mitwirkung beim Layout des Fragebogens sowie Frau Ina Kantowski und Frau Sabine Otte für ihre Unterstützung bei Literaturrecherchen.

Das Graduiertenkolleg für Betriebswirtschaft der Christian-Albrechts-Universität zu Kiel hat die Forschungstätigkeit in dankenswerter Weise u. a. durch die Übernahme der Kosten für die Durchführung und Auswertung der Fragebogenerhebung unterstützt.

Kiel, 1994 *Frank Salewski*

Inhaltsverzeichnis

Kapitel 1

Einleitung

Jedes wirtschaftlich sinnvolle Handeln setzt planvolles Vorgehen voraus. Dementsprechend lassen sich bei komplexen Problemstellungen wie Unternehmensprüfungen[1] Phasen der Prüfungsplanung von Phasen der Prüfungsdurchführung unterscheiden.[2] Die Planung dient dabei im wesentlichen der Festlegung des Prüfungsprogramms und der Personaleinsatzplanung; letztere verfolgt die Zuordnung von Prüfern zu Prüffeldern unter Beachtung von Reihenfolge-, Kapazitäts- und Terminrestriktionen.[3] In den anschließenden Durchführungsphasen werden die Prüfungshandlungen vollzogen.[4]

Folgt man dem Phasenschema von Leffson[5], so liegen zwei Durchführungsphasen vor, denen jeweils eine Planungsphase vorangeht. In der ersten Durchführungsphase erfolgt - unter besonderer Berücksichtigung des internen Kontrollsystems - die Systemprüfung. Diese umfaßt die Erfassung der prüfungsrelevanten Subsysteme und eine Überprüfung, ob diese Systeme wirksam konzipiert sind und im zu prüfenden Zeitraum planmäßig funktioniert haben. Dabei festgestellte Schwachstellen lösen je nach Fehlerart und -wahrscheinlichkeit in den betroffenen Prüffeldern intensivere Prüfungshandlungen während der anschließenden, zweiten Durchführungsphase aus, in der einzelne Konten einer direkten, sogenannten ergebnisorientierten Prüfung unterzogen werden. Aus dieser Interdependenz zwischen den beiden Phasen läßt sich unmittelbar ableiten, daß vor Beginn einer Prüfung zwar (z. B. auf Basis eines mehrjährigen Prüfungsplans oder der Ergebnisse einer vorjähri-

---

1 Vgl. v. Wysocki (1988, S. 145).

2 Vgl. Leffson (1988, S. 153 ff.).

3 Vgl. Drexl (1989a, S. 294).

4 Zu den Möglichkeiten einer effizienten Prüfungsdurchführung siehe z. B. Drexl/Salewski (1991).

5 Vgl. Leffson (1988, S. 153 ff.).

gen Prüfung) ein u. U. bereits detailliertes Prüfungsprogramm für beide Phasen festgelegt werden kann, mit hoher Wahrscheinlichkeit aber - zumindest im Verlauf der zweiten Phase - Anpassungen aufgrund aktueller Prüfungsergebnisse erforderlich sein werden.

Auf der Grundlage eines so erhaltenen Prüfungsprogramms erfolgt die Personaleinsatzplanung. Aus der Genauigkeit und der Sicherheit der Daten des Prüfungsprogramms ergeben sich aus praktischen wirtschaftlichen Erwägungen heraus für die Personaleinsatzplanung zwei Folgerungen. Zum einen ist eine ins Detail gehende Planung des Personaleinsatzes nur für die zeitlich ersten Prüfungsschritte als sinnvoll zu erachten, während für den weiteren Prüfungsverlauf lediglich eine gröbere, d. h. auf Basis höher aggregierter Daten vorgenommene Planung in Betracht kommt. Zum anderen kann nicht ausgeschlossen werden, daß selbst bei einer entsprechend an die Datenlage angepaßten Planung derart grundlegende Änderungen vorgenommen werden müssen, daß nicht einmal die Grobplanung des Personaleinsatzes aufrecht erhalten werden kann. Aus diesen beiden Überlegungen ergibt sich, daß Instrumentarien, die der Unterstützung der Planung des Personaleinsatzes dienen, sowohl auf das vom Anwender gewünschte Aggregationsniveau abgestimmte Vorgehensweisen anbieten als auch über Mechanismen zur flexiblen Integration grundlegender Datenänderungen verfügen sollten.

Im folgenden wird, ohne auf konkrete Prüfungstätigkeiten näher einzugehen, vorausgesetzt, daß für einen oder mehrere Aufträge jeweils ein der zuvor dargelegten Sichtweise entsprechender Rahmen für das Prüfungsprogramm hinsichtlich der beiden Phasen vorliegt,[6] der als Grundlage der Personaleinsatzplanung dienen kann. Das Ziel der vorliegenden Arbeit ist dann die Formulierung eines praxisgerechten Ansatzes zur Personaleinsatzplanung in Wirtschaftsprüfungsgesellschaften. Dazu erfolgt in Abschnitt 1.1 eine weitere Präzisierung und Abgrenzung der Problemstellung, aus der sich die in Abschnitt 1.2 dargelegte Vorgehensweise ergibt.

---

6 Zur Verdeutlichung: Diese Formulierung gestattet sowohl, daß das Prüfungsprogramm eines Auftrags bereits vollständig und im Detail ausgearbeitet vorliegt als auch, daß nur einige wenige Eckdaten für die Durchführung einer Prüfung gegeben sind.

1.1 Problemstellung und Abgrenzung

Abstrakt formuliert, besteht das der Personaleinsatzplanung in Wirtschaftsprüfungsgesellschaften zugrundeliegende Problem darin, einer Reihe von auf "geeignetem" Aggregationsniveau definierten Prüfungstätigkeiten einen oder mehrere Prüfer mit unterschiedlichem Qualifikationsniveau "möglichst gut"[7] zuzuordnen und die Durchführung der Tätigkeiten zu terminieren. Dabei sind bestimmte Typen von Restriktionen wie z. B. Reihenfolge-, Kapazitäts- und Terminbeschränkungen zu beachten.[8] Diese Definition läßt zunächst zwei grundsätzliche Aspekte offen:

- Werden bei der Planung unterschiedliche Aggregationsniveaus verwendet, und wie sind diese ggf. sinnvoll zu verbinden ?

  Offensichtlich können Tätigkeiten im oben genannten Sinne mehr oder weniger genau spezifiziert sein wie z. B. allgemein als die Durchführung eines Prüfungsabschnittes wie der Vorprüfung oder speziell als die Prüfung der Debitorenkonten A-K. Je nach Entscheidungsträger (wie z. B. Unternehmensleitung oder Prüfungsleiter) können demnach unterschiedliche Sichtweisen und Planungshorizonte von Bedeutung sein. Während die Unternehmensleitung primär eine auftragsbezogene, längerfristige Sichtweise besitzt, interessieren auf der Ebene der Prüfungsleiter eher prüffeldbezogene Fragestellungen mit kürzerem Planungshorizont. Gleichzeitig wird bei der prüffeldbezogenen Betrachtungsweise der Prüfungsleiter, die in Teilbereichen unbedingt erforderlich ist, aus den eingangs genannten Gründen eine vollständige Planung eines gesamten Auftrags auf niedrigstem Aggregationsniveau wegen des Risikos bzw. der Unsicherheit, mit der entsprechende Daten behaftet sind, kaum möglich bzw. sinnvoll sein. Insofern ist die Frage nach dem Vorliegen von Planungsproblemen mit unterschiedli-

---

7 Die Frage, wie eine "möglichst gute" Zuordnung von Prüfern zu Tätigkeiten definiert werden kann, ist nicht von grundsätzlicher Natur. Dabei handelt es sich lediglich um die Operationalisierung eines Zielkriteriums, also um die Formulierung der Zielfunktion bei einer mathematischen Abbildung des Problems.

8 Vgl. Drexl (1990, S. 117 f.).

chem Aggregationsniveau zu bejahen. Insbesondere wegen der Datenunsicherheit und der aus Sicht der Entscheidungsträger gewünschten separaten Beantwortung von Fragestellungen auf unterschiedlichem Aggregationsniveau scheidet eine Planung unter Berücksichtigung nur einer einzigen Problemebene fast zwangsläufig aus. Um andererseits bestehende Interdependenzen zwischen verschieden detaillierten Sichtweisen berücksichtigen zu können, sind Koppelungsmechanismen zwischen einzelnen Planungsebenen notwendig. In dieser Arbeit wird dazu ein hierarchischer Ansatz gewählt, weil der Struktur des Problems durch die damit erforderliche Abstimmung zwischen den einzelnen Ebenen besonders gut Rechnung getragen wird und die logische Konsistenz der Problemformulierung deutlich zum Ausdruck kommt.

- Sollen die Zuordnung von Prüfern zu Prüfungstätigkeiten und die Terminierung der Prüfungstätigkeiten simultan oder sukzessive erfolgen ?

Folgt man der Literatur, so finden sich mehr oder weniger weit gefaßte Definitionen des Begriffs der Personaleinsatzplanung und entprechend unterschiedliche Abgrenzungen zu anderen Bereichen des Personalmanagements wie z. B. der Personalbedarfsplanung.[9] Vielfach wird darunter lediglich die Zuordnung der vorhandenen Mitarbeiter mit bestimmten Fähigkeiten und Kapazitäten auf bestimmte Tätigkeiten verstanden.[10] Nicht berücksichtigt werden dabei zeitliche Restriktionen sowie Reihenfolgebeziehungen zwischen Tätigkeiten, die gerade in der Prüfungspraxis eine nicht unbedeutende Rolle spielen. Als Folge kann es zu mangelhaften Kapazitätsauslastungen oder verzögerten Auftragsfertigstellungen kommen.[11] Da diese Effekte nicht wünschenswert sind und auch nicht notwendigerweise in Kauf

---

9 Zu Begriffsbildungen, Definitionen und Abgrenzungen siehe z. B. Domsch (1975, Sp. 1513 ff.), Kossbiel (1992a, Sp. 1654 ff.), Mag (1986, S. 85 f.), Rationalisierungs-Kuratorium der Deutschen Wirtschaft (RKW) (1990, S. 343 f.), Scholz (1989, S. 9 f.). Drumm (1989, S. 182 ff.) behandelt die Personaleinsatzplanung nicht explizit, sondern lediglich die Personalzuweisungsplanung.

10 Vgl. Mag (1986, S. 84) und Domsch (1975, Sp. 1514).

11 Vgl. Drexl (1990, S. 53).

genommen werden müssen, erfolgt im Rahmen dieser Arbeit die Zuordnung von Prüfern zu Prüfungstätigkeiten unter simultaner Berücksichtigung von Reihenfolge-, Kapazitäts- und Terminrestriktionen. Die sich daraus ergebenden Fragestellungen nach der Zuordnung von Prüfern zu Tätigkeiten mit gleichzeitiger Terminierung der Durchführung sind in den Bereich der Ablaufplanung[12] einzuordnen. Die mathematische Beschreibung der hier vorliegenden Planungsprobleme erfolgt deshalb in enger Anlehnung an für den Bereich der Ablaufplanung gängige, d. h. meist binäre Modellformulierungen. Daraus erwachsen zwei weitere Vorteile. Zum einen sind für die Entwicklung von Lösungsverfahren möglicherweise Ideen, auf deren Basis andere Ablaufplanungsprobleme gelöst werden, übertragbar. Zum anderen erlauben derartige Formulierungen die Nutzung von Standardsoftware der linearen Optimierung wie z. B. LINDO zum Erzeugen von Referenzlösungen.

1.2 Vorgehensweise

Für die vorliegende Arbeit wurde die folgende Vorgehensweise gewählt:

In *Kapitel 2* erfolgt anhand einer Fragebogenerhebung, in die die 200 (bezogen auf die Zahl der beschäftigten Wirtschaftsprüfer) größten Prüfungsgesellschaften in der Bundesrepublik Deutschland einbezogen wurden, eine Aufnahme der aktuell durchgeführten Personaleinsatzplanung sowie eine Eruierung potentieller Verbesserungsmöglichkeiten. Als Ergebnis der Auswertung schließt sich die Vorstellung eines konzeptionellen Rahmens zur hierarchischen Personaleinsatzplanung an, der eine taktische, eine taktisch-operative und eine operative Ebene[13] unterscheidet.

Die *Kapitel 3, 4* und *5* sind der Diskussion der drei zuvor genannten Planungsebenen gewidmet. Der Aufbau ist jeweils wie folgt: Zunächst werden

---

12 In der angelsächsischen Literatur meist als "project scheduling" bezeichnet. Zur Ablaufplanung allgemein siehe z. B. Baker (1974), Balas (1971), Blazewicz et al. (1986), Domschke/Scholl/Voß (1993), Herroelen (1972), Lock (1984), Pritsker/Waters/Wolfe (1969), Slowinski/Weglarz (1989).

13 Zur Bezeichnung der Ebenen siehe Abschnitt 2.4.

die Prämissen vorgestellt und an einem Beispiel veranschaulicht, aus dem im Falle von untergeordneten Ebenen auch die Einbindung in das hierarchische Gesamtkonzept hervorgeht. Daran schließt sich die mathematische Problemdarstellung an, für die jeweils eine binäre Modellformulierung gewählt wurde. Nachfolgend wird zu jedem Modell ein heuristisches Verfahrensschema vorgestellt, in das verschiedene Prioritätsregeln eingebettet werden können. Die Güte dieser Regeln wird in umfangreichen experimentellen Studien untersucht. Als Basis dafür dienen Datensätze, die anhand von durch die Fragebogenerhebung gewonnen Verteilungsannahmen generiert werden. Für jede der drei Planungsebenen konnten dabei Regeln extrahiert werden, die in Verbindung mit dem heuristischen Verfahrensschema das Lösen von praxisnahen Datensätzen mit "akzeptabler" Rechenzeit und Ergebnisgüte gestatten.

In *Kapitel 6* wird ein Konzept zur revidierenden Planung für den vorliegenden Planungsansatz entwickelt. Damit kann den Forderungen der Prüfungspraxis nach einem nicht nur leistungsfähigen, sondern zugleich auch flexiblen Planungsinstrument entsprochen werden. Das eingeführte Konzept ermöglicht die Berücksichtigung von Datenänderungen und gestattet vom Benutzer wählbare, nach der Zahl der Änderungen am bisherigen Plan abgestufte Reaktionsmöglichkeiten.

Kapitel 7 beschließt die Untersuchung mit einer kurzen Zusammenfassung und einem Ausblick auf weitere (Forschungs-) Arbeiten bis zur Erstellung eines für einen Praxistest geeigneten Prototypen.

Darüber hinaus umfaßt die Arbeit einen (umfangreichen) *Anhang*. Dieser beinhaltet primär technische Realisierungsdetails, die zum Verständnis der Arbeit nicht zwingend erforderlich und deshalb zugunsten der besseren Lesbarkeit ausgelagert worden sind.

Kapitel 2

Bestandsaufnahme und hierarchischer Ansatz

Die derzeit bekannten Ansätze zur Personaleinsatzplanung in Wirtschaftsprüfungsgesellschaften basieren auf (mehr oder weniger) gravierenden Vereinfachungen und entsprechen nicht der aus Anwendersicht erforderlichen Abbildung des Problems. Ziel dieses Kapitels ist es, die Voraussetzungen für eine zweckadäquate und die Problemstellung geeignet repräsentierende Darstellung zu schaffen.

Dazu werden in Abschnitt 2.1 ausgewählte Ansätze zur Personaleinsatzplanung in Wirtschaftsprüfungsgesellschaften vorgestellt und hinsichtlich ihrer praktischen Relevanz beurteilt. In Abschnitt 2.2 werden mögliche Zielsetzungen einer empirischen Untersuchung der Problemstellung dargestellt; ferner wird diskutiert, wie diese in einer Fragebogenerhebung berücksichtigt werden können. Abschnitt 2.3 ist der Auswertung einer entsprechenden Umfrage unter den 200 (bezogen auf die Zahl der beschäftigten Wirtschaftsprüfer) größten Prüfungsgesellschaften in der Bundesrepublik Deutschland gewidmet. Basierend auf der Auswertung wird in Abschnitt 2.4 der konzeptionelle Rahmen eines hierarchischen Ansatzes zur Personaleinsatzplanung in Wirtschaftsprüfungsgesellschaften formuliert. Abschnitt 2.5 enthält eine abschließende Bewertung.

2.1 Motivation

Bisherigen Ansätzen zur Personaleinsatzplanung in Wirtschaftsprüfungsgesellschaften liegen keine empirischen Untersuchungen zugrunde, die Aussagen zu deren praktischer Relevanz gestatten. Im folgenden werden zunächst beispielhaft drei Ansätze vorgestellt und anschließend auf ihre praktische Nutzbarkeit hin beurteilt.

2.1.1 Bisherige Ansätze

Die Auswahl der Ansätze[1] orientiert sich im wesentlichen an einer Studie von Eom/Lee[2] und ist um neuere Arbeiten ergänzt.

2.1.1.1 Ansatz von Balachandran/Zoltners[3]

Der Modellformulierung von Balachandran/Zoltners liegen die folgenden Annahmen zugrunde:

- Die Zahl der Prüfer[4], die einem Prüfungsunternehmen in einem bestimmten Planungszeitraum zur Verfügung stehen, ist bekannt. Die Gesamtarbeitsdauer jedes Prüfers darf im Planungszeitraum vorgegebene Unter- bzw. Obergrenzen nicht verletzen.
- Die Zahl der im Planungszeitraum zu bearbeitenden Prüffelder[5] ist gegeben. Die Prüffelder sind dabei so abgegrenzt, daß sie von genau einem Prüfer bearbeitet werden können.
- Die Dauer, die ein bestimmter Prüfer zur Bearbeitung eines bestimmten Prüffeldes benötigt, ist bekannt. Gleiches gilt für die Höhe sogenannter "mismatch costs"[6], mit denen der Grad der Übereinstimmung zwischen Prüferqualifikation und Anspruchsniveau des Prüffeldes ausgedrückt wird.

Die Autoren formulieren das Problem als verallgemeinertes Zuordnungsproblem, mit dem die Summe der "mismatch costs" minimiert wird. Die Nebenbedingungen des Modells garantieren, daß

---

1 Ansätze wie z. B. die von Bolenz/Frank (1977) oder Rohde (1978) werden, da sie bereits in ihrer Modellformulierung Einschränkungen im Hinblick auf Lösungsverfahren aufweisen, nicht weiter betrachtet. Zur Kritik an diesen Ansätzen siehe z. B. Drexl (1990, S. 129 f. u. S. 140 f.).

2 Vgl. Eom/Lee (1990a, S. 68) und Eom/Lee (1990b, S. 334 ff.).

3 Vgl. Balachandran/Zoltners (1981).

4 Denkbar ist auch die Bildung von Prüfergruppen, die dann während des gesamten Planungszeitraums nicht verändert werden dürfen.

5 Die Prüffelder können ggf. zu verschiedenen Prüfungsaufträgen gehören.

6 Vgl. Balachandran/Zoltners (1981, S. 803 f.).

- die Gesamtarbeitsdauer jedes Prüfers die vorgegebenen Unter- bzw. Obergrenzen nicht verletzt und
- jedes Prüffeld genau einmal bearbeitet wird.

Darüber hinaus werden folgende Erweiterungsmöglichkeiten des Nebenbedingungssystems diskutiert:[7]

- "The firm may require that certain auditors participate in certain audit-tasks."
- "An audit-task should receive certain staff."
- "Any single staff person cannot be assigned to more than one of several concurrent audit-tasks."
- "Two persons should not work on the same audit engagement."
- "There are limits on the number of audit engagements on which a staff can work."

Zur Lösung des Modells weisen die Autoren auf verschiedene Verfahren hin.[8]

2.1.1.2 Ansatz von Chan/Dodin[9]

Die Arbeit von Chan/Dodin basiert auf dem Ansatz von Balachandran/Zoltners. Zusätzlich zu den bereits von Balachandran/Zoltners getroffenen Annahmen gehen Chan/Dodin von folgenden Voraussetzungen aus:

- Zwischen verschiedenen Prüffeldern können Reihenfolgebeziehungen bestehen.[10]
- Jeder Prüfer kann zu jedem Zeitpunkt höchstens ein Prüffeld bearbeiten.

---

7 Balachandran/Zoltners (1981, S. 805 ff.).

8 Vgl. Balachandran/Zoltners (1981, S. 805).

9 Vgl. Chan/Dodin (1986); s. a. Dodin/Chan (1991).

10 Denkbar wäre z. B., daß das Prüffeld "Prüfung der Abschreibungen des Anlagevermögens" erst nach der Bearbeitung des Prüffeldes "Prüfung der Zugänge zum Anlagevermögen" eingeplant werden kann.

- Es ist festgelegt, welche Prüfer für die Bearbeitung eines bestimmten Prüffeldes grundsätzlich in Betracht kommen. Damit können Vorwegzuordnungen einzelner Prüfer zu bestimmten Prüffeldern sowie Zuordnungsverbote realisiert werden.
- Für jeden Prüfungsauftrag sind der frühestmögliche Bearbeitungs- und der spätestmögliche Beendigungszeitpunkt sowie ggf. anfallende Kosten für Terminüberschreitungen bekannt.

Die Autoren formulieren das Problem als binäres Optimierungsproblem (mit zwei Typen von Variablen), mit dem die Summe aus "mismatch costs" und Kosten für Terminüberschreitungen minimiert wird. Die Nebenbedingungen des Modells stellen sicher, daß

- die Gesamtarbeitsdauer jedes Prüfers die vorgegebenen Unter- bzw. Obergrenzen nicht verletzt,[11]
- jedes Prüffeld genau einmal durch einen zur Bearbeitung in Betracht kommenden Prüfer bearbeitet wird,[12]
- Reihenfolgebeziehungen zwischen Prüffeldern eingehalten werden und
- jeder Prüfer zu jedem Zeitpunkt höchstens ein Prüffeld bearbeitet.

Chan/Dodin konstatieren, daß Pläne, die Terminverletzungen beinhalten, durch hoch angesetzte Terminüberschreitungskosten tendenziell vermieden werden können.[13]

Zur Lösung des Modells wird auf Standardsoftwarepakete wie LINDO oder MPSX[14] bzw. (für größere und eher praxisnahe Problemgrößen) auf Heuristiken von Davis[15] und Patterson[16] verwiesen.

---

11 Siehe auch 2.1.1.1.

12 Vgl. auch 2.1.1.1.

13 Vgl. Chan/Dodin (1986, S. 728); zur detaillierteren Diskussion dieses Problems siehe Dodin/Chan (1991, S. 271 f.).

14 Vgl. Chan/Dodin (1986, S. 730 ff.).

15 Davis (1973).

16 Patterson (1984).

2.1.1.3 Ansatz von Drexl[17]

Der Modellformulierung von Drexl liegen im wesentlichen dieselben oder nur leicht modifizierte Annahmen wie dem Ansatz von Chan/Dodin zugrunde. Anstelle von "mismatch costs" wählt Drexl (allgemeiner) Prüfkosten und realisiert Zuordnungsverbote bzw. Vorwegzuordnungen einfach über entsprechend hoch bzw. niedrig veranschlagte Kosten. Des weiteren ist bei Drexl weder eine Überschreitung des festgelegten Termins zur Auftragsfertigstellung erlaubt noch eine Untergrenze für die Gesamtarbeitsdauer je Prüfer vorgesehen. Drexl formuliert das Problem als binäres Optimierungsproblem (mit nur einem Typ von Variablen), mit dem die Summe der Prüfkosten minimiert wird. Die Nebenbedingungen des Modells erzwingen, daß

- jedes Prüffeld genau einmal bearbeitet wird,
- Reihenfolgebeziehungen zwischen Prüffeldern eingehalten werden,
- jeder Prüfer zu jedem Zeitpunkt höchstens ein Prüffeld bearbeitet und
- die Gesamtarbeitsdauer jedes Prüfers die vorgegebene Obergrenze nicht überschreitet.[18]

Durch das Verbot von Terminüberschreitungen gelingt eine (im Gegensatz zu Chan/Dodin[19]) prägnante und vergleichsweise einfache Modellformulierung, für die Drexl verschiedene, sehr leistungsfähige Lösungsverfahren[20] entwickelt hat.

2.1.2 Praktische Relevanz

Die vorgestellten Ansätze wurden mit dem Ziel entwickelt, die Personalein-

17 Vgl. Drexl (1989a) und Drexl (1990, S. 117 ff.).

18 Vgl. dazu auch die Nebenbedingungen in 2.1.1.2.

19 Vgl. Chan/Dodin (1986). In Dodin/Chan (1991, S. 271 f.) wird die von Drexl gewählte Formulierung nur kurz und ohne Betrachtung der Konsequenzen für mögliche Lösungsverfahren diskutiert.

20 Siehe z. B. Drexl (1989b, S. 204 ff.), Drexl (1990, S. 148 ff. und S. 190 ff.), Drexl (1991, S. 1594 ff.).

satzplanung von Wirtschaftsprüfungsgesellschaften zu unterstützen. Bei der Erörterung der Frage, wie die praktische Nutzbarkeit dieser Ansätze einzuschätzen ist, lassen sich zwei Aspekte unterscheiden. Zum einen gilt es zu klären, inwieweit die Modellformulierungen die praktischen Gegebenheiten abbilden. Zum anderen bedarf es einer Untersuchung, ob es zu den Modellen Lösungsverfahren für Probleme mit realistischer Größenordnung gibt, die in "angemessener" Zeit zu "akzeptablen" Ergebnissen führen.

2.1.2.1 Modelle

Eine auf die Beurteilung der praktischen Bedeutung abzielende Bewertung der Modellformulierungen könnte z. B. auf Basis folgender Kriterien erfolgen:

- Sind die den Modellformulierungen zugrundeliegenden Annahmen in der Praxis erfüllt?
- Werden durch die Modelle realistische Ziele und Restriktionen formuliert?
- Gibt es Aspekte, die für den Praktiker von Bedeutung sind, die aber im Modell bislang nicht berücksichtigt werden?

Offensichtlich sind zur Anwendung der genannten Kriterien profunde Kenntnisse der Praxis der Personaleinsatzplanung in Wirtschaftsprüfungsgesellschaften erforderlich. Das detaillierte Wissen um die Vorgehensweise nur eines Unternehmens ist dazu als nicht ausreichend anzusehen, da Unterschiede je nach Größe und interner Organisationsform der Prüfungsgesellschaft, Branchenschwerpunkt der Prüfungstätigkeit, Mandatsstruktur usw. durchaus denkbar sind.

Da entsprechende, allgemeingültige Informationen in nur unzureichendem Maß vorliegen, ist eine abschließende Beurteilung der Modelle nicht möglich. Deshalb kann zunächst nur festgestellt werden, daß die bei jedem der Ansätze getroffenen Annahmen sowie die Formulierung der Ziele und Restriktionen plausibel erscheinen. Da in dem Ansatz von Balachandran/Zoltners[21]

---

[21] Vgl. 2.1.1.1.

jedoch keine Berücksichtigung von zeitlichen Aspekten und Reihenfolgebeziehungen zwischen Prüffeldern erfolgt, ist dieser zur Lösung des vorgegebenen Problems offensichtlich weniger geeignet. Die Ansätze von Chan/Dodin[22] und Drexl[23] können dagegen insofern als problemspezifisch angesehen werden, als sie eine Planung unter gleichzeitiger Berücksichtigung von Termin-, Kapazitäts- und Reihenfolgerestriktionen vorsehen.

In Anlehnung an Zunker[24] lassen sich zumindest zwei verschiedene Planungsebenen identifizieren. Im Rahmen der sogenannten mittelfristigen Personaleinsatzplanung werden dabei auf Unternehmensebene alle Aufträge, die im Verlauf eines Jahres vorliegen, terminiert und Zuordnungen von Prüfern zu diesen Aufträgen vorgenommen. Während der sogenannten kurzfristigen Personaleinsatzplanung wird dann für jeden Auftrag durch den jeweiligen Prüfungsleiter (z. B. auf Wochenbasis) die Terminierung der zu bearbeitenden Prüffelder und die Zuordnung der diesem Auftrag zur Verfügung stehenden Prüfer auf die Prüffelder vorgenommen.

Gemessen an dieser Vorgehensweise sind die beiden problemspezifischen Ansätze primär für die kurzfristige Personaleinsatzplanung einsetzbar, während eine Verwendung auf der mittelfristigen Planungsebene nur nach entsprechenden Modifikationen denkbar ist.

2.1.2.2 Lösungsverfahren

Geht man von realistischen Problemgrößen aus (z. B. 2 bis 200 Prüfer, 15 bis 900 Aufträge mit einer Vielzahl von Prüffeldern, Planung auf Wochenbasis über drei bis zwölf Monate bzw. auf Stundenbasis über ein bis zwei Wochen), so erhält man bei jeder der Modellformulierungen eine derart große Anzahl von Variablen, daß Überlegungen zur Lösung mit Standardsoftware-

22 Vgl. 2.1.1.2.

23 Vgl. 2.1.1.3.

24 Vgl. die Untersuchungsergebnisse bei einer (einzigen) Wirtschaftsprüfungsgesellschaft in Zunker (1991, S. 36 ff.).

paketen und auch mit speziellen exakten Methoden von vornherein ausscheiden. Zur Lösung entsprechender Problemgrößen werden sich - trotz aller Fortschritte im Hardwarebereich - auf nicht absehbare Dauer lediglich Heuristiken, also Verfahren, die in der Regel nur zu Näherungs-, nicht aber zu Optimallösungen führen, eignen.

Dieser Problematik wird insbesondere von Drexl[25] Rechnung getragen, der zeigt, daß die von ihm entwickelte Heuristik für die getesteten Datensätze in "angemessener" Zeit zu "akzeptablen" Lösungen führt.

2.1.3 Voraussetzungen für die Formulierung eines praxisrelevanten Ansatzes

Offensichtlich scheitert eine qualifizierte Beurteilung der problemspezifischen Ansätze daran, daß bislang kein ausreichendes Datenmaterial vorliegt. Aus demselben Grund ist auch eine ggf. erforderliche Formulierung eines praxisgerechteren Ansatzes nicht möglich.

Die Beschaffung der dazu erforderlichen Informationen kann grundsätzlich auf zwei Arten erfolgen, die sich durch den Grad der Standardisierung unterscheiden: durch persönliche Interviews von für die Personaleinsatzplanung verantwortlichen Entscheidungsträgern oder per schriftlichem Fragebogen. Da eine entsprechende Untersuchung sinnvollerweise eine möglichst große Zahl von Unternehmen einbeziehen sollte, kann mit vertretbarem Zeit- und Kostenaufwand nur eine Fragebogenerhebung, die in Einzelfällen durch Interviews ergänzt werden kann, durchgeführt werden. Bezüglich der Auswahl und der Anzahl der befragten Gesellschaften ist maßgeblich, daß der Aufwand zur Bestimmung einer Lösung des Planungsproblems offenkundig mit der Zahl der einzuplanenden Prüfer zunimmt und daß die Auswertung, wenn der zentrale Grenzwertsatz Gültigkeit besitzen soll, mindestens 30 Unternehmen umfassen sollte.[26]

---

25 Vgl. Drexl (1990, S. 190 ff.).

26 Siehe z. B. Schwarze (1990, S. 135 ff.).

Aus den genannten Gründen wurde eine schriftliche Fragebogenerhebung durchgeführt, die die 200 (bezogen auf die Zahl der beschäftigten Wirtschaftsprüfer) größten Gesellschaften in der Bundesrepublik Deutschland einbezog.

2.2 Aufbau des Fragebogens

Vor der Konzeption des Fragebogens sind zunächst die wesentlichen Ziele, die mit der Erhebung verfolgt werden, zu definieren, um dann daraus detailliert diejenigen Aspekte, die untersucht werden müssen, ableiten zu können. Eine für den Gesamterfolg und die Rücklaufquote nicht unbedeutende Rolle spielt sicherlich auch, inwieweit der Befragte den Aufbau des Fragebogens nachvollziehen kann und durch die Gestaltung sowie sonstige Anreize zur Beantwortung motiviert wird.[27]

2.2.1 Vorüberlegungen

Die Erhebung soll Basis für die Entwicklung eines praxistauglichen Hilfsmittels zur Personaleinsatzplanung sein und muß deshalb einen umfassenden Einblick in den Problemkreis verschaffen. Dazu bedarf es einer Klärung der nachfolgend diskutierten, übergeordneten Fragestellungen, um daraus eine realitätsnahe Problembeschreibung ableiten zu können.

Zunächst interessiert, welche *Daten*[28] zur Planung grundsätzlich zur Verfügung stehen und welche der verfügbaren Daten tatsächlich Planungsgrundlage sind. Aus der Verfügbarkeit von Daten wird unmittelbar ersichtlich, welche Annahmen einer Modellformulierung zugrunde gelegt werden können.

---

27 Zur ausführlichen Diskussion siehe z. B. Aaker/Day (1990, S. 187 ff.), Böhler (1992, S. 77 ff.) und Hammann/Erichson (1990, S. 77 ff.).

28 Ein in diesem Zusammenhang interessierendes Datum ist z. B. ein Zeitraum, in dem ein Prüfungsauftrag nicht oder nur eingeschränkt ausgeführt werden kann, weil beispielsweise beim Mandanten wegen Quartalabschlußarbeiten oder einer Betriebsfeier keine Ansprechpartner verfügbar sind.

Auf Basis der verfügbaren Daten können dann *Zielsetzungen*[29] der Personaleinsatzplanung entwickelt werden, die möglicherweise von unterschiedlichem Stellenwert sind. Neben der Gewichtung der Ziele, die Aufschluß über die Zielfunktion und die Nebenbedingungen einer Modellformulierung gibt, ist von Interesse, ob alle für bedeutsam erachteten Ziele berücksichtigt werden können.

Wesentlich ist darüber hinaus, ob sich mehr als nur eine einzige *Planungsebene* identifizieren läßt. Der Strukturierung des Fragebogens und insbesondere der damit verbundenen Festlegung auf zwei Planungsebenen liegen folgende Überlegungen zugrunde. Zum einen ist es naheliegend, der Untersuchung von Zunker[30], der zwei Planungsebenen identifiziert, zu folgen. Dadurch soll den Befragten das Verständnis für den Aufbau des Fragebogens erleichtert und eine Möglichkeit zur strukturierteren Beantwortung geboten werden. Zum anderen ist es ohne eine Vorgabe von Planungsebenen erforderlich, explizit von den Befragten Angaben zur Anzahl der Planungsebenen und insbesondere bei allen erfragten Daten und Zielsetzungen eine eindeutige Zuordnung zu einer Ebene zu verlangen. Gegen diese Vorgehensweise spricht der mit der Beantwortung verbundene Mehraufwand und die Tatsache, daß in der Prüfungspraxis zwar implizit auf mehreren Ebenen geplant wird, dieses Vorgehen den Entscheidungsträgern aber nur in den wenigsten Fällen unmittelbar bewußt ist.

Bezüglich der Datenverfügbarkeit, der Zielsetzungen und der Zahl der Planungsebenen gilt es weiterhin zu untersuchen, welchen Einfluß Faktoren wie die Größe der Prüfungsgesellschaft, die Mandatsstruktur etc. haben, da bei signifikanten Unterschieden alternative Problemformulierungen sinnvoll erscheinen.

---

[29] Eine denkbare Zielsetzung könnte z. B. darin bestehen, einen Zeitraum, der für die Bearbeitung eines bestimmten Auftrags nur mit Einschränkungen in Betracht kommt, grundsätzlich nicht zur Einplanung vorzusehen.

[30] Vgl. Zunker (1991).

2.2.2 Berücksichtigte Aspekte und Struktur des Fragebogens

Der Fragebogen[31] besteht aus drei Teilen: die Teile 1 und 2 untersuchen die mittel- und die kurzfristige Personaleinsatzplanung, während Teil 3 auf unternehmensspezifische Daten eingeht.

Die Teile 1 und 2 wiederum sind untergliedert in Fragen nach der Verfügbarkeit von Daten und nach den Zielsetzungen der jeweiligen Planungsebene. Dabei wird gleichzeitig auch der aktuelle Planungsstand untersucht. Des weiteren wird dem Befragten die Möglichkeit eingeräumt, auf Bereiche, die er für bedeutsam hält und die im Fragebogen nicht diskutiert werden, hinzuweisen.

Die in den Teilen 1 und 2 berücksichtigten Aspekte basieren im wesentlichen auf den in Abschnitt 2.1.1 vorgestellten Ansätzen sowie den Überlegungen von Zunker[32]. Wichtige Problemkreise, die in der Regel durch mehrere Fragen untersucht werden, sind dabei u. a. Kostenaspekte, Termin-, Kapazitäts- und Reihenfolgerestriktionen sowie alternative Möglichkeiten der Prüfungsdurchführung.[33] Zugunsten von im modellorientierten Sinne eindeutigen Frageformulierungen wurden bewußt prägnante Ausdrucksweisen gewählt, da der Fragebogen mit einer Länge von elf DIN A4-Seiten und einer Bearbeitungsdauer von ca. 30 Minuten an der Grenze des Zumutbaren liegt. Im Vorfeld durchgeführte Pretests haben im übrigen ergeben, daß Personen, die mit der Problematik der Personaleinsatzplanung hinreichend vertraut sind, keine gravierenden Verständnisschwierigkeiten hinsichtlich der Fragen hatten.

Teil 3 erhebt unternehmensspezifische Daten. Damit kann die Mandatsstruktur und -größe des befragten Unternehmens ebenso ermittelt werden wie die verwendeten Planungsinstrumente und deren Nutzeneinschätzung aus Sicht des Anwenders. Aus der Funktion des Ausfüllenden und dessen Arbeitszeit-

---

31 Siehe Anhang A.

32 Vgl. Zunker (1991, S. 36 ff.).

33 Zu Varianten, die im Kontext der Arbeitszeitflexibilisierung denkbar sind, siehe z. B. Günther (1989), Kossbiel (1992b) und Schneeweiß (1992).

anteil für die Personaleinsatzplanung können Aussagen zu dessen Kompetenz sowie möglicherweise allgemein zum Stellenwert der Personaleinsatzplanung in der jeweiligen Prüfungsgesellschaft abgeleitet werden.

2.3 Auswertung

Von 200 versandten Fragebögen wurden 86 zurückgeschickt. Bereinigt man diese Zahl um diejenigen Unternehmen, die durch Zusammenschluß mit anderen angeschriebenen Gesellschaften nicht selbständig fungieren, so ergibt sich ein Rücklauf von 79 bei verbleibenden 174 Prüfungsunternehmen bzw. eine Quote von 45.4 %. In die Untersuchung konnten davon 71 Fragebögen einbezogen werden.

Die Auswertung verfolgt zwei Ziele. Zum einen sollen im Rahmen einer Bestandsaufnahme die in Abschnitt 2.2 diskutierten Informationsdefizite beseitigt werden. Zum anderen dient das nun vorliegende, umfassende Datenmaterial der Formulierung eines (praxisgerechten) konzeptionellen Ansatzes zur hierarchischen Personaleinsatzplanung in Wirtschaftsprüfungsgesellschaften. Dementsprechend wird im folgenden zunächst die Güte des Datenmaterials untersucht, ehe dann ausgewählte Ergebnisse der Auswertung diskutiert werden.

2.3.1 Überprüfung des Datenmaterials[34]

Die Überprüfung des Datenmaterials beinhaltet die Untersuchung der Repräsentativität der Stichprobe und der Validität der Daten.

Dem Testen der *Repräsentativität* der Stichprobe liegt folgende Überlegung zugrunde: Sortiert man die Grundgesamtheit von 174 Fragebögen nach der Größe der angeschriebenen Wirtschaftsprüfungsgesellschaften und nimmt anschließend eine Teilung z. B. durch Viertelung vor, so müssen die Anteile der Stichprobe, die aus den 71 auswertbaren Fragebögen besteht, den An-

---

[34] Dieser Abschnitt basiert auf Schmidt (1992, S. 21 ff.).

teilen der Grundgesamtheit entsprechen, wenn die Stichprobe repräsentativ sein soll. Andernfalls wäre die Stichprobe gewichtet. Da sich keine wesentlichen Unterschiede in den Größen der Stichproben bei der hier vorgenommenen Viertelung ergeben haben, kann die Stichprobe als repräsentativ angesehen werden.

Mit der Prüfung der *Validität* der Daten soll festgestellt werden, ob Unterschiede in den Ausprägungen auch als Unterschiede der Objekte interpretiert werden können. Dazu wurde das Datenmaterial auf Inkonsistenzen in den Antworten untersucht.

Zunächst wurde die Datenverfügbarkeit mit der Berücksichtigung der Daten in der Planung verglichen, da berücksichtigte Daten auch tatsächlich verfügbar sein müssen. Danach wurde getestet, ob bei der Berücksichtigung eines Planungsziels die dazu erforderlichen Daten einerseits verfügbar waren und andererseits auch berücksichtigt wurden. Anschließend wurden die Überprüfungen insgesamt durch eine Scoring-Matrix bewertet, die für jeden Datensatz die vorliegenden Inkonsistenzen aufzeigt. Damit konnte die Anzahl der Inkonsistenzen sowohl je Überprüfung als auch je Fragebogen ermittelt werden.

Zur Behandlung von Inkonsistenzen gibt es verschiedene Möglichkeiten. Im vorliegenden Fall wurden Variablenpaare eines Fragebogens, bei denen Inkonsistenzen auftraten, gesondert gekennzeichnet und nicht in die Auswertung einbezogen. Gegenüber anderen Varianten hat diese Vorgehensweise den Vorteil, daß sie einfach zu handhaben ist und ansonsten brauchbare Fragebögen, die weitestgehend konsistent beantwortet sind, nicht aus der Auswertung eliminiert werden müssen.

Auf eine Untersuchung der Reliabilität, also der Frage, ob unabhängige, aber vergleichbare Messungen desselben Sachverhalts übereinstimmen bzw. nur zufällige Fehler vorliegen, wurde bewußt verzichtet, da dazu eine - für nicht sinnvoll erachtete - Wiederholung der Befragung oder eine zufällige Teilung der Stichprobe in zwei - dann relativ kleine - Hälften erforderlich gewesen wäre.

2.3.2 Ausgewählte Ergebnisse[35]

Entsprechend den in Abschnitt 2.2.1 dargelegten Überlegungen basiert der Schwerpunkt der Ergebnisdarstellung auf univariaten Statistiken. Die Analyse des Datenmaterials ergab, daß sich die mittelfristige Planung bei 25 % der Unternehmen über drei, bei 45 % über sechs und bei 30 % über zwölf Monate erstreckt.[36] Die Zahl der einzuplanenden Prüfer reicht von 2 bis 200 mit einem arithmetischen Mittel von 40, einer Standardabweichung von 38 und einem Median von 30 Prüfern. Darüber hinaus läßt sich ein Zusammenhang zwischen der Zahl der einzuplanenden Prüfer, also der Größe einer Gesellschaft, und der Planungsdauer erkennen: Je mehr Prüfer in die Planung einzubeziehen sind, desto länger ist tendenziell der Planungshorizont. Die Zahl der Aufträge liegt nach Bereinigung um Ausreißer zwischen 15 und 900 mit einem arithmetischen Mittel von 205, einer Standardabweichung von 165 und einem Median von 150 Aufträgen.

Die Fragen nach dem Zeitraum und der Zahl der Prüfer für den kurzfristigen Bereich führten zunächst zu keinem befriedigenden Resultat. Dabei liegt die Vermutung nahe, daß die Ergebnisse dadurch, daß an dieser Stelle in der Praxis üblicherweise nicht nur eine, sondern zwei Planungsebenen vorliegen, verfälscht worden sind. Die Antworten auf die Fragen nach der Datenverfügbarkeit bzw. -berücksichtigung sowie der Zielrelevanz bzw. -berücksichtigung für die kurzfristige Planung sind dennoch verwendbar, da auch im nachhinein eine eindeutige Zuordnung zu einer der realen Planungsebenen erfolgen kann.

Die Vermutung, daß die Planung mehrere aufeinanderfolgende Planungsebenen mit unterschiedlichem Aggregationsniveau umfaßt, konnte damit bestätigt werden. Daß jedoch nicht nur zwei, sondern drei Ebenen existieren, wurde erst durch die zuvor angedeuteten Probleme bei der Auswertung für

---

35 Dieser Abschnitt basiert im wesentlichen auf Schmidt (1992, S. 26 ff.).

36 Sofern lediglich Tendenzaussagen von Interesse sind, werden sinnvoll gerundete Werte verwendet.

den kurzfristigen Bereich sowie der anschließenden Ergründung dieser Probleme, die auch Rücksprachen mit Befragten beinhalteten, deutlich. Offensichtlich liegen in der Prüfungspraxis an Stelle des kurzfristigen Bereichs zwei Planungsebenen vor, weil eine derartige Unterteilung der von den jeweiligen Entscheidungsträgern gewünschten Sichtweise besser gerecht wird und darüber hinaus eine einfachere Kompetenzabgrenzung ermöglicht.[37] Aus Sicht der Unternehmensleitungen - der Fragebogen wurde zum überwiegenden Teil von Geschäftsführern oder sonstigen Entscheidungsträgern bearbeitet - ist dabei die Planung auf einem hohen Aggregationsniveau von überragender Bedeutung.

Die Fragen nach der Datenverfügbarkeit ergaben, daß die erfragten Daten im wesentlichen vorliegen. Eine - nicht unerwartete - Ausnahme bildeten dabei im Bereich der mittelfristigen Planung Bewertungsschemata[38] sowie in beiden Bereichen die Fragen nach einer Obergrenze für die Zahl der Überstunden.

Im Rahmen der mittelfristigen Planung werden folgende Zielsetzungen als besonders wichtig erachtet:[39]

- Einplanung aller Prüfungsaufträge,
- Durchführung aller Prüfungsabschnitte eines Auftrags durch dasselbe Prüfungsteam,
- Einplanung nach Prüfereignung,
- Beachtung von Zeiträumen, in denen ein Auftrag nur eingeschränkt ausgeführt werden kann,
- gleicher Auslastungsgrad der Prüfer,

---

[37] In der ebenfalls denkbaren Variante, daß der kurzfristige Bereich nicht weiter differenziert wird, ergeben sich folgende Konsequenzen: die Untergliederung entspricht nicht in vollem Umfang den Vorstellungen der Anwender, das Auffinden von Lösungen wird wegen des erheblich größeren Datenumfangs entsprechend aufwendiger, die gefundenen Lösungen können aufgrund der simultanen an Stelle einer sukzessiven Vorgehensweise im Hinblick auf das Zielkriterium gelegentlich geringfügig besser sein.

[38] Vgl. Fragen 5, 14 und 20 in Abschnitt 1.1 des Fragebogens in Anhang A.

[39] Prüfungsspezifische Fachtermini werden in den Kapiteln 3, 4 und 5 näher erläutert.

- zeitlich parallele Einplanung der Prüfer eines Teams während einer Woche und
- Kostenminimierung.

Die kurzfristige Planung verfolgt primär folgende Zielsetzungen:

- Einplanung aller Prüffelder,
- Einhaltung der Dauer, für die ein Prüfer zur Bearbeitung eines Prüfungsabschnitts vorgesehen ist,
- Kostenminimierung,
- Berücksichtigung von Zuordnungsverboten,
- Beachtung von Vorwegzuordnungen und
- Einhaltung von Reihenfolgebeziehungen.

Unter Berücksichtigung logischer Aspekte, die bei der Umsetzung in Modellformulierungen ebenfalls beachtet werden müssen, kristallisieren sich damit Termin-, Reihenfolge- und Kapazitätsrestriktionen als besonders wichtig heraus.[40]

Von der Möglichkeit zu Anmerkungen wurde relativ häufig Gebrauch gemacht. Dabei ergaben sich jedoch keine nennenswerten Häufungen bzw. die angeschnittenen Punkte wurden bereits durch andere Fragen abgedeckt.

Das hauptsächlich zur Planung verwendete Hilfsmittel ist mit 45 % die Planungstafel, gefolgt vom Computer mit 30 %. Dies ist wohl darauf zurückzuführen, daß die *Darstellung von Plänen* mit Planungstafeln im Vergleich zu Computerbildschirmen einerseits verhältnismäßig übersichtlich ist. Andererseits sind Computer zwar sehr nutzbringend zur *Verwaltung des Planungsproblems* bzw. der *-daten*, nicht aber zur eigentlichen *Lösung des Problems* einsetzbar, da es bislang nach unserer Kenntnis keine entsprechenden Programme gibt. Interessant ist, daß trotzdem die meisten für wichtig gehaltenen Ziele bei der Planung berücksichtigt werden. Aufgrund des Aufwandes, der zur Lösung eines derartigen Problems erforderlich ist, läßt sich unmittelbar

---

40 Vgl. auch Tabelle 2.1.

folgern, daß Planungsprobleme dann nur durch drastische Einschränkungen der zunächst vorhandenen planerischen Freiheitsgrade bewältigt werden können und damit suboptimale Ergebnisse die zwangsläufige Konsequenz sind oder daß sehr zeitintensive und daher unwirtschaftliche Vorgehensweisen gewählt werden müssen.

Auf Basis von Faktoren-[41], Diskriminanz-[42] und Clusteranalysen[43] ließen sich vier Segmente identifizieren:[44]

- sehr große Prüfungsunternehmen, die insbesondere auch Banken prüfen,
- größere Gesellschaften, die mit Ausnahme der Versicherungssparte in allen Branchen tätig sind,
- Spezialisten für den öffentlichen und gemeinnützigen Sektor und
- kleinere Prüfungsgesellschaften.

Der Versuch, diese Segmente anhand von Planungsdaten und -zielen zu kontrastieren, scheiterte an dem ungenügenden diskriminatorischen Potential der Segmente. Daraus läßt sich ableiten, daß die Planung in den Segmenten keine signifikanten Unterschiede aufweist.

Als Ergebnis der Bestandsaufnahme kann festgestellt werden, daß

- die zur problemgerechten Planung erforderlichen Daten bis auf wenige Ausnahmen vorliegen,
- die Planungsziele deutlich erkennbar sind,
- die Planung in drei Ebenen abläuft,
- keine signifikanten Unterschiede der grundsätzlichen Planungsproblematik bei verschiedenen Unternehmen der Branche vorliegen und

---

41 Siehe z. B. Ost (1984).

42 Siehe z. B. Fahrmeier/Häußler/Tutz (1984).

43 Siehe z. B. Kaufmann/Pape (1984).

44 In Schmidt (1992) werden weitere multivariate Tests diskutiert, die jedoch im Zusammenhang mit der hier verfolgten Zielsetzung von untergeordneter Bedeutung sind und deshalb nicht erörtert werden.

- die derzeit verwendeten Hilfsmittel zwar die Lösungsfindung erleichtern, aber unter Wirtschaftlichkeitsaspekten die planerischen Freiheitsgrade drastisch eingeschränkt werden müssen und damit suboptimale Resultate die zwangsläufige Folge sind.

Das Fehlen von in vollem Umfang geeigneten Planungshilfsmitteln auf der einen sowie die Existenz ausreichenden Datenmaterials auf der anderen Seite sind Anstoß und zugleich solide Grundlage für die Formulierung eines neuen, problemgerechten Ansatzes.

2.4 Hierarchisches Planungskonzept

Das wichtigste Ergebnis der Erhebung besteht in der Feststellung, daß die Personaleinsatzplanung in Wirtschaftsprüfungsgesellschaften in mehreren, aufeinanderfolgenden Planungsebenen vorgenommen wird. Da zwischen den einzelnen Ebenen zahlreiche Interdependenzen bestehen, wird ein hierarchischer Modellierungsrahmen gewählt, weil damit der Struktur des Problems und der erforderlichen Abstimmung zwischen den Ebenen geeignet Rechnung getragen wird. Im folgenden werden dazu zunächst Grundlagen hierarchischer Planungssysteme diskutiert, ehe dann die einzelnen Ebenen skizziert werden.

2.4.1 Grundlagen

Das Grundkonzept zur hierarchischen (Produktions-) Planung wurde 1975 von Hax/Meal[45] auf der Grundlage einer Fallstudie formuliert und seitdem in zahlreichen Veröffentlichungen weiterentwickelt. Die Tatsache, daß diese Veröffentlichungen häufig ebenfalls auf Fallstudien basieren, kann als ein Indiz dafür gewertet werden, daß sich zwar eine Reihe von Grundprinzipien hierarchischer Planungssysteme angeben lassen, die Abbildung eines konkreten Planungsproblems jedoch nur unter Berücksichtigung einer Vielzahl pro-

---

[45] Vgl. Hax/Meal (1975).

blemspezifischer Besonderheiten erfolgen und deshalb keine bis ins Detail gehende, allgemeingültige Vorgehensweise angegeben werden kann. Im folgenden werden deshalb ausschließlich Aspekte zur hierarchischen Planung, die für die hier vorliegende Untersuchung von Interesse sind, skizziert.

Nach Steven[46] besteht der Ansatzpunkt des Konzepts zur hierarchischen (Produktions-) Planung darin, das komplexe Planungsproblem so in hierarchisch untergliederte Teilprobleme aufzuspalten, daß eine zufriedenstellende und konsistente Lösung aller Teilprobleme und damit des Planungsproblems insgesamt ermöglicht wird. Die Problemzerlegung sollte sich dabei an der organisatorischen Gliederung des Unternehmens in Entscheidungsebenen orientieren, um auf vorhandene Zuständigkeiten abzustellen; gleichzeitig wird eine Berücksichtigung zeitlicher und sachlicher Aspekte gefordert. Dabei kann dann z. B. anhand des Kriteriums der Länge des Planungshorizonts eine Unterteilung in eine strategische, eine taktische und eine operative Planungsebene erfolgen.[47] Stadtler[48] weist darauf hin, daß sich für die einzelnen Ebenen verschiedene Unterziele bestimmen lassen, die aus der Unternehmenszielsetzung abgeleitet werden können. Des weiteren wird die Bedeutung der Koppelung von über- und untergeordneten Ebenen deutlich herausgestellt. Dadurch wird gewährleistet, daß Teilprobleme zwar isoliert, aber in Übereinstimmung zu den Vorgaben durch übergeordnete Ebenen gelöst werden. Weiterhin ist aufgrund der Zerlegung des Planungsproblems im allgemeinen zwar ein gewisser Grad der Suboptimalität auch dann zu erwarten, wenn in den einzelnen Ebenen exakte Verfahren eingesetzt werden. Da aber bereits die Teilprobleme in der Regel nicht mit exakten Verfahren in vertretbarer Rechenzeit gelöst werden können, kommt dieser Nachteil praktisch nicht zum Tragen.

Im vorliegenden Fall lassen sich insgesamt drei Ebenen, nämlich die takti-

---

46 Vgl. Steven (1994, S. 1); ähnlich in Fleischmann (1988), Koch (1982, S. 32 ff.), Rieper (1985).

47 Vgl. Steven (1994, S. 7).

48 Vgl. Stadtler (1988, S. 30 f.).

sche, die taktisch-operative und die operative[49], identifizieren. Sie werden durch unterschiedliche Horizonte, Periodenlängen, Planungsgegenstände, -probleme und -ziele, Entscheidungsträger sowie ein schrittweise abnehmendes Aggregationsniveau mit hierarchischer Struktur charakterisiert.

Nachfolgend werden die wichtigsten Charakteristika der einzelnen Ebenen, die in wesentlichen Zügen auf aus der Erhebung gewonnenen Informationen basieren, diskutiert.[50]

2.4.2 Taktische Planung

Der Planungszeitraum der taktischen Planung beträgt drei bis zwölf Monate; die Planung erfolgt in der Regel auf Wochenbasis. In die taktische Planung werden alle Aufträge, die im Planungszeitraum zu bearbeiten sind, und alle Prüfer, die von der Prüfungsgesellschaft eingesetzt werden können, einbezogen. Unter Beachtung von in Kapitel 3 näher spezifizierten Restriktionen erfolgen die Zuordnung von Prüfern zu Aufträgen, die Festsetzung der Bearbeitungsdauern je Prüfer und Auftrag sowie die Terminierung der Aufträge. Ergebnis der taktischen Planung, für die die Unternehmensleitung verantwortlich zeichnet, ist somit ein Plan, der für jeden Prüfer angibt, welche Aufträge er in welchem Umfang und in welchen Wochen bearbeiten soll. Häufig kommen für die Bearbeitung eines Auftrags unterschiedliche Prüferteams, bestehend aus einem oder mehreren Prüfern, in Betracht. Der Möglichkeit, daß der Einsatz verschiedener Teams u. U. nicht gleich zu bewerten ist, wird dadurch Rechnung getragen, daß die Zuordnung eines Präferenzwertes je Team und Auftrag durch den Entscheidungsträger vorgesehen ist. Existieren mehrere zulässige Lösungen, so soll derjenige Plan ausgewählt werden, der die Summe der Teampräferenzen über alle Aufträge maximiert.

---

49 Die Bezeichnungen der einzelnen Ebenen leiten sich aus der Länge des jeweiligen Planungszeitraums ab. Eine strategische Personaleinsatzplanung im eigentlichen Sinn erfolgt nicht; über den Zeitraum von einem Jahr hinaus findet lediglich eine Personalbedarfsplanung statt.

50 Vgl. Salewski/Drexl (1993); zur detaillierten Darstellung s. a. Salewski/Schirmer/Drexl (1993), Salewski/Bartsch/Pesch (1993) und Salewski/Böttcher/Drexl (1993).

2.4.3 Taktisch-operative Planung

Die taktisch-operative Planung basiert auf den Ergebnissen des taktischen Bereichs und dient der weiteren Detaillierung. Dazu umfaßt der Planungszeitraum eine Periode aus der taktischen Planung, also in der Regel eine Woche; die taktisch-operative Planung erfolgt üblicherweise auf Basis von (Halb-) Schichten von je vier Stunden. Als Ergebnis der taktischen Planung liegen die Verfügbarkeiten der Prüfer, die Bearbeitungsdauern je Prüfer und Auftrag sowie Einschränkungen bzgl. der Bearbeitungsdauern von Aufträgen im Planungszeitraum der taktisch-operativen Ebene vor. Zusätzlich sind auf dieser Planungsebene Reisezeiten, die auftreten, wenn ein Prüfer mehr als einen Auftrag in der Planungswoche bearbeitet, und Tätigkeiten, die von mehreren Prüfern gleichzeitig durchgeführt werden müssen, zu berücksichtigen. In die taktisch-operative Planung sind alle in der Planungswoche zu bearbeitenden Aufträge sowie alle Prüfer der Gesellschaft einbezogen. Unter Beachtung von in Kapitel 4 näher spezifizierten Restriktionen werden Abfolgen und Zeiträume der Auftragsbearbeitungen je Prüfer bestimmt. Ergebnis der taktisch-operativen Planung, in die die jeweiligen Prüfungsleiter involviert sind, ist somit ein Plan, dem für jeden Prüfer zu entnehmen ist, wann dieser in der Planungswoche welchen Auftrag prüfen soll. Planungsziel ist dabei die Minimierung von Kosten für Einplanungen von Prüfern außerhalb der vertraglich vereinbarten Arbeitszeiten.

2.4.4 Operative Planung

Die operative Planung verwendet die Resultate des taktisch-operativen Bereichs und führt für jeden Auftrag separat eine Feinplanung auf Wochenbasis durch. Der Planungszeitraum stimmt mit dem des taktisch-operativen Bereichs überein und umfaßt somit in der Regel eine Woche; im Unterschied zur taktisch-operativen Planung wird jedoch nicht mehr auf der Basis von (Halb-) Schichten (mit einer Dauer von vier Stunden), sondern auf Stundenbasis geplant. Als Ergebnis der taktisch-operativen Planung ist bekannt, wann der betreffende Auftrag in der Planungswoche von welchen Prüfern bearbeitet wird. Zusätzlich sind auf dieser Ebene Prüffelder (wie z. B. die Prüfung der Zugänge zum Anlagevermögen) zu berücksichtigen. Planungsgegenstände der operativen Planung sind alle in der Planungswoche an dem Auftrag zu bearbeitenden Prüffelder sowie die dem Auftrag zugeordneten Prüfer. Unter Beachtung von in Kapitel 5 näher spezifizierten Restriktionen erfolgt eine Zuordnung von Prüfern zu Prüffeldern, eine Festsetzung der Bearbeitungsdauern der Prüffelder durch die zugeordneten Prüfer und eine Terminierung der Prüffelder. Ergebnis der operativen Planung, die von dem jeweiligen Prüfungsleiter eines Auftrags durchgeführt wird, ist somit ein Plan, aus dem für jeden dem Auftrag zugeordneten Prüfer ersichtlich ist, wann dieser welches Prüffeld durchführen soll. Planungsziel ist dabei eine möglichst gleichmäßige Auslastung der dem Auftrag zugeordneten Prüfer, d. h. Unter- und Überauslastungen von Prüfern sollen weitgehend vermieden werden.

2.5 Bewertung

Im Unterschied zu bisherigen Arbeiten auf diesem Gebiet, denen keine empirischen Untersuchungen zugrunde liegen, konnten durch eine Fragebogenerhebung, an der sich 86 der 200 (bezogen auf die Zahl der beschäftigten Wirtschaftsprüfer) größten Wirtschaftsprüfungsgesellschaften beteiligten, neue, für eine problemgerechte Formulierung sehr aufschlußreiche Informationen gewonnen werden, die einen detaillierten Einblick in die Praxis der Personaleinsatzplanung in Prüfungsunternehmen ermöglichen.

Anhand der Erhebung sind die in Abschnitt 2.2 formulierten Zielsetzungen erreicht worden. So kann auch die in Abschnitt 2.1.2.1 geäußerte Vermutung bestätigt werden, daß die zunächst als problemspezifisch klassifizierten Ansätze von Chan/Dodin und Drexl für Teilprobleme von Interesse sind, jedoch dem Planungsproblem insgesamt nicht gerecht werden, da sich in der Praxis weitere, anders geartete Planungsebenen identifizieren lassen.

Die an bisherigen Arbeiten geäußerte Kritik sowie die Berücksichtigung wesentlicher Daten aus der Erhebung führen zu der in Abschnitt 2.4 vorgestellten Formulierung eines konzeptionellen Rahmens zur hierarchischen Perso-

Tabelle 2.1: Übersicht über wesentliche Charakteristika des hierarchischen Ansatzes

	Taktische Ebene	Taktisch-operative Ebene	Operative Ebene
Horizont	3-12 Monate	1 Woche	1 Woche
Periodenlänge	1 Woche	1 (Halb-) Schicht (= 4 Stunden)	1 Stunde
Konsistenzbedingungen		Kapazitätsverfügbarkeit der Prüfer; Bearbeitungsdauern je Prüfer und Auftrag; Einschränkungen bzgl. der Bearbeitungsdauer eines Auftrags	Zeiträume, in denen Prüfer zur Auftragsbearbeitung eingeplant sind
Weitere, ebenenspezifische Anforderungen		Gleichzeitig von mehreren Prüfern durchzuführende Tätigkeiten; Reisezeiten	Prüffelder
Planungsgegenstand	Alle Aufträge; alle Prüfer	Alle (in Planungswoche) eingeplanten Aufträge; alle Prüfer	Ein Auftrag mit allen (in Planungswoche) zu bearbeitenden Prüffeldern; dem Auftrag zugeordnete Prüfer
Planungsproblem	Zuordnung von Prüfern zu Aufträgen und Festsetzung der Bearbeitungsdauern; Auftragsterminierung	Bestimmung von Abfolgen und Zeiträumen der Auftragsbearbeitungen je Prüfer	Zuordnung von Prüfern zu Prüffeldern und Festsetzung der Bearbeitungsdauern; Prüffelderterminierung
Planungsziel	Maximierung von Teampräferenzen	Minimierung von Kosten für Einplanungen außerhalb der vereinbarten Arbeitszeiten	Minimierung ungleichmäßiger Prüferauslastungen
Entscheidungsträger	Unternehmensleitung	Alle (betreffenden) Prüfungsleiter	Prüfungsleiter

naleinsatzplanung in Wirtschaftsprüfungsgesellschaften, dessen wichtigste Charakteristika in Tabelle 2.1 zusammenfassend wiedergegeben werden.

Der vorliegende Ansatz, der durch seine hierarchische Struktur dem Ablauf der Planung in besonderem Maß Rechnung trägt, umfaßt drei Ebenen:

- Die taktische Planung ordnet den Aufträgen Prüferteams zu und nimmt - auf Wochenbasis - die Terminierung der Aufträge sowie die Festsetzung der erforderlichen Bearbeitungsdauern je Prüfer für einen Zeitraum von drei bis zwölf Monaten vor.
- Die taktisch-operative Planung bestimmt - auf Basis von (Halb-) Schichten - für alle Prüfer je Woche die Abfolge und Zeiträume der Auftragsbearbeitungen.
- Die operative Planung dient - auf Stundenbasis - der Zuordnung von Prüfern zu Prüffeldern sowie der Terminierung der Prüffelder. Sie wird je Auftrag und Woche separat durchgeführt.

Die logische Konsistenz des Ansatzes wird nicht zuletzt auch durch seine hierarchische Struktur[51] dokumentiert: In den einzelnen Bereichen werden unterschiedliche Ziele verfolgt; die auf hierarchisch übergeordneten Ebenen mit einem höheren Aggregationsniveau erzielten Ergebnisse dienen als Vorgabe für untergeordnete Stufen. Wird dieser Ansatz darüber hinaus in ein Konzept zur revidierenden Planung eingebunden, so können aktuell hinzugekommene Informationen entsprechend den Erfordernissen der Prüfungspraxis flexibel, d. h. insbesondere auch unter Berücksichtigung bereits erfolgter Einplanungen, integriert werden.[52]

Ausgehend von diesem Ansatz zeichnen sich die folgenden, weiteren Schritte ab: Zunächst bedarf es einer präzisen mathematischen Formulierung jeder Ebene des Ansatzes. Diese erfolgt unmittelbar auf Grundlage des hier vorgestellten Rahmens und bezieht somit die durch die Fragebogenerhebung

---

[51] Zur hierarchischen (Produktions-) Planung siehe z. B. Kistner/Steven (1991), Stadtler (1988), Steven (1994).

[52] Siehe auch Salewski/Nissen (1993).

gewonnenen Daten ein. Im nächsten Schritt gilt es, leistungsfähige Lösungsverfahren zu entwickeln, wobei aufgrund der Komplexität der jeweiligen Planungsprobleme ausschließlich Heuristiken in Betracht kommen. Diese Arbeiten - Modellierung und Verfahrensentwicklung - werden separat für jede Ebene in den Kapiteln 3, 4 und 5 beschrieben. Abschließend ist ein Konzept zur revidierenden Planung zu entwerfen, das in Kapitel 6 vorgestellt wird.

Kapitel 3

Taktische Planung

In diesem Kapitel wird die taktische Planung vorgestellt, die Aufträgen für einen Zeitraum von drei bis zwölf Monaten auf Wochenbasis Prüferteams zuordnet, die Aufträge terminiert sowie die erforderlichen Bearbeitungsdauern je Prüfer festsetzt.

Dazu werden in Abschnitt 3.1 die Modellprämissen dargestellt und in Abschnitt 3.2 durch ein Beispiel veranschaulicht. Nach vorbereitenden Berechnungen in Abschnitt 3.3 wird in Abschnitt 3.4 das Modell eingeführt. Danach folgt in Abschnitt 3.5 die Beschreibung eines speziell an die Problemstruktur angepaßten heuristischen Verfahrensschemas. Anhand einer umfangreichen experimentellen Untersuchung wird dann in Abschnitt 3.6 gezeigt, daß dieses Verfahrensschema für praxisrelevante Problemstellungen gute Näherungslösungen in vernachlässigbarer Rechenzeit liefert. Abschnitt 3.7 enthält eine abschließende Bewertung.

3.1 Prämissen

Üblicherweise kommt zur ordnungsgemäßen Durchführung eines Prüfungsauftrags nicht nur eine bestimmte Zusammensetzung eines Prüferteams in Betracht, sondern es können - unter Berücksichtigung der Grundsätze ordnungsmäßiger Durchführung von Abschlußprüfungen (GoA)[1] - mehrere verschiedene Teamzusammensetzungen, die in der Regel unterschiedlich stark präferiert werden, in Erwägung gezogen werden. Die taktische Planung hat die Zuordnung von möglichst "gut geeigneten" Prüferteams zu Aufträgen unter Beachtung bestimmter Restriktionen zum Ziel. Zur Operationalisierung

1 Vgl. Institut der Wirtschaftsprüfer in Deutschland e. V. (1989). Die wichtigsten GoA sind das Wirtschaftlichkeitsprinzip und die Forderung nach möglichst hoher Urteilssicherheit.

dieser Zielvorschrift und der Nebenbedingungen sind einige Annahmen erforderlich:[2]

a) Die Prüfungsgesellschaft nimmt die Planung für einen Zeitraum von $t = 1,...,T$ Perioden vor. Eine einzelne Periode umfaßt üblicherweise eine Woche; der Planungszeitraum beträgt je nach Größe der Prüfungsgesellschaft in der Regel 13, 26 oder 52 Perioden.

b) Innerhalb des Planungszeitraums sind $e = 1,...,E$ Prüfungsaufträge durchzuführen. Die Prüfungsaufträge können je Periode t höchstens D_{et} Zeiteinheiten lang bearbeitet werden.[3]

c) Jeder Auftrag e untergliedert sich in $p = 1,...,P_e$ Prüfungsabschnitte (z. B. Vor-, Zwischen- und Hauptprüfung).

d) Für jeden Prüfungsabschnitt (e, p) ist der zeitliche Rahmen der Bearbeitung durch einen frühesten Bearbeitungs- bzw. einen spätesten Beendigungszeitpunkt λ_{ep} bzw. δ_{ep} vorgegeben.

e) Jeder Prüfungsabschnitt (e, p) läßt sich in $s = 1,...,S_{ep}$ Teilprüfungsabschnitte untergliedern, die in jeweils genau einer Periode bearbeitet werden.[4]

f) Dem Prüfungsorgan stehen $a = 1,...,A$ Prüfer (Assistenten, Prüfungsleiter u. ä.) für Prüfungstätigkeiten zur Verfügung. Die Prüfer können je Periode t höchstens C_{at} Zeiteinheiten lang eingesetzt werden.

g) Für die Bearbeitung eines Auftrags e kommen $m = 1,...,M_e$ Prüferteams,

---

2 Für die taktische Ebene ergeben sich durch die Einbindung in den hierarchischen Ansatz keine über die Annahmen hinausgehenden Einschränkungen. Vgl. Anhang C.1 und im Unterschied dazu die Konsistenzbedingungen und Parameterwerte für die taktisch-operative und die operative Planungsebene in den Anhängen C.2 und C.3.

3 Damit kann sichergestellt werden, daß ein Prüfungsauftrag nicht oder in nur eingeschränktem Umfang bearbeitet wird, falls beim Mandanten (z. B. wegen Quartalabschlußarbeiten) keine Ansprechpartner verfügbar sind.

4 S_{ep} gibt folglich nicht nur die Anzahl der Teilprüfungsabschnitte wieder, sondern stellt wegen deren uniformer Dauer von je einer Periode auch die Bearbeitungsdauer des gesamten Prüfungsabschnitts dar.

bestehend aus einem oder mehreren Prüfern, alternativ in Betracht.[5] Die zur Bearbeitung eines Teilprüfungsabschnitts (e, p, s) durch einen Prüfer a bei einer bestimmten Teamzusammensetzung m erforderliche Prüfdauer beträgt k_{epsma} Zeiteinheiten.[6] Da die einzelnen Bearbeitungsalternativen üblicherweise nicht gleich bewertet werden, ist je Alternative die Zuordnung eines Präferenzwertes b_{em} vorgesehen.[7]

h) Reihenfolgebeziehungen zwischen Teilprüfungsabschnitten eines Auftrags sind durch Mengen $\mathscr{V}_{eps}$ spezifiziert, die die unmittelbaren Vorgänger für jeden Teilprüfungsabschnitt (e, p, s) enthalten. Als Spezialfall allgemeiner Reihenfolgebeziehungen, bei dem Zyklen ausgeschlossen werden, hat dabei der Teilprüfungsabschnitt (e, 1, 1) eines Auftrags e keinen unmittelbaren Vorgänger, während alle übrigen Teilprüfungsabschnitte (e, p, s) genau einen unmittelbaren Vorgänger besitzen.[8] Für den unmittelbaren Vorgänger $(e, p', s') \in \mathscr{V}_{eps}$ sind von der Bearbeitungsalternative m abhängige Mindest- und Maximalabstände $q_{ep's'psm}$ und $\hat{q}_{ep's'psm}$ bei Normalfolge einzuhalten.

3.2 Beispiel

Der Planungszeitraum einer Wirtschaftsprüfungsgesellschaft beträgt drei

---

5 In der hier verwendeten Terminologie liegen bereits dann alternative Prüferteams vor, wenn sich zwei Prüferteams in ihrer Zusammensetzung in mindestens einem Prüfer unterscheiden.

6 Weitere Varianten der Bearbeitung eines Auftrags sind dadurch möglich, daß nicht nur eine, sondern mehrere Bearbeitungsdauern je Prüfer und Teilprüfungsabschnitt genannt werden.

7 Zu den grundsätzlichen Möglichkeiten der Präferenzfestlegung siehe z. B. Teufel (1992), Tversky/Simonson (1993). Präferenzwerte gestatten insbesondere universelle und besonders einfach vorzunehmende Anpassungen an firmeninterne Bewertungsschemata. Denkbar ist an dieser Stelle z. B., daß die Präferenzen proportional zu den für eine Bearbeitungsalternative anfallenden Kosten gewählt werden.

8 Für jeden Auftrag e ist demzufolge $\mathscr{V}_{e,1,1} = \emptyset$. Für die Teilprüfungsabschnitte (e, p, 1) mit $p \neq 1$ soll $\mathscr{V}_{e,p,1} = \{(e, p-1, S_{e,p-1})\}$ und für die Teilprüfungsabschnitte (e, p, s) mit $s \neq 1$ $\mathscr{V}_{eps} = \{(e, p, s-1)\}$ gelten.

Wochen.[9] Während dieser Zeit sind drei Prüfungsaufträge e = 1, 2, 3 zu bearbeiten.

Auftrag 1: Sonderprüfung wegen unzulässiger Unterbewertung in Unternehmen A; zweiwöchige Prüfung (≙ ein Prüfungsabschnitt mit zwei Teilprüfungsabschnitten).

Auftrag 2: Prüfung des Jahresabschlusses des Unternehmens B; zweiwöchige Hauptprüfung (≙ erster Prüfungsabschnitt mit zwei Teilprüfungsabschnitten), einwöchige Berichterstellung (≙ zweiter Prüfungsabschnitt mit einem Teilprüfungsabschnitt).

Auftrag 3: Prüfung des Berichts über die Beziehungen des Unternehmens C zu verbundenen Unternehmen; dreiwöchige Prüfung (≙ ein Prüfungsabschnitt mit drei Teilprüfungsabschnitten).

Die Aufträge können - mit Ausnahme einer Beschränkung von Auftrag 2 in der zweiten Woche auf 16 Stunden - in jeder Woche des Planungszeitraums während 40 Stunden bearbeitet werden. Aus frühesten Bearbeitungs- und spätesten Beendigungszeitpunkten ergeben sich keine Restriktionen. Hinsichtlich der Reihenfolgebeziehungen ist lediglich sicherzustellen, daß die Berichterstellung von Auftrag 2 erst nach Abschluß der Hauptprüfung beginnt.

Für die Durchführung der Aufträge stehen drei Prüfer a = 1, 2, 3 mit jeweils 40 Arbeitsstunden in der ersten und dritten und - wegen Urlaub - mit jeweils 32 Arbeitsstunden in der zweiten Woche zur Verfügung. Während für Auftrag 1 nur eine Form der Bearbeitung mit einem Präferenzwert $b_{11} = 7$ möglich ist, können die Aufträge 2 und 3 in jeweils zwei Bearbeitungsalternativen mit Präferenzwerten $b_{21} = 10$, $b_{22} = 7$ bzw. $b_{31} = 10$, $b_{32} = 5$ durchgeführt werden.

Tabelle 3.1 enthält die Bearbeitungsdauern k_{epsma}. Die Bedeutung der Eintragungen soll anhand der ersten Bearbeitungsalternative von Auftrag 3 ver-

9 Einige Parameter wie etwa die Länge des Planungszeitraums, die Anzahl der Prüfer und der Aufträge sind in diesem Beispiel aus Vereinfachungsgründen unrealistisch klein gewählt.

Tabelle 3.1: Bearbeitungsdauern

m	1			2		
a	1	2	3	1	2	3
k_{111ma}	16	-	16	-	-	-
k_{112ma}	4	-	8	-	-	-
k_{211ma}	24	-	-	0	24	24
k_{212ma}	24	-	-	8	12	4
k_{221ma}	16	-	-	0	40	40
k_{311ma}	24	16	-	-	40	-
k_{312ma}	40	0	-	-	16	-
k_{313ma}	0	0	-	-	32	-

deutlicht werden. Zur Durchführung werden die Prüfer 1 und 2 benötigt, die den ersten Teilprüfungsabschnitt 24 bzw. 16 Stunden lang bearbeiten. Der zweite Teilprüfungsabschnitt wird nur noch von Prüfer 1 während 40 Stunden bearbeitet, während die Durchführung des dritten Teilprüfungsabschnittes im Gegensatz zur zweiten Bearbeitungsalternative entfällt. Aus diesem Sachverhalt wird ersichtlich, daß - aus Gründen der logischen Konsistenz - die Prüfungsabschnitte zwar in jeder Bearbeitungsalternative dieselben Prüfungsinhalte umfassen müssen, die Zugehörigkeit von Prüfungsinhalten zu Teilprüfungsabschnitten aber von der jeweiligen Bearbeitungsalternative abhängt. Damit ergibt sich die Gesamtbearbeitungsdauer eines Prüfungsabschnittes aus der gewählten Bearbeitungsalternative.

Ein optimaler Ablaufplan ist ein Plan, der nicht nur zulässig ist, also Reihenfolge-, Kapazitäts- und Terminrestriktionen berücksichtigt, sondern darüber hinaus das Zielkriterium optimiert. Das der taktischen Planung zugrundeliegende Zielkriterium der Zuordnung von möglichst "gut geeigneten" Prüferteams zu Aufträgen kann dabei durch die Maximierung der Summe der Prä-

Abbildung 3.1: Optimaler Ablaufplan

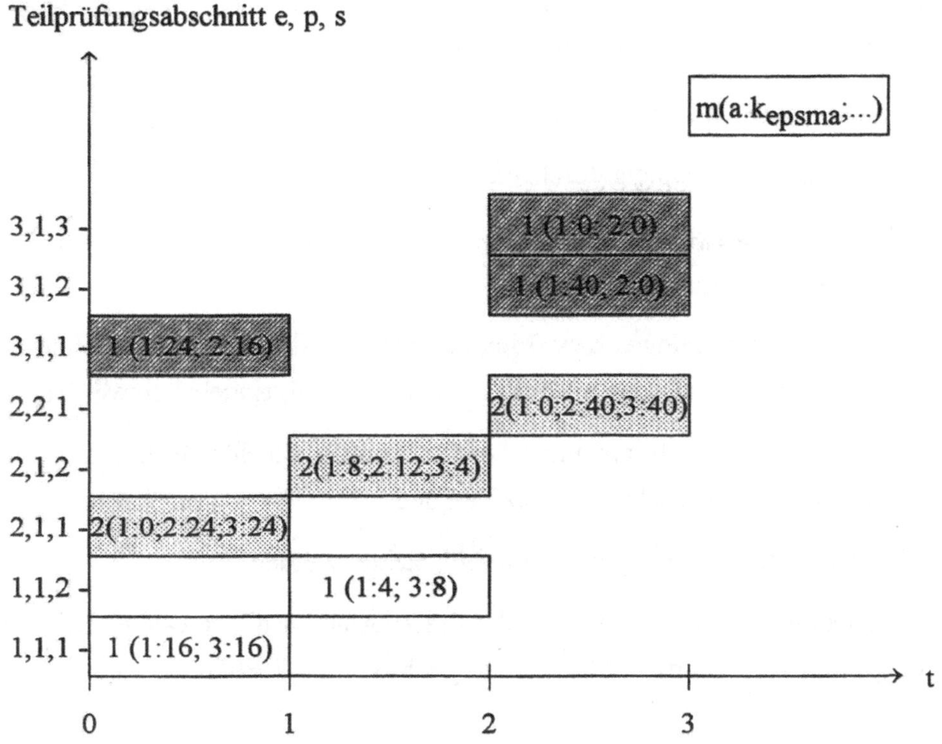

ferenzwerte über die erfolgten Teamzuordnungen operationalisiert werden.

Ein für das Beispiel optimaler Ablaufplan (Auftrags-Gantt-Diagramm) ist in Abbildung 3.1 wiedergegeben.

Abbildung 3.1, bei der die Teilprüfungsabschnitte eines Auftrags durch dieselbe Schattierung gekennzeichnet sind, soll am Beispiel der Berichterstellung von Auftrag 2 erläutert werden (Teilprüfungsabschnitt (2, 2, 1)). Diese wird in der dritten Periode in der Bearbeitungsalternative 2 durchgeführt. In der gewählten Bearbeitungsalternative bearbeiten die Prüfer 1, 2 und 3 den Auftrag. Während die Prüfer 2 und 3 im Umfang von jeweils 40 Stunden mit der Berichterstellung befaßt sind, wirkt Prüfer 1 an diesem Teilprüfungsabschnitt nicht mit.

Eine Besonderheit ergibt sich für den letzten Teilprüfungsabschnitt des Auftrags 3 (Teilprüfungsabschnitt (3, 1, 3)). Dieser wird - aus formalen Gründen - zwar eingeplant, beansprucht aber keine Prüferkapazität; eine kapazitätsbeanspruchende Bearbeitung würde nur in der (hier nicht gewählten) zweiten Bearbeitungsalternative erfolgen.

Darüber hinaus ist erkennbar, daß

- alle Aufträge vollständig durchgeführt werden,
- alle Teilprüfungsabschnitte eines Auftrags in derselben Bearbeitungsalternative eingeplant sind,
- Reihenfolgebeziehungen bzw. Mindestabstände, die im Beispiel explizit für die Berichterstellung des Auftrags 2 formuliert sind, eingehalten werden,
- auftragsspezifische Bearbeitungsbeschränkungen wie für Auftrag 2 in der zweiten Woche berücksichtigt werden und
- Kapazitätsbeschränkungen der Prüfer beachtet werden.

Der Zielfunktionswert als Summe der Präferenzen für die gewählten Bearbeitungsalternativen beträgt 24 ($b_{11} + b_{22} + b_{31} = 7 + 7 + 10$).

3.3 Vorbereitende Berechnungen

Zur Vereinfachung der mathematischen Problemformulierung werden zunächst die Indizes e, p und s durch

$$j = g(e, p, s) = \sum_{e'=1}^{e-1} \sum_{p'=1}^{P_{e'}} S_{e'p'} + \sum_{p'=1}^{p-1} S_{ep'} + s$$

ersetzt.[10] An Stelle der Parameter $\mathscr{V}_{eps}$, $q_{ep's'psm}$, $\hat{q}_{ep's'psm}$ und k_{epsma} erhält man damit die Parameter $\mathscr{V}_j$, $q_{j'jm}$, $\hat{q}_{j'jm}$ und k_{jma}.

$f_e = g(e, 1, 1)$ sei dann der erste und $l_e = g(e, P_e, S_{eP_e})$ der letzte Teilprüfungsabschnitt von Auftrag e.

---

10 Vgl. Salewski/Drexl (1992).

Des weiteren werden die Maximalabstände $\hat{q}_{j'jm}$ in Mindestabstände $q_{jj'm}$ transformiert sowie frühest- und spätestmögliche Endtermine EF_j und LF_j berechnet.[11] Schließlich sind in der Menge $\mathscr{H}_t = \{j \mid EF_j \le t \le LF_j\}$ diejenigen Teilprüfungsabschnitte enthalten, die in t beendet werden können.

3.4 Modellformulierung

Definiert man Binärvariablen x_{jmt} mit der Bedeutung

$$x_{jmt} = \begin{cases} 1, & \text{falls Teilprüfungsabschnitt j in Bearbeitungsalternative m} \\ & \text{durchgeführt und zum Zeitpunkt t beendet wird} \\ 0, & \text{sonst} \end{cases}$$

so kann die Problemstellung durch folgendes binäre Optimierungsproblem beschrieben werden:

$$\text{Maximiere } Z(x) = \sum_{e=1}^{E} \sum_{m=1}^{M_e} b_{em} \sum_{t=EF_{f_e}}^{LF_{f_e}} x_{f_e mt} \tag{3.1}$$

unter den Nebenbedingungen

$$\sum_{m=1}^{M_e} \sum_{t=EF_{f_e}}^{LF_{f_e}} x_{f_e mt} = 1 \qquad (1 \le e \le E) \tag{3.2}$$

$$\sum_{t=EF_{f_e}}^{LF_{f_e}} x_{f_e mt} = \sum_{t=EF_j}^{LF_j} x_{jmt}$$

$$(1 \le e \le E; f_e + 1 \le j \le l_e; 1 \le m \le M_e) \tag{3.3}$$

---

[11] Siehe z. B. Domschke/Drexl (1991a, S. 87 f.).

$$\sum_{m=1}^{M_e} \sum_{t=EF_{j'}}^{LF_{j'}} (t + q_{j'jm})\, x_{j'mt} \le \sum_{m=1}^{M_e} \sum_{t=EF_j}^{LF_j} (t-1)\, x_{jmt}$$

$$(1 \le e \le E; f_e \le j \le l_e; j' \in \mathscr{V}_j) \quad (3.4)$$

$$\sum_{m=1}^{M_e} \sum_{\substack{j=f_e \\ j \in \mathscr{H}_t}}^{l_e} k_{jma}\, x_{jmt} \le D_{et} \qquad (1 \le e \le E;\ 1 \le a \le A;\ 1 \le t \le T) \quad (3.5)$$

$$\sum_{e=1}^{E} \sum_{m=1}^{M_e} \sum_{\substack{j=f_e \\ j \in \mathscr{H}_t}}^{l_e} k_{jma}\, x_{jmt} \le C_{at} \qquad (1 \le a \le A;\ 1 \le t \le T) \quad (3.6)$$

$$x_{jmt} \in \{0, 1\} \quad (1 \le e \le E; f_e \le j \le l_e;\ 1 \le m \le M_e;\ EF_j \le t \le LF_j) \quad (3.7)$$

In (3.1) stellt x den Vektor aller Binärvariablen dar; Z(x) ist der Zielfunktionswert für jeden zulässigen Vektor x, der die Nebenbedingungen (3.2) - (3.7) erfüllt. Da alle Teilprüfungsabschnitte eines Auftrags wegen der Nebenbedingungen (3.3) in derselben Bearbeitungsalternative durchgeführt werden, muß in der Zielfunktion lediglich die für den Teilprüfungsabschnitt f_e, also den ersten Teilprüfungsabschnitt eines Auftrags, gewählte Bearbeitungsalternative festgestellt werden. Jedes b_{em} ist mit der Summe der $x_{f_e mt}$ zu multiplizieren, wobei diese Summation auf die jeweiligen Beendigungszeitpunkte t mit $EF_{f_e} \le t \le LF_{f_e}$ beschränkt werden kann. Die Summe muß M_e-1 mal den Wert 0 und genau einmal den Wert 1 annehmen.

(3.2) erzwingt, daß der erste Teilprüfungsabschnitt jedes Auftrags genau einmal bearbeitet und im Zeitfenster $[EF_{f_e}, LF_{f_e}]$ beendet wird. Dies entspricht der obigen Aussage, daß die Summe der $x_{f_e mt}$ genau einmal den Wert 1 annimmt.

In Verbindung mit (3.2) garantiert (3.3), daß alle anderen Teilprüfungsabschnitte eines Auftrags ebenfalls genau einmal und in derselben Bearbeitungsalternative wie der erste Teilprüfungsabschnitt durchgeführt sowie im Zeitfenster [EF_j, LF_j] beendet werden. Die korrekte Festlegung der Bearbeitungsalternative ergibt sich daraus, daß in (3.2) die Summe der $x_{f_e mt}$ M_e-1 mal den Wert 0 und nur in der gewählten Bearbeitungsalternative den Wert 1 aufweist.

(3.4) stellt sicher, daß zwischen allen Paaren von Teilprüfungsabschnitten, die in einer unmittelbaren Vorgänger-Nachfolger-Beziehung stehen, Mindestabstände beachtet werden. Insbesondere kann durch Mindestabstände mit einem Wert von -1 auch eine zeitgleiche Bearbeitung gestattet werden.

(3.5) sorgt für die Einhaltung auftragsspezifischer Bearbeitungsbeschränkungen, während (3.6) die Prüferkapazität je Periode berücksichtigt. In diesem Sinne stellen sowohl Aufträge als auch Prüfer erneuerbare Ressourcen[12] dar.

(3.7) gewährleistet die Binarität der Variablen x_{jmt}.

3.5 Verfahren

"Klassische" Methoden[13] sind nicht in der Lage, das in Abschnitt 3.4 dargestellte Problem befriedigend zu lösen. Erstens ist es durch die Einordnung des Zulässigkeitsproblems als NP-vollständig bzw. des Optimierungsproblems als NP-hart[14] unwahrscheinlich, daß ein exaktes Verfahren in "angemessener" Zeit zulässige bzw. optimale Lösungen liefert. Zweitens kann das Problem nicht mittels traditioneller heuristischer Methoden zur Ablaufplanung gelöst werden, da die gewählte Modellformulierung mit den Nebenbedingungen (3.3) einen neuen, bislang aus der Literatur nicht bekannten Restriktionstyp beinhaltet.

Es wurde deshalb ein heuristisches Verfahrensschema entwickelt, das - unter

---

12 Siehe z. B. Domschke/Drexl (1991b, S. 64 f.).

13 Siehe z. B. Baker (1974) und Domschke/Scholl/Voß (1993, S. 39 ff.) sowie die dort angegebenen Literaturhinweise.

14 Zu Begriffsdefinitionen siehe z. B. Garey/Johnson (1979, S. 113 ff.). Die Beweise werden in Schirmer (1993, S. 42 ff.) geführt.

Berücksichtigung der Problemstruktur - auf der Verwendung von Prioritätswerten basiert. Um jedoch die bekannten konzeptionellen Schwächen deterministischer Heuristiken zu überwinden, arbeitet das Verfahrensschema randomisiert, d. h. die Auswahl einer von mehreren Alternativen erfolgt zufällig, jedoch mit zu den Prioritätswerten proportionalen Wahrscheinlichkeiten.[15] Wegen dieses Nichtdeterminismus liefert ein randomisiertes Verfahren bei mehrfacher Anwendung auf dieselbe Instanz eines Problems mehrere unterschiedliche Lösungen, unter denen sich üblicherweise mindestens eine befindet, die besser als die von einer deterministischen Heuristik gefundene Lösung ist.

3.5.1 Algorithmisches Grundschema

Das im folgenden vorgestellte Verfahrensschema unterscheidet zwei Phasen: In der ersten Phase wird jedem Prüfungsauftrag eine Bearbeitungsalternative zugeordnet, während in der zweiten Phase die Terminierung der Teilprüfungsabschnitte vorgenommen wird. Dieses Grundschema stellt dabei ein "Gerüst" dar, das für beide Phasen die Einbindung verschiedener Regeln zur Bestimmung der Prioritätswerte gestattet.[16]

3.5.1.1 Zuordnung von Bearbeitungsalternativen zu Aufträgen

In der ersten Phase wird jedem Auftrag eine Bearbeitungsalternative zugeordnet. Dies erfolgt in zwei Schritten: Zunächst wird ein Auftrag aus der Menge *EE*, die die Aufträge ohne festgelegte Bearbeitungsalternative enthält, ausgewählt; dann wird diesem Auftrag eine der möglichen Bearbeitungsalternativen m ($1 \leq m \leq M_e$) zugeordnet. Diese Schritte werden solange wiederholt, bis für jeden Auftrag die Bearbeitungsalternative feststeht.

---

[15] Zu den Nachteilen deterministischer gegenüber randomisierten Verfahren siehe z. B. Drexl (1990, S. 190 f.), Schirmer (1993, S. 30 f.).

[16] Zur algorithmischen Verfahrensbeschreibung vgl. Anhang B.1.

Die Auswahl eines Auftrages sowie der ihm zuzuordnenden Bearbeitungsalternative wird dabei zufällig vorgenommen und zwar gemäß Wahrscheinlichkeiten, die proportional zu Prioritätswerten[17] $\overline{\omega}_e$ (Auswahl des Auftrags) bzw. $\overline{\pi}_m$ (Auswahl der Bearbeitungsalternative) sind. Die Prioritätswerte werden dabei durch Regeln ω und π festgelegt. Um sicherzustellen, daß alle Aufträge und Bearbeitungsalternativen, also auch diejenigen mit Prioritätswerten von Null, eine Zuordnungswahrscheinlichkeit größer Null erhalten, und um außerdem ein höheres Maß an Flexibilität bei der Zuordnung zu erreichen, werden die Prioritätswerte durch

$$\overline{\overline{\omega}}_e = (\overline{\omega}_e + \varepsilon)^\alpha \qquad (e \in EE) \quad (3.8)$$

bzw.

$$\overline{\overline{\pi}}_m = (\overline{\pi}_m + \varepsilon)^\beta \qquad (1 \le m \le M_e) \quad (3.9)$$

modifiziert, wobei es sich bei ε bzw. α und β um einen positiven bzw. um nichtnegative reellwertige Parameter handelt.[18] Die Wahrscheinlichkeiten $\tilde{\omega}_e$ bzw. $\tilde{\pi}_m$, daß Auftrag e bzw. Bearbeitungsalternative m von Auftrag e ausgewählt wird, betragen dann

$$\tilde{\omega}_e = \overline{\overline{\omega}}_e \,/\, \Big(\sum_{e' \in EE} \overline{\overline{\omega}}_{e'} \Big) \qquad (e \in EE) \quad (3.10)$$

bzw.

$$\tilde{\pi}_m = \overline{\overline{\pi}}_m \,/\, \Big(\sum_{m'=1}^{M_e} \overline{\overline{\pi}}_{m'} \Big) \qquad (1 \le m \le M_e) \quad (3.11)$$

Der Einfluß der Kontrollparameter α und β auf den Zuordnungsprozeß läßt sich wie folgt verdeutlichen: für $\alpha = 0$ bzw. $\beta = 0$ haben alle Aufträge e bzw. Bearbeitungsalternativen m identische $\overline{\overline{\omega}}_e$- bzw. $\overline{\overline{\pi}}_m$-Werte und damit die-

17 Prioritätswerte werden zur Lösung von Auswahlkonflikten in unterschiedlichen Anwendungsbereichen verwendet; siehe z. B. Dienstdorf (1972), Küpper (1982), Kurtulus/Narula (1985), Russell (1986). Verschiedene Prioritätsregeln zur Berechnung dieser Werte in den beiden Phasen werden in Abschnitt 3.5.2 vorgestellt.

18 Im folgenden wird $\varepsilon = 1$ gesetzt. Die Frage, welche Werte für α und β gewählt werden sollten, wird in Abschnitt 3.6.3 behandelt.

selbe Zuordnungswahrscheinlichkeit; für α bzw. β signifikant größer als 1 dominiert der größte $\overline{\omega}_e$ bzw. $\overline{\pi}_m$-Wert, der zugehörige $\overline{\overline{\omega}}_e$ bzw. $\overline{\overline{\pi}}_m$-Wert geht gegen unendlich und damit die betreffende Zuordnungswahrscheinlichkeit $\tilde{\omega}_e$ bzw. $\tilde{\pi}_m$ gegen Eins.[19]

3.5.1.2 Terminierung von Teilprüfungsabschnitten

Das Vorgehen der zweiten Phase läßt sich in Form eines randomisierten parallelen[20] Verfahrens beschreiben. Ein Ablaufplan wird konstruiert, indem die Perioden des Planungshorizontes in chronologischer Reihenfolge betrachtet werden. In jeder Periode wird die Menge *EJ* aller Teilprüfungsabschnitte berechnet, die zum aktuellen Zeitpunkt ohne Verletzung der Restriktionen eingeplant werden können. Einer dieser Teilprüfungsabschnitte wird ausgewählt und zur Bearbeitung in der aktuellen Periode eingeplant. Liegen mehrere einplanbare Teilprüfungsabschnitte vor, so erfolgt die Auswahl wiederum zufallsgesteuert und zwar gemäß Wahrscheinlichkeiten, die proportional zu Prioritätswerten $\overline{\rho}_j$ sind. Auf diese Weise werden Teilprüfpläne sukzessive erweitert, bis kein Teilprüfungsabschnitt mehr in der aktuellen Periode einplanbar ist. Dann wird die nächste Periode betrachtet, bis schließlich der Planungshorizont erreicht ist. Wurden alle Teilprüfungsabschnitte eingeplant, so stellt der konstruierte Ablaufplan eine zulässige Lösung des Problems dar, andernfalls ist er unzulässig.

Die Prioritätswerte werden dabei durch Regeln ρ festgelegt. Ausgehend von Prioritätswerten $\overline{\rho}_j$ für die aktuell einplanbaren Teilprüfungsabschnitte kann man dann - analog zu Abschnitt 3.5.1.1 - die modifizierten Prioritätswerte durch

$$\overline{\overline{\rho}}_j = (\overline{\rho}_j + \varepsilon)^{\gamma} \qquad (j \in EJ) \quad (3.12)$$

berechnen, wobei es sich bei ε bzw. γ um einen positiven bzw. um einen

---

19 Demzufolge entspricht $\alpha = 0$ bzw. $\beta = 0$ einer rein zufälligen Auswahl, während $\alpha = \infty$ bzw. $\beta = \infty$ eine deterministische Auswahl darstellt.

20 Zu der Unterscheidung zwischen seriellen und parallelen Verfahren siehe z. B. Kelley (1963, S. 352 ff.).

nichtnegativen reellwertigen Parameter handelt.[21] Die Wahrscheinlichkeit $\tilde{\rho}_j$, daß Teilprüfungsabschnitt j für eine Einplanung ausgewählt wird, ergibt sich zu

$$\tilde{\rho}_j = \bar{\bar{\rho}}_j \, / \, \Big(\sum_{j' \in EJ} \bar{\bar{\rho}}_{j'} \Big) \qquad (j \in EJ) \quad (3.13)$$

Jede Kombination der Regeln beider Phasen definiert - in Verbindung mit dem obigen Schema - einen eigenen Algorithmus (ω, π, ρ) zur Bearbeitung des taktischen Planungsproblems.

3.5.2 Prioritätsregeln

In diesem Abschnitt werden für jede der beiden Phasen einige Prioritätsregeln vorgestellt, die alternativ zum Einsatz kommen können.

3.5.2.1 Regeln zur Zuordnung von Bearbeitungsalternativen zu Aufträgen

Entsprechend der Zuordnung der Bearbeitungsalternativen in zwei Schritten werden zunächst die Regeln zur Auswahl eines Auftrags und anschließend die zur Auswahl einer Bearbeitungsalternative erläutert.

- *Auswahl eines Auftrages*

Zur Auswahl eines Auftrages liegen zwei Regeln vor.

- Pure Random Selection (PRS)

  Bei dieser (statischen[22]) Regel haben alle Aufträge dieselbe Wahrscheinlichkeit ausgewählt zu werden,[23] d. h.

$$\bar{\omega}_e = 1 \qquad (e \in EE) \quad (3.14)$$

---

[21] Im folgenden wird erneut $\varepsilon = 1$ gesetzt. Die Frage, welche Werte für γ gewählt werden sollten, wird ebenfalls in Abschnitt 3.6.3 behandelt.

[22] Zur Unterscheidung zwischen statischen und dynamischen Regeln siehe z. B. Drexl/ Kolisch (1993).

[23] Diese Regel wird prinzipiell nicht benötigt, da jede andere Regel für $\alpha = 0$ dieselben Ergebnisse liefert. Die Aufnahme erfolgt lediglich zur Vereinfachung des in Abschnitt 3.6.2 beschriebenen statistischen Modells.

- MINimum Total Resource Usage MAXimum PReFerence (MIN TRU MAX PRF)

Diese (statische) Regel bevorzugt diejenigen Aufträge, in deren am höchsten präferierter Bearbeitungsalternative die Prüfer insgesamt besonders wenig nachgefragt werden.

Zunächst berechnet man für jeden auswählbaren Auftrag e die Bearbeitungsalternative mit dem höchsten Präferenzwert:[24]

$$m_e^{max} = \text{Bearbeitungsalternative m mit höchstem Präferenzwert } b_{em} \qquad (e \in EE) \quad (3.15)$$

Für jeden auswählbaren Auftrag e bezeichne dann $\mathcal{AE}_{em}$ die Menge aller Prüfer, die an der Bearbeitung von e in Alternative m kapazitätswirksam beteiligt sind, d. h.

$$\mathcal{AE}_{em} = \{a \mid \sum_{j=f_e}^{l_e} k_{jma} > 0\} \qquad (e \in EE;\ 1 \le m \le M_e) \quad (3.16)$$

Sei ferner TRU_{em} der gesamte durch die Bearbeitung von e in Alternative m verursachte Kapazitätsgebrauch, also

$$TRU_{em} = \sum_{j=f_e}^{l_e} \sum_{a \in \mathcal{AE}_{em}} k_{jma} \qquad (e \in EE;\ 1 \le m \le M_e) \quad (3.17)$$

und TRU^{max} der höchste Ressourcengebrauch $TRU_{em_e^{max}}$ aller aktuell auswählbaren Aufträge in der am meisten präferierten Bearbeitungsalternative:

$$TRU^{max} = \max \{TRU_{em_e^{max}} \mid e \in EE\} \quad (3.18)$$

Dann ergibt sich der Prioritätswert zu

$$\overline{\omega}_e = TRU^{max} - TRU_{em_e^{max}} \qquad (e \in EE) \quad (3.19)$$

---

[24] Haben zwei oder mehr Bearbeitungsalternativen eines Auftrages denselben höchsten Präferenzwert, so wird diejenige Alternative mit der geringeren Gesamtnachfrage nach Prüferkapazität ausgewählt. Ist auch die Gesamtnachfrage identisch, so erfolgt die Auswahl beliebig.

- *Auswahl einer Bearbeitungsalternative*

Für einen zuvor bestimmten Auftrag e wird anschließend die Bearbeitungsalternative festgelegt.

- MAXimum PReFerence (MAX PRF)

Diese (statische) Regel basiert auf verallgemeinerten Opportunitätskosten und spiegelt den Einfluß der betrachteten Zuordnung auf den Zielfunktionswert wider. Die Prioritätswerte werden folgendermaßen berechnet. Zunächst bestimmt man für den gerade betrachteten Auftrag e den Präferenzwert b^{min} der am wenigsten präferierten Bearbeitungsalternative:[25]

$$b^{min} = \min \{b_{em} \mid 1 \leq m \leq M_e\} \tag{3.20}$$

Zur Maximierung der Gesamtpräferenz berechnet man dann Prioritätswerte $\bar{\pi}_m$ als die größtmögliche Verringerung des Zielfunktionswertes, die eintreten könnte, wenn Auftrag e nicht in Bearbeitungsalternative m bearbeitet werden würde:

$$\bar{\pi}_m = b_{em} - b^{min} \qquad (1 \leq m \leq M_e) \tag{3.21}$$

- MAXimum Preference Remaining Capacity (MAX PRC)

Diese (dynamische) Regel bevorzugt wie die Regel MAX PRF diejenige Bearbeitungsalternative mit dem höchsten Präferenzwert. Ausgehend von der Gesamtkapazität eines Prüfers a, die sich als Summe der Periodenkapazitäten C_{at} im Planungszeitraum berechnet, wird die maximal zulässige Gesamtauslastung TCA_a des Prüfers a im Planungszeitraum durch Multiplikation der Gesamtkapazität mit einem Sicherheitsfaktor SF[26] bestimmt, d. h.

---

25 Sofern im Kontext eindeutig, wird aus Gründen der besseren Lesbarkeit im folgenden auf die Angabe von im streng mathematischen Sinn erforderlichen Indizes verzichtet. So wird deshalb z. B. bei b^{min} auf die Angabe des Index e verzichtet.

26 Nach Voruntersuchungen wurde SF = 0.95 gewählt.

$$TCA_a = SF \sum_{t=1}^{T} C_{at} \qquad (1 \le a \le A) \ (3.22)$$

Für die Einplanung kommen dann lediglich Alternativen in Betracht, bei denen die Restkapazität RCA_a jedes nachgefragten Prüfers a, die sich als Differenz aus der maximal zulässigen Gesamtauslastung TCA_a und der Kapazitätsbeanspruchung der bisherigen Zuordnungen von Bearbeitungsalternativen zu anderen Aufträgen ergibt, nicht überschritten wird.[27] Die Restkapazität RCA_a von Prüfer a wird bestimmt zu

$$RCA_a = TCA_a - \sum_{\substack{e'=1 \\ e' \notin EE}}^{E} \ \sum_{j=f_{e'}}^{l_{e'}} k_{jm'a} \qquad (1 \le a \le A)^{28} \ (3.23)$$

und die Prioritätswerte berechnen sich zu

$$\bar{\pi}_m = \begin{cases} b_{em} - b^{min}, & \text{falls } \forall a \in \mathscr{AE}_{em}: RCA_a \ge \sum_{j=f_e}^{l_e} k_{jma} \\ -\varepsilon, & \text{sonst} \end{cases}$$

$$(1 \le m \le M_e)^{29} \ (3.24)$$

- MAXimum Remaining CaPacity (MAX RCP)

Diese (dynamische) Regel weist denjenigen Bearbeitungsalternativen, nach deren Zuordnung die eingesetzten Prüfer die größte durchschnittliche Restkapazität aufweisen, die höchsten Prioritätswerte zu. Dabei werden, wie

---

27 Ist die Restkapazität in keiner Bearbeitungsalternative ausreichend, so wird eine Alternative verwendet, in der keine Prüfer nachgefragt werden. Falls keine entsprechende Alternative vorliegt, wird diese durch das Verfahren erzeugt. Dies entspricht faktisch einer Nichteinplanung des betreffenden Auftrags.

28 e' $\notin$ *EE* bedeutet, daß Auftrag e' zuvor bereits eine Bearbeitungsalternative, die hier mit m' bezeichnet ist, zugewiesen wurde.

29 Zur Vereinfachung der Darstellung ist für Bearbeitungsalternativen, die nicht ausgewählt werden sollen, $\bar{\pi}_m = -\varepsilon$. Für $\beta \ne 0$ folgt dann $\bar{\bar{\pi}}_m = 0$ und damit $\tilde{\pi}_m = 0$, für $\beta = 0$ wird $\bar{\bar{\pi}}_m = 0$ gesetzt.

auch bei der Regel MAX PRC, nur diejenigen Bearbeitungsalternativen in Erwägung gezogen, bei denen die Restkapazität RCA_a jedes nachgefragten Prüfers a nicht überschritten wird.[30] Sei RCE_m die verbleibende durchschnittliche Kapazität der eingesetzten Prüfer nach der Zuordnung von Bearbeitungsalternative m zu Auftrag e mit

$$RCE_m = \begin{cases} \left(\sum_{a \in \mathcal{AE}_{em}} RCA_a - \sum_{j=f_e}^{l_e} \sum_{a \in \mathcal{AE}_{em}} k_{jma} \right) / |\mathcal{AE}_{em}|, & \text{falls } |\mathcal{AE}_{em}| > 0 \\ 0, & \text{sonst} \end{cases}$$

$$(1 \le m \le M_e) \quad (3.25)$$

und RCE^{min} die minimale durchschnittliche Restkapazität über alle Bearbeitungsalternativen, bei denen jeder der eingesetzten Prüfer über eine nichtnegative Restkapazität verfügt, d. h.

$$RCE^{min} = \min \{ RCE_m \mid 1 \le m \le M_e \wedge \forall a \in \mathcal{AE}_{em} : RCA_a \ge \sum_{j=f_e}^{l_e} k_{jma} \} \quad (3.26)$$

dann berechnen sich die Prioritätswerte zu

$$\bar{\pi}_m = \begin{cases} RCE_m - RCE^{min}, & \text{falls } \forall a \in \mathcal{AE}_{em} : RCA_a \ge \sum_{j=f_e}^{l_e} k_{jma} \\ -\varepsilon, & \text{sonst} \end{cases}$$

$$(1 \le m \le M_e)^{31} \quad (3.27)$$

3.5.2.2 Regeln zur Terminierung von Teilprüfungsabschnitten

In diesem Abschnitt werden einige Prioritätsregeln vorgestellt, die in der zweiten Phase des Verfahrens alternativ zum Einsatz kommen können. Dabei

---

[30] Zur Vorgehensweise bei fehlender Restkapazität siehe MAX PRC.

[31] Für $\beta = 0$ und $\bar{\pi}_m = -\varepsilon$ wird $\bar{\bar{\pi}}_m = 0$ gesetzt. Vgl. auch MAX PRC.

werden reihenfolgebasierte, terminbasierte sowie ressourcenbasierte Regeln unterschieden. Im folgenden wird die einem Auftrag e in der ersten Phase zugeordnete Bearbeitungsalternative mit m bezeichnet.

- *Reihenfolgebasierte Regel*

Regeln dieses Typs setzen die Prioritätswerte in Beziehung zu den Reihenfolgebeziehungen zwischen den Teilprüfungsabschnitten.

- Most Total Successors (MTS)[32]

Diese (statische) Regel bewertet die Teilprüfungsabschnitte entsprechend der Anzahl ihrer Nachfolger. Die zugrundeliegende Idee besteht darin, diejenigen Teilprüfungsabschnitte zuerst einzuplanen, auf deren Beendigung die größte Anzahl von (unmittelbaren und mittelbaren) Nachfolgern wartet, weil deren verspätete Einplanung die Bearbeitung aller nachfolgenden Teilprüfungsabschnitte verzögern würde.

Bezeichnet man für jeden auswählbaren Teilprüfungsabschnitt j die Menge aller seiner Nachfolger mit $\mathcal{N}_j$, also

$$\mathcal{N}_j = \{i \mid i \text{ ist unmittelbarer oder mittelbarer Nachfolger von } j\} \qquad (j \in \mathit{EJ}) \quad (3.28)$$

so können die Prioritätswerte wie folgt berechnet werden:

$$\bar{\rho}_j = |\mathcal{N}_j| \qquad (j \in \mathit{EJ}) \quad (3.29)$$

- *Terminbasierte Regeln*

Diese Regeln verwenden die Ergebnisse der klassischen Zeitplanung[33], die für die Bearbeitung der Teilprüfungsabschnitte frühest- und spätestmögliche Endtermine bestimmt. Während in der Modellformulierung dazu die Zeit-

---

32 Vgl. Alvarez-Valdés/Tamarit (1989).

33 In der angelsächsischen Literatur meist als "critical-path analysis" bezeichnet; siehe z. B. Levy/Thompson/Wiest (1963).

punkte EF_j und LF_j berücksichtigt werden, können an dieser Stelle - aufgrund der bereits erfolgten Zuordnung von Bearbeitungsalternativen zu den Aufträgen - unter Verwendung von $q_{j'jm}$ "genauere" Endtermine EF_{jm} und LF_{jm} zugrunde gelegt werden.

- MINimum Earliest Finishing Time (MIN EFT)[34]

Diese (statische) Regel präferiert Teilprüfungsabschnitte, die frühzeitig fertiggestellt werden können.

Um denjenigen Teilprüfungsabschnitten die höchsten Prioritäten zuzuordnen, die die kleinsten EF_{jm}-Werte aufweisen, berechnet man die Prioritäten unter Verwendung von T als der Anzahl der Perioden des Planungszeitraums zu

$$\bar{\rho}_j = T - EF_{jm} \qquad (j \in EJ) \quad (3.30)$$

- MINimum Latest Finishing Time (MIN LFT)[35]

Man kann den spätesten Endtermin LF_{jm} eines Teilprüfungsabschnittes als ein Maß für dessen Dringlichkeit auffassen, weil seine Bearbeitung spätestens zu diesem Zeitpunkt abgeschlossen sein muß. Die (statische) Regel MIN LFT ordnet dementsprechend die höchsten Prioritätswerte den dringendsten Teilprüfungsabschnitten zu.

$$\bar{\rho}_j = T - LF_{jm} \qquad (j \in EJ) \quad (3.31)$$

- MINimum SLacK (MIN SLK)[36]

Der zeitliche Puffer[37] eines Teilprüfungsabschnittes ist als der Zeitraum zwischen seinem frühesten und seinem spätesten Endtermin definiert. Die

---

34 Vgl. Alvarez-Valdés/Tamarit (1989).

35 Vgl. Alvarez-Valdés/Tamarit (1989).

36 Vgl. Alvarez-Valdés/Tamarit (1989).

37 In der angelsächsischen Literatur als "slack" bezeichnet; siehe z. B. Alvarez-Valdés/Tamarit (1989).

(statische) Regel MIN SLK bevorzugt Teilprüfungsabschnitte mit kleinerem Puffer, weil diese in bezug auf Verzögerungen besonders kritisch sind.

$$\bar{\rho}_j = T - (LF_{jm} - EF_{jm}) \qquad (j \in \mathcal{EJ}) \quad (3.32)$$

- *Ressourcenbasierte Regeln*

Diese Regeln bewerten Teilprüfungsabschnitte anhand des durch ihre Bearbeitung verursachten Ressourcengebrauchs (wie z. B. der Inanspruchnahme der Ressource Prüfer), der Knappheit der beanspruchten Ressourcen oder einer Kombination beider Kriterien.

Für jeden auswählbaren Teilprüfungsabschnitt j bezeichne im folgenden $\mathcal{AJ}_j$ die Menge aller Prüfer, die an der Bearbeitung von j in der zuvor festgelegten Alternative m tatsächlich beteiligt sind, d.h.

$$\mathcal{AJ}_j = \{a \mid k_{jma} > 0\} \qquad (j \in \mathcal{EJ}) \quad (3.33)$$

Bezeichne ferner RUJ_j den gesamten durch die Bearbeitung von j in Alternative m verursachten Kapazitätsgebrauch, also

$$RUJ_j = \sum_{a \in \mathcal{AJ}_j} k_{jma} \qquad (j \in \mathcal{EJ}) \quad (3.34)$$

und RUJ^{max} den höchsten Ressourcengebrauch RUJ_j aller aktuell auswählbaren Teilprüfungsabschnitte:

$$RUJ^{max} = \max \{RUJ_j \mid j \in \mathcal{EJ}\} \qquad (3.35)$$

Des weiteren sei für jeden einplanbaren Teilprüfungsabschnitt j RCJ_j die Restkapazität aller zugeordneten Prüfer mit

$$RCJ_j = \sum_{a \in \mathcal{AJ}_j} RC_{at} \qquad (j \in \mathcal{EJ}) \quad (3.36)$$

Dabei ist RC_{at} die Restkapazität des Prüfers a in der Periode t, die unter Berücksichtigung der bereits erfolgten Einplanungen verbleibt.

- MAXimum Total Resource Usage (MAX TRU)[38]

Diese (statische) Regel plant diejenigen Teilprüfungsabschnitte bevorzugt ein, durch deren Bearbeitung die Prüfer besonders stark nachgefragt werden.

$$\bar{\rho}_j = RUJ_j \qquad (j \in EJ) \quad (3.37)$$

- MINimum Total Resource Usage (MIN TRU)

Diese (statische) Regel bevorzugt diejenigen Teilprüfungsabschnitte, die Prüfer besonders wenig nachfragen.

$$\bar{\rho}_j = RUJ^{max} - RUJ_j \qquad (j \in EJ) \quad (3.38)$$

- MAXimum Total Remaining Capacity (MAX TRC)

Diese (dynamische) Regel bewertet Teilprüfungsabschnitte nach der Knappheit der von ihnen gebrauchten Ressourcen. Um die höchsten Prioritätswerte denjenigen Teilprüfungsabschnitten zuzuweisen, deren zugeordnete Prüfer in der aktuellen Periode insgesamt noch über die größte Restkapazität verfügen, werden die Prioritätswerte berechnet zu

$$\bar{\rho}_j = RCJ_j \qquad (j \in EJ) \quad (3.39)$$

- MINimum Total Remaining Capacity (MIN TRC)

Dieser (dynamischen) Regel liegt dieselbe Idee wie der Regel MAX TRC zugrunde. Jedoch erhalten diejenigen Teilprüfungsabschnitte die höchsten Prioritätswerte, deren zugeordnete Prüfer in der aktuellen Periode insgesamt noch über die geringste Restkapazität verfügen:

$$\bar{\rho}_j = B - RCJ_j \qquad (j \in EJ) \quad (3.40)$$

B repräsentiert dabei eine reelle Zahl, die genügend groß ist, um die Nichtnegativität von $\bar{\rho}_j$ zu gewährleisten.

---

38 Vgl. die Regel GRES in Kurtulus/Davis (1982), Kurtulus/Narula (1985).

- MAXimum Relative Resource Usage (MAX RRU)

Die (dynamische) Regel MAX RRU vergleicht den Ressourcengebrauch eines betrachteten Teilprüfungsabschnittes mit dem höchsten Ressourcengebrauch RUJ^{max} aller aktuell auswählbaren Teilprüfungsabschnitte. Die zugewiesene Priorität ist um so höher, je größer der relative Gebrauch ist:

$$\bar{\rho}_j = RUJ_j \,/\, RUJ^{max} \qquad (j \in EJ) \quad (3.41)$$

- MINimum Relative Resource Usage (MIN RRU)

Diese (dynamische) Regel vergleicht wie auch die Regel MAX RRU den Ressourcengebrauch eines betrachteten Teilprüfungsabschnittes mit dem höchsten Ressourcengebrauch RUJ^{max} aller aktuell auswählbaren Teilprüfungsabschnitte. Die zugewiesene Priorität ist jedoch um so höher, je niedriger der relative Gebrauch ist:

$$\bar{\rho}_j = 1 - (RUJ_j \,/\, RUJ^{max}) \qquad (j \in EJ) \quad (3.42)$$

3.6 Experimentelle Untersuchung

Um die Leistungsfähigkeit der einzelnen Algorithmen bei der Bearbeitung konkreter Fragestellungen aus der Prüfungspraxis beurteilen zu können, wurde eine experimentelle Studie durchgeführt, in deren Rahmen das Verfahrensschema an einer Reihe von praxisnahen Datensätzen getestet wurde.

3.6.1 Erzeugung von Testdatensätzen

Um eine systematische und konsistente Erzeugung der Testdatensätze zu gewährleisten, wurden für jeden Modellparameter ein Wertebereich und eine Verteilungsfunktion auf diesem Wertebereich definiert. Bei der Generierung eines Datensatzes wurden dann für die einzelnen Modellparameter - entsprechend der jeweiligen Definition - zufällige Werte erzeugt.[39] Um sicherzustel-

---

[39] Zu einer detaillierten Darstellung siehe Anhang E.1.

len, daß die der Untersuchung zugrunde gelegten Datensätze praktische Planungssituationen möglichst realistisch widerspiegeln, berücksichtigen die Definitionen so weit wie möglich die Ergebnisse der in Kapitel 2 dargestellten Umfrage. Durch ein (aufwendiges) Generierungsverfahren wird außerdem für jeden Datensatz die Existenz mindestens einer zulässigen Lösung garantiert.

Zwei datensatzbezogene Faktoren sind von besonderem Interesse für die Leistungsfähigkeit von Lösungsmethoden: zum einen die Größe eines Datensatzes (z. B. Länge des Planungszeitraums, Anzahl der Teilprüfungsabschnitte und der Bearbeitungsalternativen), zum anderen die Anzahl der existierenden zulässigen Lösungen als Merkmal für den Schwierigkeitsgrad.

Obwohl die Größe eines Datensatzes von mehreren Modellparametern bestimmt wird, hängen alle diese Parameter - direkt oder indirekt - von der Länge des Planungshorizontes ab. Im folgenden werden die Datensätze ihrer Größe nach in drei Klassen unterteilt. Der Planungshorizont beträgt bei *kleinen* Datensätzen 13 Wochen (mit bis zu 30 Prüfern, 95 Aufträgen und 98.800 Binärvariablen), bei *mittelgroßen* Datensätzen 26 Wochen (mit bis zu 55 Prüfern, 280 Aufträgen und 728.000 Binärvariablen) und bei *großen* Datensätzen 52 Wochen (mit bis zu 125 Prüfern, 880 Aufträgen und 5.948.800 Binärvariablen). Darüber hinaus wurden *sehr kleine* Datensätze (mit 6 Prüfern, bis zu 10 Aufträgen und 10.400 Binärvariablen) generiert. Diese entsprechen zwar keinen realen Planungsproblemen, sind dafür aber mit Standardsoftware wie OSL und LINDO exakt lösbar und erlauben somit die Erzeugung von Referenzlösungen.

Der Schwierigkeitsgrad eines Datensatzes gibt an, wie leicht oder schwer der betreffende Datensatz zu lösen ist. In dieser Studie wird dafür die Kapazität der Prüfer als einzig entscheidend angesehen: Je größer die Prüferkapazität ist, desto leichter lösbar ist der entsprechende Datensatz, weil sich bei ansonsten identischen Parameterinstanziierungen die Zahl der zulässigen Lösungen erhöht. Bezüglich des Schwierigkeitsgrades werden *leichte*, *mittlere* und *schwere* Datensätze differenziert. Dabei besteht folgender Zusammenhang zwischen der Prüferkapazität und dem Erwartungswert der durchschnittlichen Gesamtnachfrage nach Prüferkapazität: Jeweils drei Datensätze einer Größe unterscheiden sich bei ansonsten identischen Parameterinstanziierungen lediglich dadurch, daß sich die Prüferkapazität durch Multiplikation des Erwartungswertes der Gesamtnachfrage mit dem Faktor 3.5 für leichte, 2.5 für mittlere bzw. 1.5 für schwere Datensätze ergibt.

3.6.2 Statistisches Modell und Bewertungsfunktionen

Für die statistische Auswertung wird die Anwendung des Verfahrens als ein Zufallsexperiment betrachtet, dessen Ausgang durch mehrere Faktoren bestimmt wird.[40] Die wichtigsten Faktoren sind die Prioritätsregeln ω, π und ρ des Algorithmus (ω, π, ρ), die Größe σ und der Schwierigkeitsgrad τ des Datensatzes der Klasse (σ, τ), die Werte der Kontrollparameter α, β, γ sowie die Anzahl ι der Iterationen.

Ein Experiment läßt sich nun beschreiben, indem man für jeden Faktor eine Menge von Werten angibt, die er während des Experimentes annehmen soll; die Angabe jeweils eines einzigen Wertes für jeden Faktor spezifiziert einen Lauf eines Experimentes.

Der Ausgang eines Laufes wird durch die folgenden Größen beschrieben: den Zielfunktionswert der besten in einem Lauf gefundenen Lösung, die Anzahl der Versuche bzw. Iterationen, die eine zulässige Lösung lieferten, den Prozentsatz an Teilprüfungsabschnitten, der im Durchschnitt eingeplant werden konnte,[41] und die durchschnittliche Rechenzeit pro Iteration. Diese Größen werden als Zufallsvariablen angesehen, die sich als Funktionen der genannten Faktoren darstellen lassen, wobei die jeweiligen Störgrößen als statistisch unabhängig und jeweils derselben kontinuierlichen Verteilung unterliegend angenommen werden.

---

[40] Die Darstellung erfolgt in Anlehnung an Schirmer (1993, S. 79 ff.). Ähnliche statistische Modelle werden z. B. in Kurtulus/Davis (1982), Kurtulus/Narula (1985) sowie Alvarez-Valdés/Tamarit (1989) verwendet.

[41] Der beste in einem Lauf gefundene Prozentsatz an eingeplanten Teilprüfungsabschnitten wird bewußt nicht angegeben, da dieser, sofern in mindestens einer Iteration des Laufes eine zulässige Lösung gefunden wird, keine Aussagekraft besitzt.

Ausgehend von diesen Variablen, die die Ergebnisse eines einzelnen Laufes wiedergeben, lassen sich eine Reihe von Bewertungsfunktionen definieren, die die Ergebnisse des gesamten Experimentes in geeigneter Form zusammenfassen.

Die *Effizienzrate* $\phi_{\omega\pi\rho\alpha\beta\gamma\sigma\tau\iota}$[42] eines Algorithmus ($\omega$, π, ρ) mit den Kontrollparametern (α, β, γ) für eine Klasse (σ, τ) berechnet sich - als Durchschnitt über alle getesteten Datensätze der Klasse - als Quotient aus dem Zielfunktionswert der besten von (ω, π, ρ) mit (α, β, γ) in ι Iterationen gefundenen Lösung und dem Zielfunktionswert der besten bekannten Lösung für einen Datensatz.[43] Demzufolge ist $\phi_{\omega\pi\rho\alpha\beta\gamma\sigma\tau\iota} \in [0,1]$. Ein Wert von 0 bedeutet, daß der Algorithmus (ω, π, ρ) mit den Kontrollparametern (α, β, γ) für keinen Datensatz der Klasse (σ, τ) in ι Iterationen eine (zulässige) Lösung gefunden hat; ein Wert von 0.5, daß die gefundenen Lösungen - im Durchschnitt über alle getesteten Datensätze der Klasse - halb so gut sind wie die besten bekannten Lösungen; ein Wert von 1 schließlich, daß alle gefundenen Lösungen so gut wie die beste bekannte Lösung sind.

Die *Akzeptanzrate* $\chi_{\omega\pi\rho\alpha\beta\gamma\sigma\tau\iota}$ setzt die Anzahl der erfolgreichen Versuche eines aus ι Iterationen bestehenden Laufes in Relation zu ι. Es gilt $\chi_{\omega\pi\rho\alpha\beta\gamma\sigma\tau\iota} \in [0,1]$. Ein Wert von 0 gibt an, daß keine zulässige Lösung gefunden wurde; ein Wert von 0.5, daß - im Durchschnitt über alle getesteten Datensätze der Klasse - die Hälfte aller Iterationen erfolgreich war; ein Wert von 1, daß alle Iterationen zulässige Lösungen fanden.

Die *Zulässigkeitsrate* $\psi_{\omega\pi\rho\alpha\beta\gamma\sigma\tau\iota}$ bezieht sich auf die Zahl der jeweils eingeplanten Teilprüfungsabschnitte, dividiert durch die Anzahl der jeweils insgesamt einzuplanenden Teilprüfungsabschnitte. Wiederum gilt $\psi_{\omega\pi\rho\alpha\beta\gamma\sigma\tau\iota} \in [0,1]$. Ein Wert von 0 bedeutet, daß kein einziger Teilprüfungsabschnitt eingeplant wurde; ein Wert von 0.5, daß - im Durchschnitt über alle geteste-

---

42 Analog zu den angegebenen Bewertungsfunktionen können Funktionen auf höherem Aggregationsniveau verwendet werden, die jedoch nicht explizit angegeben werden, da sie durch entsprechende Aggregation über einen oder mehrere der zur Indizierung verwendeten Parameter unmittelbar hergeleitet werden können.

43 Wird in einem Lauf keine zulässige Lösung ermittelt, so wird die untere Schranke von Null als Effizienzrate für die weiteren Berechnungen verwendet.

ten Datensätze der Klasse - die Hälfte der Teilprüfungsabschnitte eingeplant wurde; ein Wert von 1, daß alle Teilprüfungsabschnitte eingeplant wurden, daß also alle gefundenen Lösungen zulässig sind. Während $\chi_{\omega\pi\rho\alpha\beta\gamma\sigma\tau\iota}$ angibt, wie viele Iterationen im Durchschnitt eine zulässige Lösung lieferten, kann $\psi_{\omega\pi\rho\alpha\beta\gamma\sigma\tau\iota}$ als ein Maß dafür angesehen werden, wie weit alle erzeugten Lösungen im Durchschnitt von der Zulässigkeit entfernt sind.

Die *durchschnittliche Rechenzeit* $\upsilon_{\omega\pi\rho\alpha\beta\gamma\sigma\tau\iota}$ schließlich gibt die Zeit an, die während eines Laufes im Durchschnitt zur Durchführung einer Iteration benötigt wurde.[44]

3.6.3 Ergebnisse

Wegen des erheblichen Rechenaufwandes, der mit einer vollständigen Analyse der Faktoren verbunden ist, wurden in die Untersuchung ausschließlich sehr kleine und kleine Datensätze einbezogen.[45,46] Für jeden der drei Schwierigkeitsgrade wurden 10 Datensätze erzeugt, auf die die angegebenen Algorithmen wie folgt angewendet wurden: Für die erste Phase wurden die Regelkombinationen (PRS, MAX PRF), (MIN TRU MAX PRF, MAX PRC) und (MIN TRU MAX PRF, MAX RCP) verwendet und mit allen Regeln der zweiten Phase getestet. Das eingeschränkte experimentelle Design der ersten Phase beruht auf der Überlegung, daß zum einen für MAX PRF eine regelbasierte Auftragsauswahl wegen des statischen Charakters von MAX PRF ohne Einfluß bleibt und daß zum anderen für die dynamischen Regeln MAX PRC und MAX RCP eine Anwendung der Regel PRS implizit bei Verwendung von MIN TRU MAX PRF stattfindet, sobald der Kontrollparameter α

---

[44] Die Algorithmen wurden in der Programmiersprache C auf einer IBM RISC/6000 Modell 550 implementiert.

[45] Jedoch ist die These, daß Prioritätsregeln, die für kleinere Datensätze gute Ergebnisse liefern, dies auch für größere Datensätze tun, weitgehend akzeptiert; vgl. Davis/Patterson (1975), Badiru (1988), Alvarez-Valdés/Tamarit (1989).

[46] Für die sehr kleinen Datensätze werden hier als einzige Bewertungsfunktion lediglich die Rechenzeiten angegeben, da die übrigen Bewertungsfunktionen für diese Datensätze keine signifikanten Unterschiede ergaben.

den Wert Null annimmt. Für jeden Algorithmus wurden die Kontrollparameter α, β und γ unabhängig voneinander über die Werte 0, 2 und 4 variiert. Pro Datensatz wurden für jeden Algorithmus und jede Kombination aus Werten der Kontrollparameter 1.000 Iterationen[47] durchgeführt, also 1.620.000 Iterationen je Algorithmus.

Eine Beurteilung der Algorithmen kann anhand der Effizienz-, Akzeptanz- und Zulässigkeitsraten, die in den Tabellen 3.2, 3.3 und 3.4 angegeben sind,

Tabelle 3.2: Rangfolge der Algorithmen nach Effizienzraten für kleine Datensätze

leicht		mittel	
ωπρ	φωπρστ	ωπρ	φωπρστ
PRS, MAX PRF, MIN SLK	0.6024	PRS, MAX PRF, MIN LFT	0.1640
PRS, MAX PRF, MIN TRC	0.5925	PRS, MAX PRF, MIN TRC	0.1541
PRS, MAX PRF, MIN LFT	0.5925	PRS, MAX PRF, MIN SLK	0.1537
PRS, MAX PRF, MIN EFT	0.5636	MIN TRU MAX PRF, MAX PRC, MIN TRC	0.1528
PRS, MAX PRF, MIN RRU	0.5561	MIN TRU MAX PRF, MAX PRC, MIN LFT	0.1505
PRS, MAX PRF, MAX TRU	0.5495	PRS, MAX PRF, MIN RRU	0.1426
MIN TRU MAX PRF, MAX PRC, MIN LFT	0.5489	MIN TRU MAX PRF, MAX PRC, MIN EFT	0.1410
PRS, MAX PRF, MIN TRU	0.5421	MIN TRU MAX PRF, MAX RCP, MIN TRC	0.1361
MIN TRU MAX PRF, MAX PRC, MIN TRC	0.5363	MIN TRU MAX PRF, MAX PRC, MIN TRU	0.1355
PRS, MAX PRF, MAX TRC	0.5328	MIN TRU MAX PRF, MAX RCP, MIN SLK	0.1334

47 Diese Zahl erscheint zunächst unnötig hoch. In einem früheren, hier nicht dokumentierten Experiment, bei dem jeweils 100 Iterationen durchgeführt wurden, lieferten die verschiedenen Algorithmen jedoch keine signifikant unterschiedlichen Ergebnisse.

vorgenommen werden.[48] Dabei werden, sofern auswertbar, die 10 besten Algorithmen für jeden Schwierigkeitsgrad der kleinen Datensätze nach den Werten der jeweiligen Bewertungsfunktion in absteigender Rangfolge aufgeführt. Da für die schweren Datensätze nur drei Algorithmen bei lediglich einem Datensatz für eine bzw. drei Kontrollparameterkonstellationen bei einer einzigen Iteration eine zulässige Lösung ermitteln konnten, werden für diese nur die Zulässigkeitsraten angegeben.

Tabelle 3.3: Rangfolge der Algorithmen nach Akzeptanzraten für kleine Datensätze

leicht		mittel	
ωπρ	χωπρστ	ωπρ	χωπρστ
MIN TRU MAX PRF, MAX RCP, MIN TRC	0.0369	MIN TRU MAX PRF, MAX RCP, MIN TRC	0.0018
MIN TRU MAX PRF, MAX RCP, MIN LFT	0.0357	PRS, MAX PRF, MIN TRC	0.0017
MIN TRU MAX PRF, MAX RCP, MIN TRU	0.0349	PRS, MAX PRF, MIN LFT	0.0017
MIN TRU MAX PRF, MAX RCP, MIN SLK	0.0336	MIN TRU MAX PRF, MAX PRC, MIN TRC	0.0016
MIN TRU MAX PRF, MAX RCP, MIN RRU	0.0323	MIN TRU MAX PRF, MAX RCP, MIN LFT	0.0016
PRS, MAX PRF, MIN LFT	0.0318	MIN TRU MAX PRF, MAX PRC, MIN LFT	0.0016
PRS, MAX PRF, MIN TRC	0.0308	PRS, MAX PRF, MIN TRU	0.0015
MIN TRU MAX PRF, MAX RCP, MTS	0.0307	PRS, MAX PRF, MIN SLK	0.0014
MIN TRU MAX PRF, MAX PRC, MIN LFT	0.0306	MIN TRU MAX PRF, MAX RCP, MIN SLK	0.0013
PRS, MAX PRF, MIN SLK	0.0298	MIN TRU MAX PRF, MAX RCP, MIN TRU	0.0013

[48] Da die Rechenzeiten nicht die Bedeutung wie die übrigen Bewertungsfunktionen haben, werden sie zunächst nicht betrachtet.

Aus Tabelle 3.2 ist ersichtlich, daß der Schwierigkeitsgrad einen erheblichen Einfluß auf die Effizienzrate hat. Die insgesamt verhältnismäßig niedrigen Werte deuten darauf hin, daß die aufgeführten Algorithmen nicht bei allen, sondern nur bei wenigen Kontrollparameterkonstellationen Zielfunktionswerte liefern, die nicht deutlich schlechter sind als der beste bekannte Zielfunktionswert. Insbesondere ist auch zu berücksichtigen, daß Läufe, in denen keine zulässige Lösung gefunden wurde, ebenfalls in die Auswertung einbezogen sind. Als Ergebnis der Auswertung von Tabelle 3.2 kann festgestellt werden, daß die Algorithmen $(\omega, \pi, \rho) \in$ {PRS} $\times$ {MAX PRF} $\times$ {MIN LFT, MIN SLK, MIN TRC} zu den besten Effizienzraten führen.

Die niedrigen Werte der Akzeptanzraten in Tabelle 3.3 sind ein Indiz dafür, daß bei einem Lauf häufig keine oder nur wenige zulässige Lösungen gefunden werden. Wie schon bei den Effizienzraten, so hat auch hier der Schwierigkeitsgrad einen erheblichen Einfluß auf die Werte der Bewertungsfunktion. Tabelle 3.3 ist zu entnehmen, daß der Algorithmus (ω, π, ρ) = (MIN TRU MAX PRF, MAX RCP, MIN TRC) unabhängig vom Schwierigkeitsgrad zu den besten Akzeptanzraten führt.

Tabelle 3.4 erlaubt die Schlußfolgerung, daß der Schwierigkeitsgrad eines Datensatzes erneut Einfluß auf die zugrundeliegende Bewertungsfunktion der Zulässigkeitsrate hat. Dabei schneiden die Algorithmen $(\omega, \pi, \rho) \in$ {(MIN TRU MAX PRF, MAX RCP, MTS), (MIN TRU MAX PRF, MAX PRC, MTS), (MIN TRU MAX PRF, MAX RCP, MIN TRC)} am besten ab. Da die Zulässigkeitsrate auf dem Durchschnitt für einen Lauf über ι Iterationen basiert, deuten die Ergebnisse darauf hin, daß selbst bei den schweren Datensätzen in einigen Iterationen nahezu alle Teilprüfungsabschnitte eingeplant werden können. Auffallend ist des weiteren, daß die Kombination der statischen Regeln (ω, π) = (PRS, MAX PRF) mit steigendem Schwierigkeitsgrad zunehmend schlechtere Ergebnisse liefert.

Zusammenfassend kann festgehalten werden, daß je nach Bewertungsfunktion unterschiedliche Algorithmen zu den besten Resultaten führen. Lediglich der Algorithmus (MIN TRU MAX PRF, MAX RCP, MIN TRC) liefert bei

Tabelle 3.4: Rangfolge der Algorithmen nach Zulässigkeitsraten für kleine Datensätze

leicht		mittel		schwer	
$\omega\pi\rho$	$\psi_{\omega\pi\rho\sigma\tau}$	$\omega\pi\rho$	$\psi_{\omega\pi\rho\sigma\tau}$	$\omega\pi\rho$	$\psi_{\omega\pi\rho\sigma\tau}$
MIN TRU MAX PRF, MAX RCP, MTS	0.9341	MIN TRU MAX PRF, MAX RCP, MTS	0.8351	MIN TRU MAX PRF, MAX PRC, MTS	0.7203
PRS, MAX PRF, MTS	0.9316	PRS, MAX PRF, MTS	0.8300	MIN TRU MAX PRF, MAX RCP, MTS	0.7197
MIN TRU MAX PRF, MAX RCP, MIN TRC	0.9314	MIN TRU MAX PRF, MAX PRC, MTS	0.8277	MIN TRU MAX PRF, MAX PRC, MIN TRC	0.7173
MIN TRU MAX PRF, MAX PRC, MTS	0.9299	MIN TRU MAX PRF, MAX RCP, MIN TRC	0.8282	MIN TRU MAX PRF, MAX RCP, MIN TRC	0.7164
MIN TRU MAX PRF, MAX RCP, MIN TRU	0.9299	MIN TRU MAX PRF, MAX RCP, LFT	0.8259	MIN TRU MAX PRF, MAX PRC, MIN TRU	0.7112
MIN TRU MAX PRF, MAX RCP, MIN LFT	0.9296	MIN TRU MAX PRF, MAX RCP, MIN TRU	0.8237	MIN TRU MAX PRF, MAX RCP, MIN TRU	0.7107
PRS, MAX PRF, MIN TRC	0.9280	PRS, MAX PRF, MIN TRC	0.8235	MIN TRU MAX PRF, MAX RCP, MIN LFT	0.7105
MIN TRU MAX PRF, MAX RCP, MIN SLK	0.9270	MIN TRU MAX PRF, MAX PRC, MIN TRC	0.8220	MIN TRU MAX PRF, MAX PRC, MIN LFT	0.7097
PRS, MAX PRF, MIN TRU	0.9270	PRS, MAX PRF, MIN LFT	0.8217	MIN TRU MAX PRF, MAX PRC, MIN RRU	0.7049
PRS, MAX PRF, MIN LFT	0.9266	MIN TRU MAX PRF, MAX PRC, MIN LFT	0.8206	MIN TRU MAX PRF, MAX RCP, MIN RRU	0.7042

zwei Bewertungsfunktionen, nämlich der Akzeptanz- und der Zulässigkeitsrate, gleichermaßen gute Ergebnisse. Die Auswirkungen einer Variation der Kontrollparameter α, β und γ wurde deshalb getrennt nach Bewertungsfunktionen durchgeführt. Gleichzeitig wurden in diese Auswertung nur diejenigen Algorithmen einbezogen, die zuvor bereits explizit genannt wurden, weil sie sich im Hinblick auf die jeweilige Bewertungsfunktion als besonders geeignet erwiesen haben:[49]

[49] Hohe (niedrige) Werte der Kontrollparameter sind ein Indiz dafür, daß die untersuchten Regeln zu hohen (niedrigen) Werten der Bewertungsfunktionen führen bzw. gut (schlecht) geeignet sind.

- Die höchsten Effizienzraten wurden für $\alpha \in \{0, 2, 4\}$, $\beta = 0$ und $\gamma = 4$ erzielt. Wegen des statischen Charakters der Regel π = MAX PRF bleiben die Regelauswahl für ω und damit auch Variationen von α ohne Auswirkungen. Da $\beta = 0$ einer rein zufälligen Auswahl entspricht, ist MAX PRF zudem offensichtlich weniger geeignet. Vermutlich werden mit dieser Regel häufig unzulässige Lösungen, die die Effizienzrate entsprechend verschlechtern, erzeugt. Die ausgewählten Regeln $\rho \in$ {MIN LFT, MIN SLK, MIN TRC} dagegen erreichen mit $\gamma = 4$ die besten Ergebnisse und stellen damit ihre Eignung unter Beweis.

- Sowohl für die Akzeptanz- als auch für die Zulässigkeitsrate wurden die besten Ergebnisse mit $\alpha = 4$, $\beta = 0$ und $\gamma = 4$ erzielt. Der zunächst überraschende Wert des Kontrollparameters β läßt sich unter Berücksichtigung der ausgewählten, dynamischen Regeln damit begründen, daß sich die Berücksichtigung von Restkapazitäten zwar positiv auf die Akzeptanz- bzw. die Zulässigkeitsrate auswirkt, gleichzeitig aber die eigentliche Auswahlstrategie schlechter als eine rein zufällige Auswahl greift.

Die Auswertung der Algorithmen und der Kontrollparameter läßt folgende Schlüsse zu:

- In Abhängigkeit von der Bewertungsfunktion bzw. der Zielsetzung eines Anwenders lassen sich mit unterschiedlichen Algorithmen die besten Ergebnisse erzielen.

- Als Werte der Kontrollparameter eignen sich - unabhängig von der Bewertungsfunktion - am besten $\alpha = 4$, $\beta = 0$ und $\gamma = 4$.

- Im Hinblick auf potentielle Ergebnisverbesserungen erscheint eine Weiterentwicklung der - grundsätzlich geeigneten - Regeln π besonders erfolgversprechend.

Zu den benötigten Rechenzeiten ist anzumerken, daß die kleinen Datensätze zu Vergleichszwecken zusammen mit 30 weiteren sehr kleinen Datensätzen[50]

[50] Wiederum wurden für jeden Schwierigkeitsgrad 10 Datensätze generiert.

Tabelle 3.5: Durchschnittliche Rechenzeiten für sehr kleine und kleine Datensätze über alle Schwierigkeitsgrade

	υωπρσ	
ωπρ	sehr klein	klein
PRS, MAX PRF, MIN SLK	1.31	8.39
PRS, MAX PRF, MIN LFT	1.32	8.44
PRS, MAX PRF, MIN TRC	1.45	11.66
MIN TRU MAX PRF, MAX RCP, MTS	1.99	27.13
MIN TRU MAX PRF, MAX PRC, MTS	2.42	30.01
MIN TRU MAX PRF, MAX RCP, MIN TRC	2.13	30.64

untersucht wurden. Die Veränderungen der durchschnittlichen Rechenzeiten für eine Iteration, angegeben als CPU-Zeit in Millisekunden, bei diesen beiden Datensatzgrößen über alle Schwierigkeitsgrade sind Tabelle 3.5 zu entnehmen. Dabei wurden nur diejenigen Algorithmen, die sich bei mindestens einer der übrigen Bewertungsfunktionen als besonders geeignet erwiesen haben, berücksichtigt. Es ist zu erkennen, daß die Rechenzeiten mit der Datensatzgröße - erwartungsgemäß - anwachsen und die Verwendung dynamischer an Stelle statischer Regeln in der ersten Phase zu einem drei- bis vierfachen Anstieg der Rechenzeiten führt, während der Einsatz dynamischer Regeln in der zweiten Phase vergleichsweise geringe Veränderungen der Rechenzeit bewirkt.

Weiterhin wurde versucht, die sehr kleinen und die kleinen Datensätze mit dem Optimierungsprogramm LINDO (Version 5.0) zu lösen. Sowohl LINDO als auch die Algorithmen fanden für alle sehr kleinen Datensätze die jeweilige Optimallösung.[51] Während die Algorithmen jedoch pro Datensatz für 1000

[51] Dieses Ergebnis erlaubt jedoch keine allgemeingültigen Rückschlüsse, da diese Datensätze zu klein sind, um noch praktische Relevanz zu besitzen.

Tabelle 3.6: Durchschnittliche Rechenzeiten für sehr kleine Datensätze

	Algorithmen (1000 Iterationen)[52]			LINDO		
	leicht	mittel	schwer	leicht	mittel	schwer
υστ	0:01.95	0:01.93	0:01.94	1:04.31	3:08.56	3:18.10
Maximum	0:03.50	0:03.40	0:03.20	2:52.96	18:13.24	12:25.10
Std. Abw.	0:00.50	0:00.49	0:00.50	0:56.86	5:19.33	4:18.42

Einträge im Format Minuten : Sekunden . Millisekunden
Std. Abw. = Standardabweichung

Iterationen im Durchschnitt etwa 1.9 Sekunden benötigten, nahm die Lösung mit LINDO einige Sekunden bis Minuten in Anspruch. Eine Gegenüberstellung der Rechenzeiten wird in Tabelle 3.6 vorgenommen.

Noch deutlichere Unterschiede ergaben sich für die kleinen leichten Datensätze. LINDO fand innerhalb eines Zeitlimits von 1500 Minuten nur für vier der insgesamt zehn Datensätze eine Lösung; die benötigten Rechenzeiten beliefen sich auf ca. 2, 5 3/4, 10 3/4 und 11 1/4 Stunden. Im Gegensatz dazu fand jeder Algorithmus für jeden dieser Datensätze eine zulässige Lösung und für die von LINDO gelösten Datensätze die Optimallösung; im Durchschnitt wurden dazu 37 Sekunden für 1000 Iterationen benötigt.

In einem weiteren Versuch, die untersuchten Datensätze mit Standardsoftware zu lösen, wurde OSL (Release 2) eingesetzt. Obwohl OSL in der Regel erheblich schneller arbeitet als LINDO, fand es innerhalb eines Zeitlimits von ebenfalls 1500 Minuten nur für zwei der kleinen leichten Datensätze eine Lösung; die benötigten Rechenzeiten beliefen sich auf etwa 2 bzw. 59 Minuten. Diese beiden Datensätze gehörten im übrigen zu den vier von LINDO gelösten. Darüber hinaus wurden diese Datensätze mit CHARME[53], einer prolog-

52 Zur besseren Vergleichbarkeit wird hier für die Algorithmen die im Durchschnitt für 1000 Iterationen benötigte Rechenzeit angegeben.

53 Zur Programmiersprache CHARME vgl. Bull (1991); zur Bedeutung logikorientierter Programmiersprachen für die Modellbildung siehe z. B. Drexl/Pesch/Salewski (1994).

basierten Programmiersprache, gelöst. Die Ergebnisse waren jedoch insbesondere im Hinblick auf die Rechenzeiten unbefriedigend, so daß dieser Versuch hier nicht näher dokumentiert wird.

Zusammenfassend läßt sich feststellen, daß die Algorithmen in der Lage sind, zumindest für kleine Problemstellungen der taktischen Planung Lösungen in Sekundenbruchteilen zu konstruieren. Selbst die Durchführung einer hohen Anzahl von z. B. 1000 Iterationen zur Erzeugung "guter" Lösungen nimmt daher nur einige Sekunden in Anspruch. Für kleinere Problemstellungen und nicht-knappe Ressourcen sind die Algorithmen offensichtlich in der Lage, nahezu optimale Lösungen zu liefern. Bei knappen Ressourcen liefern die Algorithmen zwar möglicherweise keine zulässige Lösung, können aber durch eine Einplanung eines Großteils der Teilprüfungsabschnitte immer noch wesentlich zur Rationalisierung und Kostensenkung der Planungsdurchführung in der Praxis beitragen.

3.7 Bewertung

Das Modell der taktischen Planung, das im vorliegenden Kapitel ausführlich dargestellt wurde, stellt die oberste Ebene des dreistufigen hierarchischen Ansatzes dar. Besonders hervorzuheben ist dabei, daß die Modellformulierung auf Grundlage der Ergebnisse einer empirischen Untersuchung erfolgte und damit a priori bessere Chancen als bisherige, primär auf theoretischen Überlegungen basierende Versuche besitzt, den Anforderungen der Prüfungspraxis gerecht zu werden. Insbesondere wird erstmals berücksichtigt, daß Wirtschaftsprüfungsgesellschaften nicht nur eine prüffeldbezogene Planung über einige Wochen, sondern auch eine auftragsbezogene Planung über einen Zeitraum von einigen Monaten bis zu einem Jahr vornehmen. Damit offenbart sich gleichzeitig das entscheidende Manko bisheriger Ansätze: Eine Planung auf Basis von Prüffeldern ist über Zeiträume derartiger Länge nicht praktikabel, weil die Vielzahl der benötigten Daten nicht mit vertretbarem Aufwand beschaffbar und die Genauigkeit der Daten zwangsläufig nicht ausreichend ist.

Fragestellungen, wie sie der taktischen Planung zugrunde liegen, also was (Auftrag) wann (Zeitpunkt) wie (Bearbeitungsalternative bzw. Team) zu bearbeiten ist, sind in den Bereich der Ablaufplanung einzuordnen. Vor diesem Hintergrund wurde versucht, das Modell weitestgehend an Formulierungen anzupassen, die in diesem Bereich verwendet werden. Bis auf die Zielfunktion und die Nebenbedingungen (3.2) und (3.3) gelang dieses Vorhaben. Diese Ausnahmen hatten unmittelbaren Einfluß auf die Verfahrensentwicklung: Die Zielfunktion führte zur Formulierung speziell daran angepaßter Prioritätsregeln, während die beiden Nebenbedingungen den Entwurf eines zweistufigen Verfahrensschemas, in dem zunächst die Bearbeitungsalternative für einen Auftrag festgelegt und dann die "traditionelle" Ablaufplanung vorgenommen wird, zur Folge hatten. Dieses Schema ist unter Verwendung verschiedener Prioritätsregeln in der Lage, gute Näherungslösungen in vernachlässigbarer Rechenzeit zu liefern. Die Formulierung des Problems als lineares Optimierungsproblem hatte zusätzlich den Vorteil, daß Standardsoftwarepakete zur Erzeugung von Referenzlösungen eingesetzt werden konnten.

Die mit den Nebenbedingungen (3.2) und (3.3) eingeführte "Modus-Identität"[54] stellt darüber hinaus eine vielversprechende Verallgemeinerung der bislang üblichen Job Completion Constraints im Bereich der Ablaufplanung dar. So läßt sich jedes herkömmliche Ablaufplanungsproblem mit diesen Nebenbedingungen formulieren, indem jeder Auftrag nur einen einzigen Teilprüfungsabschnitt bzw. in der Terminologie der Ablaufplanung nur einen einzigen Job beinhaltet. Unter formalen Gesichtspunkten wird es damit möglich, die Unterbrechbarkeit am Ende einer jeden Periode zu gestatten. Bislang wurde lediglich zwischen Ablaufplanungsproblemen ohne Unterbrechbarkeit und mit Unterbrechbarkeit zu beliebigen Zeitpunkten unterschieden. Der Vorteil dieser "bedingten" Unterbrechbarkeit besteht im wesentlichen darin, daß zum einen auf Verfahrensideen der nicht unterbrechbaren Ablaufplanung zurückgegriffen werden kann und daß zum anderen damit weitere anwen-

[54] Siehe auch Salewski/Drexl/Schirmer (1993).

dungsrelevante Probleme vergleichsweise einfach formuliert werden können.[55]

Die ermutigenden Resultate bei der Entwicklung der Lösungsmethoden lassen im übrigen eine Anpassung des vorgeschlagenen Verfahrensschemas an die anderen Planungsebenen des hierarchischen Modells vielversprechend erscheinen. Die grundlegenden Ideen (Randomisierung, Nutzung von Prioritätswerten, Modifikation durch exponentielle Faktoren) sind darüber hinaus allgemein genug, um leicht auch in weiteren Bereichen eingesetzt werden zu können.

---

[55] Im Bereich der Stundenplanung, die ebenfalls als Ablaufplanungsproblem formuliert werden kann, ist es z. B. denkbar, daß ein zweistündiger Unterricht entweder in einer Doppelstunde oder in zwei Einzelstunden abgehalten werden kann. Um sicherzustellen, daß der Unterricht einerseits tatsächlich mit insgesamt zwei Stunden eingeplant wird und andererseits beide Varianten in Erwägung gezogen werden können, geht man wie folgt vor: Der Unterricht wird in zwei Blöcke (bzw. Jobs) unterteilt. Im ersten Modus (bzw. der ersten Bearbeitungsalternative) haben beide Blöcke eine Dauer von jeweils einer Stunde, während im zweiten Modus der erste Block zwei und der zweite Block null Stunden lang ist. Abschließend ist lediglich zu fordern, daß alle Blöcke des Unterrichts eingeplant und in demselben Modus durchgeführt werden.

Kapitel 4

Taktisch-operative Planung

In diesem Kapitel wird die taktisch-operative Planung vorgestellt, die unter Berücksichtigung der Planungsergebnisse der übergeordneten taktischen Planung für alle Prüfer je Woche die Abfolge und Zeiträume der Auftragsbearbeitungen auf Basis von (Halb-) Schichten (Perioden mit einer Länge von vier Stunden) bestimmt.

Dazu werden in Abschnitt 4.1 die Modellprämissen dargestellt und in Abschnitt 4.2 durch ein Beispiel, aus dem auch die Abstimmung zur taktischen Ebene hervorgeht, veranschaulicht. Nach vorbereitenden Berechnungen in Abschnitt 4.3 wird in Abschnitt 4.4 das Modell eingeführt. Danach folgt in Abschnitt 4.5 die Beschreibung eines speziell an die Problemstruktur angepaßten heuristischen Verfahrensschemas. Anhand einer umfangreichen experimentellen Untersuchung wird dann in Abschnitt 4.6 gezeigt, daß dieses Verfahrensschema für praxisrelevante Problemstellungen gute Näherungslösungen in vernachlässigbarer Rechenzeit liefert. Abschnitt 4.7 enthält eine abschließende Bewertung.

4.1 Prämissen

Üblicherweise kommen zur ordnungsgemäßen Durchführung der Prüfungstätigkeiten, die in einer bestimmten Woche an den zur Bearbeitung vorgesehenen Aufträgen zu erledigen sind, nicht nur eine bestimmte Abfolge und Terminierung der Auftragsbearbeitungen in Betracht, sondern es können - unter Berücksichtigung der Grundsätze ordnungsmäßiger Durchführung von Abschlußprüfungen (GoA)[1] - mehrere verschiedene Einplanungsvarianten in Erwägung gezogen werden. Insbesondere gilt es dabei, die Interdependenzen zwischen verschiedenen Aufträgen, die sich aus der Einplanung der-

---

[1] Vgl. Institut der Wirtschaftsprüfer in Deutschland e. V. (1989).

selben Prüfer zur Bearbeitung mehrerer Aufträge ergeben, zu berücksichtigen. Die taktisch-operative Planung, für die die Prüfungsleiter der in der betreffenden Woche einzuplanenden Aufträge einer Prüfungsgesellschaft verantwortlich zeichnen, hat die Minimierung der Kosten, die durch Einplanungen von Prüfern zu "ungünstigen" Zeiten anfallen, unter Beachtung bestimmter Restriktionen zum Ziel. Zur Operationalisierung dieser Zielvorschrift und der Nebenbedingungen sind einige Annahmen erforderlich:

a) Die Prüfungsgesellschaft nimmt die Planung für einen Zeitraum von $t = 1,...,T$ Perioden vor.[2] Eine einzelne Periode umfaßt dabei üblicherweise eine (Halb-) Schicht mit einer Dauer von 4 Stunden; der Planungszeitraum stimmt mit der Länge einer Periode der übergeordneten taktischen Planung überein und beträgt somit in der Regel eine Woche.

b) Dem Prüfungsorgan stehen $a = 1,...,A$ Prüfer (Assistenten, Prüfungsleiter u. ä.) für Prüfungstätigkeiten zur Verfügung. Die Prüfer können je Periode t höchstens C_{at} Zeiteinheiten lang eingesetzt werden.

c) Innerhalb des Planungszeitraums sind - als Ergebnis der taktischen Planung - $e = 1,...,E$ Prüfungsaufträge durchzuführen. Die Prüfungsaufträge können je Periode t höchstens D_{et} Zeiteinheiten lang bearbeitet werden.

d) Prüfer a muß - als weiteres Ergebnis der taktischen Planung - an Auftrag e im Planungszeitraum $s = 1,...,S_{ea}$ Jobs bearbeiten.[3] Die Bearbeitung von Job (e, a, s) des Auftrags e durch Prüfer a dauert genau eine Periode und beansprucht dessen gesamte Periodenkapazität mit k_{eas} Zeiteinheiten.

e) Bearbeitet ein Prüfer a im Planungszeitraum Jobs (e, a, s) und (e', a, s'), die zu unterschiedlichen Aufträgen e und e' gehören, dann müssen zwi-

2 Sofern die Zuordnung eines auch auf anderen Planungsebenen verwendeten Symbols - wie hier T - zu einer Ebene eindeutig aus dem Kontext hervorgeht, erfolgt aus Gründen der besseren Lesbarkeit keine weitere Differenzierung der Notation.

3 Die Bezeichnung Job wird hier zur Abgrenzung von den in den Kapiteln 3 und 5 benutzten (fach-) spezifischen Termini verwendet. Damit ist eine Menge von (Prüfungs-) Tätigkeiten, die sachlich eng zusammengehören, gemeint; vgl. Hax/Candea (1984, S. 259 u. S. 326).

schen der Beendigung von (e, a, s) und dem Beginn von (e', a, s') als Reisezeit (Rüstzeit) mindestens $\sigma_{ee'}$ Perioden liegen.

f) Reihenfolgebeziehungen zwischen Jobs eines Auftrags sind durch Mengen $\mathscr{V}_{eas}$ spezifiziert, die die unmittelbaren Vorgänger eines Jobs (e, a, s) enthalten. Für die unmittelbaren Vorgänger (e, a', s') $\in \mathscr{V}_{eas}$ sind - unter Ausschluß von Zyklen mit positiver Länge - Mindestabstände $q_{ea's'as}$ bei Normalfolge einzuhalten.[4]

g) Bearbeitet Prüfer a in Periode t einen Job (e, a, s), so fallen dafür periodenabhängige Kosten von c_t Geldeinheiten an.[5] Damit können insbesondere auch durch Überstunden verursachte Kosten berücksichtigt werden.

Falls keine Einordnung in den hierarchischen Ansatz erfolgt, besitzt das in Abschnitt 4.4 vorgestellte Modell unter diesen Prämissen allgemeine Gültigkeit. Bei der hier jedoch vorliegenden Einbindung sind die folgenden Einschränkungen zur Wahrung der Konsistenz erforderlich:[6]

- Die Zahl der (Halb-) Schichten (Zeiteinheiten) t, in denen ein Prüfer a wegen $C_{at} = 0$ nicht verfügbar ist, wird durch die entsprechende Kapazitätsverfügbarkeit des taktischen Bereichs determiniert. Ist ein Prüfer dagegen in einer (Halb-) Schicht verfügbar, so kann er in dieser (Halb-) Schicht - als Vorgabe der taktischen Planung - ohne Einschränkungen, d. h. während der gesamten Periodendauer, eingesetzt werden.
- Die Zahl der (Halb-) Schichten (Zeiteinheiten) t, in denen ein Auftrag e wegen $D_{et} = 0$ nicht bearbeitet werden kann, korrespondiert zu ggf. in der

4 Damit kann einerseits eine eindeutige Reihenfolge der Durchführung der Jobs (e, a, s), die Prüfer a an Auftrag e bearbeitet, durch (e, a, s) $\in \mathscr{V}_{e,a,s+1}$ und $q_{e,a,s,a,s+1} = 0$ mit $s = 1,\dots,S_{ea}-1$ gewährleistet werden. Andererseits lassen sich diejenigen Jobs (e, a, s) eines Prüfers a an einem Auftrag e, die - z. B. zur wechselseitigen Abstimmung - gleichzeitig mit den Jobs (e, a', s') eines anderen Prüfers a' eingeplant werden müssen, durch (e, a, s) $\in \mathscr{V}_{ea's'}$ mit $q_{easa's'} = -1$ und (e, a', s') $\in \mathscr{V}_{eas}$ mit $q_{ea's'as} = -1$ berücksichtigen.

5 Prinzipiell ist neben periodenabhängigen Kosten auch eine Modifikation zu prüfer- und / oder auftragsabhängigen Kosten denkbar. Siehe auch Abschnitt 4.7.

6 Zur formalen Darstellung der Konsistenzbedingungen zwischen der taktischen und der taktisch-operativen Ebene siehe Anhang C.2.

taktischen Planung berücksichtigten Einschränkungen für den betreffenden Auftrag in der entsprechenden Woche.

- Wird die Verfügbarkeit eines Prüfers a in einer Periode t z. B. durch $C_{at} \in \{0, 1\}$ gekennzeichnet, so folgt daraus, daß ein Job (e, a, s) eine Bearbeitungsdauer von einer Zeiteinheit hat, d. h. $k_{eas} = 1$. Weiterhin muß dann $D_{et} \in \{0, A\}$ gelten, um zu erreichen, daß ein Auftrag e in einer Periode t mit $D_{et} = 0$ nicht bzw. mit $D_{et} = A$ durch mehrere Prüfer bearbeitet werden darf.

4.2 Beispiel

Ausgehend von dem in Abschnitt 3.2 dargestellten Beispiel soll nun die taktisch-operative Planung für die zweite Woche der taktischen Planung vorgenommen werden. Der Planungszeitraum der taktisch-operativen Planung beträgt dazu fünf Tage mit jeweils vier (Halb-) Schichten (z. B. von 8.00 - 12.00 Uhr, 12.00 - 16.00 Uhr, 16.00 - 20.00 Uhr und 20.00 - 24.00 Uhr).[7] Sofern keine Überstunden zu leisten sind, endet der achtstündige Arbeitstag um 16.00 Uhr, so daß Kosten nur in den ab 16.00 Uhr beginnenden (Halb-) Schichten t = 3, 7, 11, 15, 19 in Höhe von $c_t = 300$ und in t = 4, 8, 12, 16, 20 von $c_t = 900$ Geldeinheiten anfallen. Während der insgesamt 20 Perioden sind von den drei Prüfern a = 1, 2, 3 der Wirtschaftsprüfungsgesellschaft Prüfungstätigkeiten an zwei Prüfungsaufträgen e = 1, 2 durchzuführen.[8] Die Prüfer 1 und 3 stehen wegen Urlaub in den Perioden 17 und 18 nicht zur

7 Die Zeiten von 16.00 - 20.00 Uhr und von 20.00 - 24.00 Uhr werden aufgenommen, um die Existenz einer formal zulässigen Lösung zu garantieren. Während dieser Zeiten bestehen deshalb auch keinerlei Kapazitätsbeschränkungen. Wird eine formal zulässige Lösung den Vorstellungen des Anwenders nicht gerecht, so können mit den in Kapitel 6 beschriebenen Instrumentarien zur revidierenden Planung Änderungen vorgenommen werden.

8 Einige Parameter wie etwa die Anzahl der Prüfer und der Aufträge sind in diesem Beispiel aus Gründen der Nachvollziehbarkeit unrealistisch klein gewählt.

Verfügung, Prüfer 2 hat in den Perioden 1 und 18 Urlaub.[9] Für die Auftragsbearbeitungen besteht die Einschränkung, daß Auftrag 2 wegen Quartalabschlußarbeiten in den Perioden 2, 9, 10, 13, 14, 17 nicht bearbeitet werden darf.[10] Als Reisezeit ist zwischen den Aufträgen 1 (Hamburg) und 2 (Köln) eine Periode zu berücksichtigen. Als Ergebnis der taktischen Planung ist determiniert, daß

- ein Job von Prüfer 1 und zwei Jobs von Prüfer 3 an Auftrag 1 sowie
- zwei Jobs von Prüfer 1, drei Jobs von Prüfer 2 und ein Job von Prüfer 3 an Auftrag 2 durchzuführen sind.[11]

Unter der Annahme, daß die Jobs, die ein Prüfer an einem Auftrag bearbeitet, in aufsteigender Reihenfolge ausgeführt werden müssen (also z. B. Job (1, 3, 1) von Prüfer 3 an Auftrag 1 vor Job (1, 3, 2)), sollen die folgenden Jobs zeitgleich eingeplant werden:

- Bei Auftrag 1 muß der Job (1, 1, 1) des Prüfers 1 (Prüfungsleiter) zur Kontrolle des Prüfers 3 (Assistent) zeitgleich zu dessen Job (1, 3, 2) liegen.
- Bei Auftrag 2 muß zur Information des Prüfers 1 über die zwischenzeitlich erzielten Prüfungsergebnisse dessen Job (2, 1, 2) parallel zum Job (2, 2, 3) des Prüfers 2 (angehender Prüfungsleiter) und zum Job (2, 3, 1) des Prüfers 3 eingeplant werden.

Wie bereits in Abschnitt 3.2 formuliert, liegt ein optimaler Ablaufplan nur dann vor, wenn dieser hinsichtlich Reihenfolge-, Kapazitäts- und Terminrestriktionen zulässig ist und gleichzeitig das Zielkriterium optimiert. Das der taktisch-operativen Planung zugrundeliegende Zielkriterium der Vermeidung

9 Annahmegemäß haben alle Prüfer in der zweiten Woche 8 Stunden Urlaub; vgl. Abschnitt 3.2.

10 Annahmegemäß kann Auftrag 2 in der zweiten Woche während 24 Stunden nicht bearbeitet werden; vgl. Abschnitt 3.2.

11 Vgl. Abbildung 3.1. Annahmegemäß stimmt die Bearbeitungsdauer eines Jobs mit der Periodenlänge der taktisch-operativen Planung überein; arbeitet also ein Prüfer als Ergebnis der taktischen Planung z. B. acht Stunden lang an einem Auftrag, so sind dafür auf der taktisch-operativen Ebene zwei Jobs (acht Stunden dividiert durch die Periodenlänge von vier Stunden) vorzusehen.

von Prüfereinplanungen zu "ungünstigen" Zeiten kann dabei durch die Minimierung der Summe der periodenabhängigen Kosten über alle Jobeinplanungen operationalisiert werden. Der für das Beispiel optimale Ablaufplan (Job-Gantt-Diagramm) ist in Abbildung 4.1 wiedergegeben.

Abbildung 4.1: Optimaler Ablaufplan

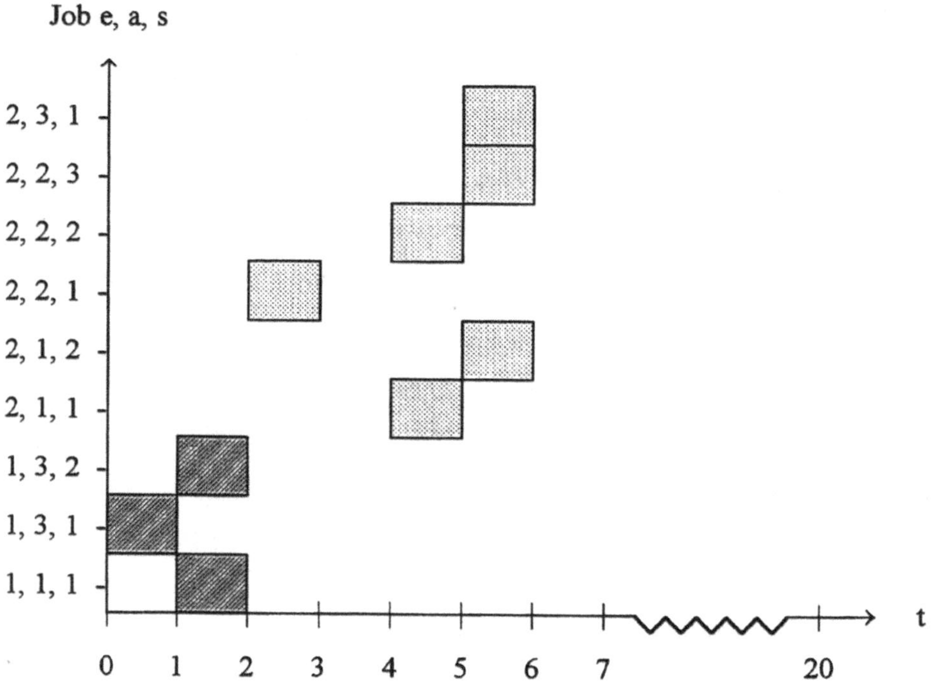

Abbildung 4.1, bei der die Jobs eines Auftrags durch dieselbe Schattierung gekennzeichnet sind, ist wie folgt zu verstehen: Die von den drei Prüfern an Auftrag 2 zeitgleich durchzuführenden Jobs (2, 1, 2), (2, 2, 3) und (2, 3, 1) werden z. B. in der sechsten Periode eingeplant. Darüber hinaus ist erkennbar, daß

- alle Jobs bearbeitet werden,
- Reihenfolgebeziehungen bzw. zeitgleiche Bearbeitungen eingehalten werden,
- auftragsspezifische Bearbeitungsbeschränkungen wie das Bearbeitungsver-

bot von Auftrag 2 in der Periode 2 berücksichtigt werden,

- Kapazitätsbeschränkungen der Prüfer wie das Einplanungsverbot des Prüfers 2 in der Periode 1 nicht verletzt werden und
- Reisezeiten wie im Beispiel zwischen Auftrag 1 und 2 beachtet werden.

Der Zielfunktionswert als Summe der Kosten für die Einplanung von Prüfern zu "ungünstigen" Zeiten beträgt 300 Geldeinheiten (Einplanung des Prüfers 2 in der Periode 3 zu Kosten von 300 Geldeinheiten).

4.3 Vorbereitende Berechnungen

Zur Vereinfachung der mathematischen Problemformulierung werden zunächst die Indizes e, a und s durch einen einzigen Index j ersetzt. Dabei ist zu beachten, daß zwei (oder mehr) Jobs (e, a, s) und (e, a', s'), die zeitgleich bearbeitet werden müssen, zu einem einzigen Job j zusammengefaßt werden können. An der Durchführung dieses Jobs j sind dann dementsprechend sowohl der Prüfer a als auch der Prüfer a' beteiligt. Die prinzipielle Vorgehensweise, die u. a. eine Einsparung von Variablen zur Folge hat, wird anhand des Beispiels aus Abschnitt 4.2 in Abbildung 4.2 veranschaulicht.[12]

Beispielsweise werden die zeitgleich zu bearbeitenden Jobs (2, 1, 2), (2, 2, 3) und (2, 3, 1) auf den Job j = 4 abgebildet. An Stelle der Parameter $\mathscr{V}_{eas}$, k_{eas} und $q_{easa's'}$ erhält man damit Parameter $\mathscr{V}_j$, k_{ja} und $q_{jj'}$.[13]

f_e bezeichne dann den Job eines Auftrags e mit dem kleinsten und l_e den mit dem größten Jobindex. Des weiteren werden frühest- und spätestmögliche Endtermine EF_j und LF_j berechnet.[14] Schließlich sind in der Menge $\mathscr{J}_a = \{ j \mid k_{ja} > 0 \}$ diejenigen Jobs enthalten, die von Prüfer a zu bearbeiten

---

12 Zur formalen Herleitung siehe Anhang D.

13 Der Transformation von k_{eas} auf k_{ja} liegt folgende Überlegung zugrunde: Da zwei oder mehr zeitgleich zu bearbeitende Jobs durch die Transformation auf einen Job abgebildet werden, bleibt nur dann erkennbar, welche Prüfer an der Durchführung des transformierten Jobs beteiligt sind, wenn der Index a weiterhin mitgeführt wird.

14 Siehe z. B. Domschke/Drexl (1991a, S. 87 f.).

sind, und in der Menge $\mathscr{H}_t = \{ j \mid EF_j \leq t \leq LF_j \}$ diejenigen Jobs, die in t beendet werden können.

Abbildung 4.2: Transformation der Jobindizes (e, a, s) auf j

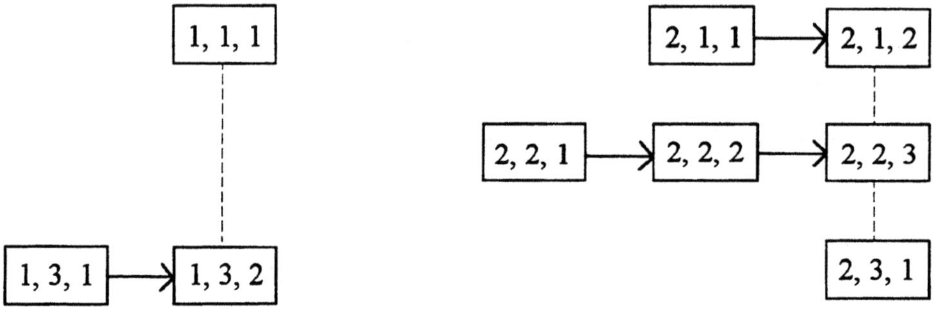

e, a, s = Job (e, a, s)

------ = Zeitgleiche Bearbeitung

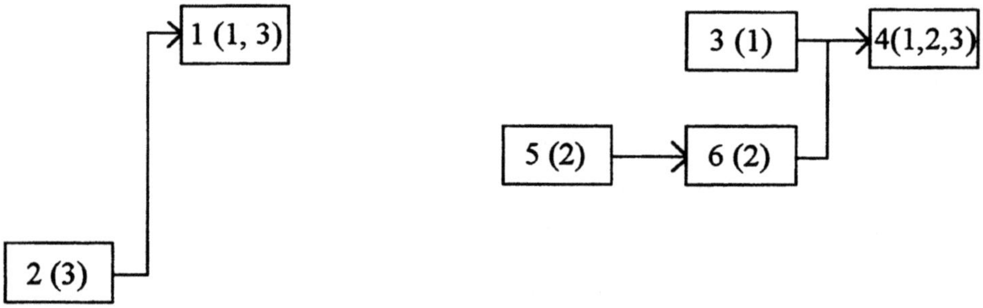

j(a,a',...) = Job j, der von Prüfern (a, a',...) bearbeitet wird

4.4 Modellformulierung

Definiert man Binärvariablen x_{jt} mit der Bedeutung

$$x_{jt} = \begin{cases} 1, & \text{falls Job j zum Zeitpunkt t beendet wird} \\ 0, & \text{sonst} \end{cases}$$

so kann die Problemstellung durch folgendes binäre Optimierungsproblem beschrieben werden:

$$\text{Minimiere} \quad Z(x) = \sum_{a=1}^{A} \sum_{j \in \mathcal{J}_a} \sum_{t=EF_j}^{LF_j} c_t \, x_{jt} \tag{4.1}$$

unter den Nebenbedingungen

$$\sum_{t=EF_j}^{LF_j} x_{jt} = 1 \qquad (1 \le j \le J) \tag{4.2}$$

$$\sum_{t=EF_{j'}}^{LF_{j'}} (t + q_{j'j}) \, x_{j't} \le \sum_{t=EF_j}^{LF_j} (t-1) \, x_{jt} \qquad (1 \le j' \le J;\ 1 \le j \le J;\ j' \in \mathcal{V}_j) \tag{4.3}$$

$$\sum_{\substack{j=f_e \\ j \in \mathcal{H}_t}}^{l_e} \sum_{a=1}^{A} k_{ja} \, x_{jt} \le D_{et} \qquad (1 \le e \le E;\ 1 \le t \le T) \tag{4.4}$$

$$\sum_{\substack{j \in \mathcal{J}_a \\ j \in \mathcal{H}_t}} k_{ja} \, x_{jt} \le C_{at} \qquad (1 \le a \le A;\ 1 \le t \le T) \tag{4.5}$$

$$x_{jt} + \sum_{\substack{t'=t \\ t' \in \{EF_{j'},\dots,LF_{j'}\}}}^{t+\sigma_{ee'}} x_{j't'} \le 1 \qquad (1 \le a \le A;\ 1 \le e \le E;\ 1 \le e' \le E;$$

$$e \ne e';\ f_e \le j \le l_e;\ f_{e'} \le j' \le l_{e'};\ j, j' \in \mathcal{J}_a;\ EF_j \le t \le LF_j) \tag{4.6}$$

$$x_{jt} \in \{0, 1\} \qquad (1 \le j \le J;\ EF_j \le t \le LF_j) \tag{4.7}$$

In (4.1) stellt x den Vektor aller Binärvariablen dar; Z(x) ist der Zielfunktionswert für jeden zulässigen Vektor x, der die Nebenbedingungen (4.2) - (4.7) erfüllt. (4.1) summiert über alle Prüfer die periodenabhängigen Kosten c_t, die durch Einplanung der Jobs j, an deren Bearbeitung Prüfer a beteiligt ist, in Periode t anfallen. Dazu ist jedes c_t mit x_{jt} zu multiplizieren, wobei diese Multiplikation auf die jeweiligen Beendigungszeitpunkte t mit $EF_j \leq t \leq LF_j$ beschränkt werden kann.

(4.2) erzwingt, daß jeder Job genau einmal bearbeitet und im Zeitfenster $[EF_j, LF_j]$ beendet wird. Dazu muß x_{jt} genau einmal den Wert 1 annehmen.

(4.3) stellt sicher, daß zwischen allen Paaren von Jobs, die in einer unmittelbaren Vorgänger-Nachfolger-Beziehung stehen, Mindestabstände beachtet werden.

(4.4) sorgt für die Einhaltung auftragsspezifischer Bearbeitungsbeschränkungen, während (4.5) die Prüferkapazität je Periode berücksichtigt. In diesem Sinne stellen sowohl Aufträge als auch Prüfer erneut erneuerbare Ressourcen dar.

(4.6) garantiert, daß zwischen Jobs j und j', die zu unterschiedlichen Aufträgen e und e' gehören und von demselben Prüfer a bearbeitet werden, Rüstzeiten $\sigma_{ee'}$ eingehalten werden. Dies wird dadurch erreicht, daß im Zeitfenster $[t, t+\sigma_{ee'}]$ höchstens einer der beiden Jobs j oder j' eingeplant werden kann. Für den Fall, daß j zum Zeitpunkt t beendet wird, nimmt x_{jt} den Wert 1 an und erzwingt damit, daß die im zweiten Term vorgenommene Summation über das Zeitfenster $[t, t+\sigma_{ee'}]$ den Wert 0 hat bzw. Job j' nicht eingeplant wird.

(4.7) gewährleistet die Binarität der Variablen x_{jt}.

4.5 Verfahren

Wie bereits bei der taktischen Planung, so sind auch in diesem Fall "klassische" Methoden nicht in der Lage, das in Abschnitt 4.4 dargestellte Problem befriedigend zu lösen. Erstens ist es durch die Einordnung des Zulässigkeitsproblems als NP-vollständig bzw. des Optimierungsproblems als NP-hart[15] unwahrscheinlich, daß ein exaktes Verfahren für praxisrelevante Probleme in "angemessener" Zeit zulässige bzw. optimale Lösungen liefert. Zweitens kann das Problem nicht mittels traditioneller heuristischer Methoden zur Ablaufplanung gelöst werden, da die gewählte Modellformulierung einen in der Literatur bislang nicht diskutierten Zielfunktionstyp sowie Rüstzeiten beinhaltet.

Es wurde daher ebenfalls ein heuristisches Verfahrensschema konzipiert, das auf der Verwendung von Prioritätswerten basiert.

4.5.1 Algorithmisches Grundschema

Das im folgenden vorgestellte Verfahrensschema unterscheidet drei Phasen: In der ersten Phase kann das Gesamtproblem in disjunkte Teilprobleme zerlegt werden, die in der zweiten Phase separat gelöst werden. Dabei wird - anhand von Prioritätswerten - zunächst ein einplanbarer Job ausgewählt. Auf Basis weiterer Prioritätswerte wird anschließend entschieden, ob der ausgewählte Job in den zu konstruierenden Ablaufplan aufgenommen wird. Sobald jedes Teilproblem gelöst wurde, erhält man in der dritten Phase die Lösung des Gesamtproblems durch die Vereinigung der Teillösungen. Dieses Grundschema stellt dabei ein "Gerüst" dar, das für die zweite Phase die Einbindung verschiedener Regeln zur Bestimmung der Prioritätswerte gestattet.[16]

4.5.1.1 Zerlegung in Teilprobleme

In der ersten Phase kann das Gesamtproblem in disjunkte Teilprobleme zerlegt werden. Mit $\eta = 0$ bzw. $\eta = 1$ wird dabei angezeigt, daß disjunkte Teilprobleme nicht gebildet bzw. gebildet werden. Im Fall der Zerlegung wird

---

15 Schirmer (1993, S. 42 ff.) zeigt, daß bereits ein Ablaufplanungsproblem mit mindestens zwei Perioden und einer erneuerbaren Ressource NP-vollständig bzw. NP-hart ist.

16 Zur algorithmischen Verfahrensbeschreibung vgl. Anhang B.2.

jeder Prüfer genau einer sogenannten Prüfergruppe zugeordnet. In jeweils einer Gruppe befinden sich alle Prüfer, deren Einplanung unabhängig von den Prüfern anderer Gruppen durchgeführt werden kann.[17] Damit ist beispielsweise ein Prüfer, der mit keinem anderen Prüfer zeitgleich einzuplanen ist, einziges Element in einer Gruppe. Ein Teilproblem besteht nun darin, für alle Jobs, die von den Prüfern einer Prüfergruppe zu bearbeiten sind, einen zulässigen bzw. optimalen (Teil-) Ablaufplan zu konstruieren. Durch diese Vorgehensweise erhält man i. allg. mehrere kleinere Probleme, die einfacher zu lösen sind als ein großes Problem. Da die Teilprobleme unabhängig voneinander sind, bleibt die Optimalität des Gesamtproblems genau dann erhalten, wenn jedes Teilproblem separat optimal gelöst wird.

4.5.1.2 Einplanung von Jobs

Das Vorgehen der zweiten Phase läßt sich in Form eines randomisierten parallelen Verfahrens beschreiben. Dabei wird im Fall der Zerlegung für jedes Teilproblem isoliert von den anderen bzw. ansonsten für das nicht zerlegte Gesamtproblem ein Ablaufplan konstruiert, indem die Perioden des Planungshorizontes in chronologischer Reihenfolge betrachtet werden. Alternativ wurden auch ein serielles Verfahren und ein genetischer Algorithmus[18] getestet. Beide Verfahrenstypen erzielen jedoch deutlich schlechtere Ergebnisse als das im folgenden erläuterte parallele Verfahren und werden deshalb nicht weiter betrachtet.

In jeder Periode wird die Menge *EJ* aller Jobs des betrachteten Teil- bzw. Gesamtproblems bestimmt, die zum aktuellen Zeitpunkt ohne Verletzung der Restriktionen eingeplant werden können. Sofern mehr als ein einplanbarer Job vorliegt, erfolgt diese Auswahl zufallsgesteuert. Dabei haben jedoch nicht alle Jobs der Menge *EJ* die gleiche Wahrscheinlichkeit, ausgewählt zu

---

17 Zu einer mathematischen Darstellung vgl. Bartsch (1993, S. 65).

18 Zu genetischen Algorithmen allgemein siehe z. B. Goldberg (1989); vgl. insbesondere Dorndorf/Pesch (1992) und zur Implementierung Bartsch (1993, S. 91 ff. u. S. 336 ff.).

werden. Die Entscheidung orientiert sich an Prioritätswerten $\overline{\omega}_j$, die durch Regeln ω festgelegt werden können. Diese Prioritätswerte werden wiederum durch

$$\overline{\overline{\omega}}_j = (\overline{\omega}_j + \varepsilon)^{\alpha} \qquad (j \in EJ) \quad (4.8)$$

modifiziert,[19] wobei es sich bei ε bzw. α um einen positiven bzw. um einen nichtnegativen reellwertigen Parameter handelt.[20] Die Wahrscheinlichkeit $\tilde{\omega}_j$, daß ein Job j ausgewählt wird, beträgt dann

$$\tilde{\omega}_j = \overline{\overline{\omega}}_j \,/\, \Big(\sum_{j' \in EJ} \overline{\overline{\omega}}_{j'} \Big) \qquad (j \in EJ) \quad (4.9)$$

Üblicherweise, d. h. bei den traditionellen Heuristiken zur Ablaufplanung, wird der ausgewählte Job zum aktuellen Zeitpunkt in den Ablaufplan aufgenommen. Da bei der vorliegenden Modellformulierung die periodenabhängigen Kosten zu minimieren sind, ist es jedoch unter Umständen sinnvoll, eine Einplanung eines ausgewählten Jobs zunächst nicht vorzunehmen, sondern erst zu einem späteren Zeitpunkt mit dann möglicherweise günstigeren Kosten.

Die Entscheidung, ob der ausgewählte Job in der gerade betrachteten Periode einzuplanen ist, wird mit Hilfe von Ereigniswahrscheinlichkeiten $\tilde{\pi}_r$, zu deren Berechnung spezielle Regeln π entwickelt wurden, ebenfalls randomisiert getroffen.[21] In Analogie zur obigen Vorgehensweise lassen sich für die Ereignisse *Nichteinplanung* (r = 0) und *Einplanung* (r = 1) des ausgewählten Jobs Prioritätswerte $\overline{\pi}_r$ berechnen und die zugehörigen Modifikationen

$$\overline{\overline{\pi}}_r = (\overline{\pi}_r + \varepsilon)^{\beta} \qquad (0 \leq r \leq 1) \quad (4.10)$$

bestimmen,[22] aus denen sich dann die Ereigniswahrscheinlichkeiten

19 Vgl. Abschnitt 3.5.1.1.

20 Im folgenden wird ε = 1 gesetzt. Die Frage, welche Werte für α gewählt werden sollten, wird in Abschnitt 4.6.3 behandelt.

21 Prinzipiell könnte die Auswahl und (Nicht-) Einplanung eines Jobs auch in einem Schritt erfolgen.

22 Im folgenden werden ε = 0 und β = 1 gesetzt.

$$\tilde{\pi}_r = \bar{\bar{\pi}}_r \,/\, \sum_{r'=0}^{1} \bar{\bar{\pi}}_{r'} \qquad (0 \le r \le 1) \quad (4.11)$$

für Job j berechnen lassen.

Ist die Ereigniswahrscheinlichkeit $\tilde{\pi}_1 = 1$, so wird der ausgewählte Job in den Ablaufplan aufgenommen, bei einer Wahrscheinlichkeit $\tilde{\pi}_1$ von Null wird keine Einplanung durchgeführt, ansonsten wird zufällig unter Berücksichtigung der berechneten Wahrscheinlichkeiten über die Einplanung bzw. Nichteinplanung entschieden.

4.5.1.3 Generierung eines Ablaufplans

Falls keine Zerlegung in Teilprobleme erfolgt ist, liegt der Ablaufplan bereits nach Beendigung der zweiten Phase vor. Andernfalls erhält man die Lösung für das ursprüngliche Problem durch eine Vereinigung der Lösungen für die Teilprobleme. Gleichzeitig wird dabei der Zielfunktionswert für das gesamte Problem bestimmt, indem die zuvor ermittelten Zielfunktionswerte der Teillösungen addiert werden. Sofern bei mindestens einem Teilproblem keine zulässige Lösung generiert werden konnte, ist auch die Lösung des gesamten Problems unzulässig.

Jede Kombination von Zerlegung bzw. Nichtzerlegung in Teilprobleme und Regeln der zweiten Phase definiert - in Verbindung mit dem obigen Schema - einen eigenen Algorithmus (η, ω, π) zur Bearbeitung des taktisch-operativen Planungsproblems.

4.5.2 Prioritätsregeln

Für die Auswahl der Jobs und die Entscheidung über die Einplanung eines ausgewählten Jobs in Phase 2 können alternativ verschiedene Prioritätsregeln ω und π verwendet werden.

4.5.2.1 Regeln zur Auswahl von Jobs

Sämtliche Regeln zur Jobauswahl sind dynamisch implementiert, da dadurch bei jeder Auswahl eines Jobs aktuellere Informationen als mit statischen Regeln berücksichtigt werden. Im folgenden werden die im Rahmen der experimentellen Untersuchung verwendeten Regeln vorgestellt, wobei die in der Literatur als besonders geeignet geltenden Regeln ausgewählt wurden.[23]

Die ersten beiden Regeln verwenden die Ergebnisse der klassischen Zeitplanung, die für die Bearbeitung der Jobs frühest- und spätestmögliche Endtermine bestimmt. Die dritte Regel bewertet Jobs anhand des durch ihre Bearbeitung verursachten Ressourcengebrauchs.

- MINimum Latest Finishing Time (MIN LFT)[24]

- MINimum SLacK (MIN SLK)[25]

- MAXimum Resource Usage (MAX RU)

  Diese Regel plant diejenigen Jobs bevorzugt ein, durch deren Bearbeitung die Prüfer besonders stark nachgefragt werden. Mit RUJ^{min} wird der minimale Ressourcengebrauch bestimmt, also

$$RUJ^{min} = \min \left\{ \sum_{a=1}^{A} k_{ja} \mid j \in EJ \right\} \tag{4.12}$$

  Dann berechnen sich die Prioritätswerte zu

$$\overline{\omega}_j = \sum_{a=1}^{A} k_{ja} - RUJ^{min} \qquad (j \in EJ) \tag{4.13}$$

---

23 Siehe z. B. Alvarez-Valdés/Tamarit (1989).

24 Zur näheren Erläuterung - der statischen Implementierungsvariante - vgl. (3.31).

25 Zur näheren Erläuterung - der statischen Implementierungsvariante - vgl. (3.32).

4.5.2.2 Regeln zur Entscheidung über die Einplanung von Jobs

Um die Wahrscheinlichkeit für das Ereignis "Einplanung des ausgewählten Jobs j" zu bestimmen, werden verschiedene Regeln π, die auf einem Vergleich der Kosten für eine Einplanung in der gerade betrachteten Periode t und in späteren Perioden basieren, vorgestellt. Zunächst werden dazu grundlegende Definitionen vorgenommen, die der anschließenden Einführung verschiedener Kriterien dienen. Die Regeln π lassen sich dann aus diesen Kriterien herleiten.[26]

Seien zunächst in der Menge $\mathscr{A}_j$ mit

$$\mathscr{A}_j = \{a \mid k_{ja} > 0\} \tag{4.14}$$

alle Prüfer enthalten, die an der Bearbeitung von Job j mitwirken. Ferner bezeichne

$$c^{min} = \min \{c_t \mid 1 \leq t \leq T\} \tag{4.15}$$

die Kosten der günstigsten Periode im Planungszeitraum. In der Menge

$$\mathscr{E} = \{t' \mid t \leq t' \leq T \wedge c^{min} < c_{t'} \leq c_t\} \tag{4.16}$$

sind die aktuelle Periode t und alle nachfolgenden Perioden enthalten, falls in diesen Kosten anfallen, die höher als in der günstigsten Periode sind und die gleichzeitig die Kosten der aktuellen Periode nicht übersteigen, während die Menge

$$\mathscr{L} = \{t' \mid t < t' \leq T \wedge c^{min} < c_{t'} < c_t\} \tag{4.17}$$

aus den nachfolgenden Perioden besteht, in denen eine Einplanung nicht zu den günstigsten Kosten durchgeführt werden kann und in denen gleichzeitig geringere Kosten als in der aktuellen Periode t entstehen.

Darüber hinaus sei u die Anzahl der noch einzuplanenden Jobs auf dem längsten Weg[27], auf dem Job j liegt, die in einer Periode t' mit $t' \geq t$ und

[26] Zur (umfangreichen) formalen Darstellung vgl. Bartsch (1993, S. 72 ff.).

[27] Zur Definition des "längsten Weges" siehe z. B. Domschke/Drexl (1991a, S. 93).

$c_{t'} > c^{min}$, d. h. in einer nachfolgenden Periode zu höheren als den minimalen Kosten, eingeplant werden müssen.[28]

Ferner ist der Parameter v gleich Eins, wenn die Kosten in der aktuellen Periode t "relativ" niedrig sind und u. a. Reisezeiten zu anderen Jobs anfallen;[29] sonst ist v = 0.

Definiert man w_a als Anzahl der noch nicht eingeplanten Jobs des Prüfers a, die in einer Periode t' mit $t' \geq t$ und $c_{t'} > c^{min}$ durchgeführt werden müssen, dann ist

$$w^{max} = \max \{w_a \mid a \in \mathcal{A}_j\} \tag{4.18}$$

die größte Anzahl an nicht kostengünstig einzuplanenden Jobs eines Prüfers, der an der Bearbeitung von Job j mitwirkt.

Mit Hilfe dieser Definitionen werden drei Kriterien formuliert. Bei jedem der Kriterien wird ein Wert im Intervall [0, 1] ermittelt. Diese Normierung wird durchgeführt, um später die Wahrscheinlichkeit für das Ereignis Einplanung einfacher bestimmen zu können. Je größer der Wert des Kriteriums ist, desto dringender ist die Einplanung des Jobs j vorzunehmen. Bei jedem der drei Kriterien ist der Wert Eins, wenn es sich um eine Periode t mit $c_t = c^{min}$ handelt.[30, 31]

---

28 Wegen der uniformen Bearbeitungsdauer von jeweils einer Periode stimmt in diesem Fall die Anzahl der Jobs auf dem längsten Weg mit der Länge des längsten Weges überein. u gibt dabei jedoch nur die Anzahl der Jobs wieder, die zusätzlich die genannten Bedingungen erfüllen.

29 Eine Aufstellung weiterer einfließender Kriterien, deren Bedeutung jedoch gering ist, findet sich in Bartsch (1993, S. 83).

30 In Verbindung mit dem Eingang dieser Kriterien in Prioritätsregeln, die nachfolgend in diesem Abschnitt dargestellt werden, hat dies zur Folge, daß das Ereignis "Einplanung des Jobs j" eine Wahrscheinlichkeit von Eins besitzt.

31 In einem weiteren Versuch wurde ein Wert kleiner als Eins getestet, d. h. die Wahrscheinlichkeit für das Ereignis Einplanung ist ebenfalls kleiner als Eins, wenn $c_t = c^{min}$ in der Periode t gilt. Damit lassen sich jedoch keine besseren Ergebnisse erzielen.

Der Jobstatus JST_j von Job j mit

$$JST_j = \begin{cases} 1, & \text{falls } c_t = c^{min} \vee u \geq |\mathscr{E}| \\ \frac{1}{|\mathscr{A}_j| \cdot (|\mathscr{E}| - |\mathscr{L}|)}, & \text{falls } c_t \neq c^{min} \wedge |\mathscr{E}| > u > |\mathscr{L}| \\ 0, & \text{sonst} \end{cases} \tag{4.19}$$

ist um so größer, je mehr Nachfolger des Jobs j in einer nicht kostengünstigen Periode eingeplant werden müssen. Sofern $u \geq |\mathscr{E}|$ gilt, ist der Wert des Kriteriums Eins, d. h. eine Einplanung ist in jedem Fall vorzunehmen, da man sonst i. allg. eine Lösung mit deutlich höheren Kosten bzw. keine zulässige Lösung erhalten würde. Liegt u im Intervall $]|\mathscr{L}|, |\mathscr{E}|[$, dann ist die Einplanung des Jobs j nicht zwingend erforderlich. Dies ergibt sich daraus, daß in $|\mathscr{E}| - |\mathscr{L}|$ Perioden noch Einplanungen zu gleichen Kosten wie in der aktuellen Periode vorgenommen werden können und diese Periodenzahl größer ist als die Anzahl der in diesen Perioden noch einzuplanenden Jobs. Damit Jobs, an denen mehr als ein Prüfer arbeitet und die nicht unbedingt bereits in der aktuellen Periode t in den Ablaufplan aufgenommen werden müssen, möglichst in einer der kostengünstigeren Perioden eingeplant werden, wird bei der Berechnung des Jobstatus durch die Anzahl der Prüfer $|\mathscr{A}_j|$, die Job j bearbeiten, dividiert.

Definiert man den Prüferstatus AST_j von Job j mit

$$AST_j = \begin{cases} 1, & \text{falls } c_t = c^{min} \vee w^{max} \geq |\mathscr{E}| \\ \frac{1}{|\mathscr{A}_j| \cdot (|\mathscr{E}| - |\mathscr{L}|)}, & \text{falls } c_t \neq c^{min} \wedge |\mathscr{E}| > w^{max} > |\mathscr{L}| \\ 0, & \text{sonst} \end{cases} \tag{4.20}$$

dann wird die Dringlichkeit der Einplanung für den ausgewählten Job j anhand der Anzahl der noch einzuplanenden Jobs eines Prüfers festgestellt. Für die Fallunterscheidung in (4.20) kann die Argumentation analog zum ersten Kriterium vorgenommen werden.

Der Wert des Rüstzeitstatus SST_j von Job j mit

$$\mathrm{SST}_j = \begin{cases} 1, & \text{falls } c_t = c^{min} \\ \frac{0.9}{|\mathscr{A}_j|}, & \text{falls } c_t > c^{min} \wedge v = 1 \\ 0, & \text{sonst} \end{cases} \tag{4.21}$$

ist größer als Null, wenn u. a. Reisezeiten zwischen dem ausgewählten Job j und den noch einzuplanenden Jobs anfallen können.[32]

Eine Regel π läßt sich nun formulieren, indem mindestens eines der obigen Kriterien in die Berechnung des Prioritätswertes $\overline{\pi}_1$ für das Ereignis Einplanung einfließt. Damit ergeben sich die folgenden Regeln:[33]

- Job STatus (JST)

$$\overline{\pi}_1 = \mathrm{JST}_j \tag{4.22}$$

- Auditor STatus (AST)

$$\overline{\pi}_1 = \mathrm{AST}_j \tag{4.23}$$

- Setup STatus (SST)

$$\overline{\pi}_1 = \mathrm{SST}_j \tag{4.24}$$

Soll mehr als ein Kriterium in eine Regel einfließen, werden die Formeln (4.25) - (4.28) verwendet, damit sich ein hoher Prioritätswert $\overline{\pi}_1$ auch dann ergibt, wenn ein Job j nur aufgrund eines einzigen Kriteriums dringend in den Ablaufplan aufzunehmen ist.

- Job Auditor STatus (JAST)

$$\overline{\pi}_1 = 1 - (1 - \mathrm{JST}_j) \cdot (1 - \mathrm{AST}_j) \tag{4.25}$$

- Job Setup STatus (JSST)

$$\overline{\pi}_1 = 1 - (1 - \mathrm{JST}_j) \cdot (1 - \mathrm{SST}_j) \tag{4.26}$$

---

32 Sofern z. B. nur ein Prüfer Job j bearbeitet, beträgt die Wahrscheinlichkeit für die Einplanung dieses Jobs 0.9. Dieser Wert hat sich nach Testläufen als am geeignetsten erwiesen.

33 Die Prioritätswerte $\overline{\pi}_0$ ergeben sich jeweils zu $1 - \overline{\pi}_1$.

- Auditor Setup STatus (ASST)

$$\bar{\pi}_1 = 1 - (1 - AST_j) \cdot (1 - SST_j) \qquad (4.27)$$

- Job Auditor Setup STatus (JASST)

$$\bar{\pi}_1 = 1 - (1 - JST_j) \cdot (1 - AST_j) \cdot (1 - SST_j) \qquad (4.28)$$

4.6 Experimentelle Untersuchung

Um die Leistungsfähigkeit der entwickelten Algorithmen bei der Bearbeitung konkreter Fragestellungen aus der Prüfungspraxis beurteilen zu können, wurde eine experimentelle Studie durchgeführt, in deren Rahmen das Verfahrensschema an einer Reihe von praxisnahen Datensätzen getestet wurde.

4.6.1 Erzeugung von Testdatensätzen

Die Erzeugung der Testdatensätze erfolgte analog zu der bei der taktischen Planung gewählten Vorgehensweise:[34] Unter Einbeziehung der Ergebnisse der Fragebogenerhebung wurden für jeden Modellparameter ein Wertebereich und eine Verteilungsfunktion auf diesem Wertebereich definiert sowie darauf basierend Datensätze erzeugt.[35] Dabei wird sichergestellt, daß je Datensatz mindestens eine zulässige Lösung existiert. Die Datensätze können wiederum nach der Größe und nach dem Schwierigkeitsgrad klassifiziert werden.

Im Rahmen dieser Studie werden die Datensätze ihrer Größe nach in drei Klassen unterteilt, die mit Planungsproblemen korrespondieren, wie sie in *kleinen*, *mittelgroßen* und *großen* Wirtschaftsprüfungsgesellschaften üblicherweise vorkommen. Bei *kleinen* Datensätzen sind 10 - 30 Prüfer (mit bis zu 300 einzuplanenden Jobs und 9.000 Binärvariablen), bei *mittelgroßen* Datensätzen bis zu 55 Prüfer (mit bis zu 550 Jobs und 16.500 Binärvariablen) und bei *großen* Datensätzen bis zu 125 Prüfer (mit bis zu 2.500 Jobs

[34] Vgl. Abschnitt 3.6.1.

[35] Zu einer detaillierten Darstellung siehe Anhang E.2.

und 200.000 Binärvariablen) einzuplanen. Darüber hinaus wurden zur Erzeugung von Referenzlösungen *sehr kleine* Datensätze (mit bis zu 6 Prüfern, 36 einzuplanenden Jobs und 432 Binärvariablen) generiert, die keinen realen Planungsproblemen entsprechen.

Zur Bestimmung des Schwierigkeitsgrades eines Datensatzes wird in dieser Studie die Anzahl der zeitgleich durchzuführenden Bearbeitungen aller Prüfer als einzig entscheidend angesehen: Je mehr Jobs zeitgleich einzuplanen sind, desto schwerer lösbar ist der entsprechende Datensatz, weil sich dadurch bei sonst identischen Parameterinstanziierungen die Anzahl der zulässigen Lösungen reduziert. Bezüglich des Schwierigkeitsgrades werden *leichte*, *mittlere* und *schwere* Datensätze differenziert. Dabei unterscheiden sich jeweils drei Datensätze einer Größe bei ansonsten identischen Parameterinstanziierungen lediglich dadurch, daß die maximale Anzahl zeitgleich durchzuführender Jobs bei leichten 3, bei mittleren 5 und bei schweren Datensätzen 7 Jobs je Auftrag beträgt.

4.6.2 Statistisches Modell und Bewertungsfunktionen

Für die statistische Auswertung gelten die Überlegungen aus Abschnitt 3.6.2 analog. Die wichtigsten Faktoren sind die Bildung von disjunkten Teilproblemen η sowie die Prioritätsregeln ω und π für die Auswahl und Einplanung der Jobs des Algorithmus (η, ω, π), die Größe σ und der Schwierigkeitsgrad τ des Datensatzes der Klasse (σ, τ), die Werte der Kontrollparameter α und β sowie die Anzahl ι der Iterationen. Der Ausgang eines Laufes[36] wird durch zwei Größen beschrieben: den Zielfunktionswert der besten in einem Lauf gefundenen Lösung, bewertet durch die Effizienzrate, und die durchschnittliche Rechenzeit für eine Iteration.[37]

[36] Zur Definition siehe Abschnitt 3.6.2.

[37] Weitere Bewertungsfunktionen wie etwa ein Maß für die Zahl der in einem Lauf gefundenen zulässigen Lösungen sind nicht von Interesse, da zum einen durch die Einbettung des Modells in den hierarchischen Ansatz die Existenz mindestens einer - formal - zulässigen Lösung garantiert ist und zum anderen vom Entscheidungsträger nicht beliebige zulässige, sondern möglichst gute Lösungen gesucht werden.

Die *Effizienzrate* $\phi_{\eta\omega\pi\alpha\beta\sigma\tau\iota}$[38] für einen Algorithmus (η, ω, π) mit den Kontrollparametern (α, β) für eine Klasse (σ, τ) berechnet sich - als Durchschnitt über alle getesteten Datensätze der Klasse - als Quotient aus dem Zielfunktionswert der besten bekannten Lösung für einen Datensatz und dem Zielfunktionswert der in ι Iterationen besten von (η, ω, π) mit (α, β) gefundenen Lösung.[39] Die durchschnittliche Rechenzeit $\upsilon_{\eta\omega\pi\alpha\beta\sigma\tau\iota}$ gibt die Zeit an, die während eines Laufes im Durchschnitt zur Durchführung einer Iteration benötigt wurde.[40]

4.6.3 Ergebnisse

Wegen des erheblichen Rechenaufwandes, der mit einer vollständigen Analyse der Faktoren verbunden ist, wurden an den großen Datensätzen nur wenige Faktorkombinationen exemplarisch getestet.[41] Für jede Klasse (σ, τ) wurden zehn Datensätze erzeugt, auf die die angegebenen Regeln angewendet wurden. Dabei wurde der Kontrollparameter α über die Werte 0, 1, 2 und 4 variiert. Pro Datensatz wurden für jede Faktorkombination (η, ω, π, α, β) 1000 Iterationen durchgeführt.

Aufgrund der sehr umfangreichen Untersuchung können nur die wichtigsten Ergebnisse präsentiert werden.[42] Vor allem werden die Resultate nur dann

---

38 Zur Herleitung von Bewertungsfunktionen auf höherem Aggregationsniveau vgl. Abschnitt 3.6.2. Zugunsten der Lesbarkeit wird des weiteren auf eine - im streng mathematischen Sinn zur eindeutigen Kennzeichnung erforderliche - Unterscheidung abgeleiteter Bewertungsfunktionen durch zusätzliche Denotatoren verzichtet, so daß sich z. B. eine Unterscheidung der Effizienzraten $\phi_{\eta\omega\pi\sigma}$ und $\phi_{\eta\pi\sigma\tau}$ ausschließlich aus den zur Indizierung verwendeten Symbolen ergibt.

39 Bei einem besten bekannten Zielfunktionswert von Null muß die Berechnung durch Hinzunahme einer Konstanten geringfügig modifiziert werden; zur detaillierten Darstellung vgl. Bartsch (1993, S. 110).

40 Die Algorithmen wurden in der Programmiersprache C auf einer IBM RISC/6000 Modell 550 implementiert.

41 Dabei hat sich gezeigt, daß das Verfahren auch für die Lösung großer Datensätze geeignet ist. Aufgrund der kleinen Stichprobe ist die Aussagekraft der Effizienzrate jedoch gering, so daß im folgenden nur die Rechenzeiten wiedergegeben werden.

42 Zur Darstellung weiterer Ergebnisse vgl. Bartsch (1993, S. 121 ff.).

getrennt nach Schwierigkeitsgraden dargestellt, wenn sich diese von den durchschnittlichen Ergebnissen einer Datensatzgröße deutlich unterscheiden. Zunächst sollen die Auswirkungen aufgezeigt werden, falls das Gesamtproblem nicht in separat zu lösende Teilprobleme aufgesplittet wird ($\eta = 0$) und damit die Phasen 1 und 3 entfallen:

- Die Zerlegung in Teilprobleme hat einen um so höheren Einfluß auf die Effizienzrate, je größer die Datensätze sind. Bei den in dieser Studie verwendeten sehr kleinen Datensätzen läßt sich das Gesamtproblem wegen bestehender Interdependenzen nicht aufsplitten. Wird das Verfahren bei den übrigen Datensatzgrößen separat auf jedes Teilproblem angewendet, dann liegt die Effizienzrate bei den kleinen Datensätzen um 3.9% höher und bei den mittelgroßen Datensätzen um 9.4% höher als ohne die Zerlegung. Die Zerlegung, die unabhängig von der Zahl der in Phase 2 durchgeführten Iterationen einmal je Lauf durchzuführen ist, führte bei jeweils 1000 durchgeführten Iterationen zu einer Verschlechterung der Rechenzeiten um nur 0.02‰ bei den kleinen und mittelgroßen Datensätzen.

Die folgenden Untersuchungsergebnisse basieren daher grundsätzlich auf einer Zerlegung in Teilprobleme ($\eta = 1$).

Bei einer Variation des Kontrollparameters α ist folgendes erwähnenswert:

- Für die Werte 0, 1 und 2 ergeben sich für jede Datensatzgröße nahezu gleiche Effizienzraten; für $\alpha = 4$ sinkt die Effizienzrate um bis zu 1.6%.

Zur Beurteilung der Prioritätsregeln ω, die für die Auswahl eines Jobs verwendet werden, sind die Ergebnisse der Untersuchung in Tabelle 4.1 zusammengefaßt. Dabei zeigt sich, daß die verwendete Prioritätsregel ω keinen we-

Tabelle 4.1: Einfluß von ω auf die Effizienzraten $\phi_{\eta\omega\pi\sigma}$ mit $\eta = 1$ und $\pi = JASST$

	sehr klein	klein	mittelgroß
MIN LFT	0.956	0.852	0.846
MIN SLK	0.953	0.865	0.844
MAX RU	0.956	0.870	0.852

sentlichen Einfluß auf die Qualität der gefundenen Lösungen hat. Die Rechenzeiten der einzelnen Regeln unterscheiden sich ebenfalls nur geringfügig voneinander.

Eine größere Bedeutung kommt den Regeln π zu, die für die Job-Einplanung verwendet werden. Deren Effizienzraten und Rechenzeiten, angegeben als CPU-Zeit in Millisekunden, sind exemplarisch für die kleinen Datensätze in Tabelle 4.2 wiedergegeben. Dabei können folgende Ergebnisse festgehalten werden:

- Die mit deutlichem Abstand besten Ergebnisse lassen sich mit der Regel JASST erzielen, die den Job-, den Prüfer- und den Rüstzeitstatus berücksichtigt. Das wichtigste Kriterium ist dabei der Prüferstatus, wie ein Vergleich der ersten drei Regeln zeigt.
- Bei der Verwendung der Regel JASST ist die Güte der Lösungen unabhängig vom Schwierigkeitsgrad des Datensatzes, dagegen sinken die Effizienzraten bei der Mehrzahl der übrigen Regeln mit zunehmendem Schwierigkeitsgrad.
- Die Rechenzeiten der Regel JASST liegen geringfügig über denen der anderen Regeln. Die sinkenden Rechenzeiten bei zunehmendem Schwierigkeitsgrad lassen sich dadurch erklären, daß ein Datensatz aufgrund der

Tabelle 4.2: Einfluß von π auf die Effizienzraten und Rechenzeiten für σ = klein und η = 1

	leicht		mittel		schwer	
	$\phi_{\eta\pi\sigma\tau}$	$\upsilon_{\eta\pi\sigma\tau}$	$\phi_{\eta\pi\sigma\tau}$	$\upsilon_{\eta\pi\sigma\tau}$	$\phi_{\eta\pi\sigma\tau}$	$\upsilon_{\eta\pi\sigma\tau}$
JST	0.000	10.8	0.000	9.6	0.000	8.5
AST	0.479	11.0	0.406	9.6	0.339	8.5
SST	0.073	10.8	0.000	9.6	0.000	8.5
JAST	0.785	11.7	0.741	10.2	0.742	9.1
JSST	0.238	11.8	0.145	10.5	0.036	9.5
ASST	0.582	12.2	0.532	10.7	0.445	9.6
JASST	0.874	13.0	0.856	11.5	0.857	10.4

Transformation der Jobs (e, a, s) um so weniger Jobs j enthält, je größer der Schwierigkeitsgrad ist.

Abschließend werden die benötigten Rechenzeiten weiter untersucht. Dazu ist folgendes anzumerken: Zu Vergleichszwecken wurde versucht, die erzeugten Datensätze mit den Optimierungsprogrammen OSL (Release 2) und LINDO (Version 5.0) zu lösen. OSL konnte jedoch nur die sehr kleinen Datensätze optimal lösen.[43] Weder OSL noch LINDO konnten einen der kleinen Datensätze innerhalb eines Zeitlimits von 1000 CPU-Minuten lösen. Die durchschnittlichen Rechenzeiten für 1000 Iterationen und deren zugehörige Stan-

Tabelle 4.3: Durchschnittliche Rechenzeiten $\upsilon_{\eta\pi\sigma}$ mit $\eta = 1$ und π = JASST bzw. υ_σ

	Algorithmen (1000 Iterationen)[44]		OSL	
	$\upsilon_{\eta\pi\sigma}$	Std. Abw.	υ_σ	Std. Abw.
sehr klein	0:00.9	0:00.4	0:09.6	0:16.0
klein	0:11.6	0:07.7	---	---
mittelgroß	0:51.9	0:13.0	---	---
groß	5:57.7	3:21.9	---	---

Einträge im Format Minuten : Sekunden . Millisekunden

Std. Abw.: Standardabweichung

43 In einem weiteren Versuch wurden 30 Datensätze generiert, die geringfügig größer als die sehr kleinen Datensätze waren. OSL konnte nur 21 Datensätze lösen und benötigte dafür zwischen 1.4 Sekunden und 100 CPU-Minuten; bei den restlichen neun Datensätzen wurden die Programme wegen mangelnden Speicherplatzes oder wegen Überschreiten eines Zeitlimits von 100 CPU-Minuten abgebrochen. Von den neun nicht gelösten Datensätzen konnte LINDO sechs Datensätze optimal lösen, wobei 71 bis 2000 Minuten erforderlich waren. Das parallele Verfahren konnte zwar nicht jeden Datensatz optimal lösen (die beste Kontrollparameterkonstellation erzielte eine Effizienzrate von 0.881), rechnete jedoch im Durchschnitt für 1000 Iterationen nur 2.6 Sekunden.

44 Zur besseren Vergleichbarkeit wird die im Durchschnitt für 1000 Iterationen benötigte Rechenzeit angegeben.

dardabweichungen sind in Tabelle 4.3 zusammengefaßt. Die Heuristik benötigte dabei nur ein Zehntel der von OSL benötigten Rechenzeit und konnte immerhin 26 der 30 sehr kleinen Datensätze optimal lösen.[45]

Zusammenfassend läßt sich feststellen, daß das entwickelte Verfahren in der Lage ist, für Problemstellungen der taktisch-operativen Planung Lösungen in Sekundenbruchteilen zu konstruieren. Selbst die Einplanung von bis zu 2.500 Jobs bei großen Datensätzen nimmt bei 1000 Iterationen nur einige Minuten in Anspruch.

4.7 Bewertung

Das Modell der taktisch-operativen Planung, das in diesem Kapitel vorgestellt wird, ist das Bindeglied zwischen der taktischen und der operativen Planung des dreistufigen hierarchischen Ansatzes. Dabei werden die Ergebnisse der taktischen Planung als Auftragsplanung weiter detailliert, so daß anschließend im Rahmen der operativen Planung eine auf den einzelnen Auftrag bezogene Prüffelderplanung möglich wird. In der Arbeit von Zunker[46], der als bislang einziger weiterer Autor nicht von einer ausschließlich prüffeldbasierten Planung ausgeht, wird diese wichtige Schnittstelle nicht berücksichtigt. Nicht zuletzt aber auch die Ergebnisse der empirischen Untersuchung aus Kapitel 2 zeigen, daß eine wie durch das Modell zur taktisch-operativen Ebene beschriebene Planung unerläßlich ist und in der Praxis auch tatsächlich durchgeführt wird.

Die Fragestellung der taktisch-operativen Planung, nämlich was (Job) wann (Zeitpunkt) zu erledigen ist, stellt ein Problem der Ablaufplanung dar. Deshalb wurde wiederum versucht, das Modell weitestgehend an für diesen Bereich übliche Formulierungen anzupassen. Mit Ausnahme der Zielfunktion und der Nebenbedingung (4.6) konnte dies bewerkstelligt werden. Die Ziel-

45 Mit einer Modifikation der oben dargestellten Regeln können alle 30 Datensätze optimal gelöst werden. Bei den übrigen Datensatzgrößen erzielt man damit jedoch schlechtere Effizienzraten.

46 Vgl. Zunker (1991).

funktion und auch die Berücksichtigung von Rüstzeiten führten dazu, daß erst eine neue Verfahrensidee zum Durchbruch verhalf: Wurden bislang bei Ablaufplanungsproblemen einmal ausgewählte Jobs grundsätzlich, d. h. bei seriellen Verfahren so früh wie möglich und bei parallelen in der aktuellen Periode, eingeplant, so wird bei dem hier entwickelten Schema auf Basis von Prioritätswerten, die anhand von speziell auf die Problemstellung zugeschnittenen Regeln berechnet werden, separat entschieden, ob der ausgewählte Job tatsächlich eingeplant wird oder nicht. Dieses Schema ist unter Verwendung verschiedener Prioritätsregeln in der Lage, gute Näherungslösungen in vernachlässigbarer Rechenzeit zu liefern. Die Formulierung des Problems als lineares Optimierungsproblem hatte zusätzlich den Vorteil, daß Standardsoftwarepakete zur Erzeugung von Referenzlösungen eingesetzt werden konnten.

Aufgrund der Einbindung des Modells in einen hierarchischen Ansatz ergibt sich für alle bis auf die oberste Ebene die - formale - Anforderung, daß zu einer zulässigen Lösung der übergeordneten Planung, hier also der taktischen, auch eine zulässige Lösung des untergeordneten Bereichs, in diesem Fall des taktisch-operativen, existieren muß. Dies hat zur Folge, daß die Werte bestimmter Parameter fest vorgegeben sind. So ist es wegen entsprechend hoher Kosten des Plans zwar unwahrscheinlich, prinzipiell aber durchaus möglich, daß ein Prüfer, obwohl er an einem bestimmten Tag von 8 - 16 Uhr Urlaub hat, in der Zeit von 16 - 24 Uhr[47] eingeplant wird.[48] Einem derartigen Problem kann auf zwei Arten begegnet werden. Zum einen kann die Garantie der Existenz einer - formal - zulässigen Lösung aufgegeben werden und eine Einplanung zu entsprechenden Zeiten untersagt werden. Dies hat allerdings zur Konsequenz, daß die formalen Anforderungen an einen hierarchischen Ansatz nicht mehr gegeben sind. Zum anderen kann ein entsprechender Plan mit den in Kapitel 6 vorgestellten Instrumentarien zur revidierenden Planung gemäß den Wünschen des Anwenders modifiziert werden. Da der hier vorge-

---

47 Eine - zunächst naheliegende - Ausdehnung des Urlaubs auf diesen Zeitraum ist aufgrund der Konsistenzbedingungen nicht möglich. Vgl. dazu Anhang C.2.

48 Analoges gilt für die Bearbeitung von Aufträgen.

stellte Ansatz nicht den Anspruch erhebt, im nachhinein nicht mehr änderbare Pläne zu generieren, sondern vielmehr der Entscheidungsunterstützung dienen soll und weil durch die Einbindung des Ansatzes in eine hierarchische Gesamtstruktur die logische Konsistenz besonders deutlich dokumentiert wird, fiel die Entscheidung zugunsten der letztgenannten Alternative. Ebenfalls verworfen wurden Überlegungen, die Kosten nicht nur in Abhängigkeit von der Periode, sondern unter Berücksichtigung von Prüfer und Periode (c_{at}), Auftrag und Periode (c_{et}) oder Prüfer, Auftrag und Periode (c_{aet}) zu wählen. Eine solche Verfeinerung würde zwar größere Steuerungsmöglichkeiten bieten und wäre auch unter verfahrenstechnischen Gesichtspunkten integrierbar.[49] Dem ist jedoch entgegenzuhalten, daß in der Praxis kein besonderer Bedarf an einer solchen Möglichkeit zur Einflußnahme zu erkennen ist und damit der enorme Aufwand, der mit der Erhebung und Verwaltung entsprechender Daten verbunden ist, nicht zu rechtfertigen ist.

Abschließend ist anzumerken, daß in der Literatur zur Ablaufplanung eine Restriktion wie die Nebenbedingung (4.6) bislang nicht zu finden ist. Der Vorteil der Verwendung der Restriktion (4.6) besteht darin, daß keine zusätzlichen Binärvariablen y_{jrt}, die den Rüstzustand von Ressource r zur Bearbeitung von Job j in Periode t angeben, eingeführt werden müssen.[50] Die Nutzung eines weiteren Typs von Binärvariablen hätte zur Folge gehabt, daß die Gesamtzahl der Variablen erheblich gestiegen und damit das Auffinden optimaler Lösungen mit Standardsoftware weiter erschwert worden wäre. Auch wäre dadurch womöglich weniger deutlich zum Ausdruck gekommen, daß es sich bei der behandelten Problemstellung um ein Ablaufplanungs- und nicht etwa um ein Losgrößenplanungsproblem handelt. Bei zukünftigen Arbeiten im Schnittstellenbereich von Ablaufplanung mit Rüstzeiten und Losgrößenplanung ist es dennoch sicherlich interessant zu untersuchen, ob Forschungsergebnisse des einen Gebiets auch von Bedeutung für das andere sind.

---

49 Zur Diskussion vgl. Bartsch (1993, S. 37 ff.).

50 Zur Verwendung von binären Rüstvariablen im Rahmen von Modellformulierungen wie beispielsweise des dynamischen mehrstufigen Losgrößenplanungsproblems siehe z. B. Tempelmeier (1992, S. 202 ff.).

Kapitel 5

Operative Planung

In diesem Kapitel wird die operative Planung vorgestellt, die unter Berücksichtigung der Planungsergebnisse der übergeordneten taktisch-operativen Planung je Auftrag und Woche die einem Auftrag zugeteilten Prüfer zur Bearbeitung von Prüffeldern einplant und eine Terminierung der Prüffelder auf Stundenbasis vornimmt.

Dazu werden in Abschnitt 5.1 die Modellprämissen dargestellt und in Abschnitt 5.2 durch ein Beispiel, aus dem auch die Abstimmung zur taktisch-operativen Ebene hervorgeht, veranschaulicht. Nach vorbereitenden Berechnungen in Abschnitt 5.3 wird in Abschnitt 5.4 das Modell eingeführt. Danach folgt in Abschnitt 5.5 die Beschreibung eines speziell an die Problemstruktur angepaßten heuristischen Verfahrensschemas. Anhand einer umfangreichen experimentellen Untersuchung wird dann in Abschnitt 5.6 gezeigt, daß dieses Verfahrensschema für praxisrelevante Problemstellungen gute Näherungslösungen in vernachlässigbarer Rechenzeit liefert. Abschnitt 5.7 enthält eine abschließende Bewertung.

5.1 Prämissen

Üblicherweise kommt zur ordnungsgemäßen Durchführung eines Prüffeldes nicht nur ein bestimmter Prüfer in Betracht, sondern es können - unter Berücksichtigung der Grundsätze ordnungsmäßiger Durchführung von Abschlußprüfungen (GoA)[1] - häufig verschiedene der einem Auftrag zugeteilten Prüfer, wenn auch mit qualifikationsbedingt unterschiedlichen Bearbeitungsdauern, zur Durchführung in Erwägung gezogen werden. Die operative Planung, für die der Prüfungsleiter des betreffenden Auftrags verantwortlich zeichnet, hat - zur Vermeidung von Unterauslastungen als bezahlten, aber

[1] Vgl. Institut der Wirtschaftsprüfer in Deutschland e. V. (1989).

unproduktiven Zeiten und von Überauslastungen als in der Regel zusätzliche Kosten verursachenden Überstunden - die möglichst gleichmäßige Auslastung der dem Auftrag zugeordneten Prüfer unter Beachtung bestimmter Restriktionen zum Ziel. Zur Operationalisierung dieser Zielvorschrift und der Nebenbedingungen sind einige Annahmen erforderlich:

a) Der Prüfungsleiter nimmt die Planung für einen Zeitraum von $t = 1,...,T$ Perioden vor. Eine einzelne Periode hat dabei üblicherweise eine Dauer von einer Stunde; der Planungszeitraum stimmt mit dem der übergeordneten taktisch-operativen Planung überein und beträgt somit in der Regel eine Woche.

b) Zur Bearbeitung des Auftrags stehen $a = 1,...,A$ Prüfer (Assistenten, Prüfungsleiter u. ä.) zur Verfügung. Als Ergebnis der taktisch-operativen Planung kann jeder Prüfer a zur Bearbeitung des Auftrags in Periode t höchstens C_{at} Zeiteinheiten lang eingesetzt werden.

c) Innerhalb des Planungszeitraums sind $e = 1,...,E$ Prüffeldergruppen (z. B. Anlagevermögen, Forderungen, Rückstellungen) einzuplanen.

d) Für die Prüffeldergruppe e bestehen $m = 1,...,M_e$ Bearbeitungsalternativen (Möglichkeiten der Prüferzuordnung), die zu der Menge $\mathcal{MS}_e$ zusammengefaßt werden. Die Menge $\mathcal{MS}_e$ ist in $u = 1,...,U_e$ disjunkte Teilmengen von Bearbeitungsalternativen $\mathcal{M}_{eu} \subseteq \mathcal{MS}_e$ unterteilt. Jede Prüffeldergruppe muß in Bearbeitungsalternativen aus genau einer Teilmenge von Bearbeitungsalternativen durchgeführt werden.

e) Jede Prüffeldergruppe e setzt sich aus $p = 1,...,P_e$ Prüffeldern (z. B. im Fall der Prüffeldergruppe Anlagevermögen aus den Prüffeldern Prüfung der Zugänge, der Abgänge und der Abschreibungen) zusammen.

f) Jedes Prüffeld (e, p) läßt sich in $s = 1,...,S_{ep}$ Teilprüffelder untergliedern.

g) Zur Bearbeitung des Teilprüffeldes (e, p, s) in der Bearbeitungsalternative m wird Prüfer a k_{epsma} Zeiteinheiten benötigt.[2]

---

2 Ein Zuordnungsverbot eines Prüfers a zu einer Prüffeldergruppe e in einer Bearbeitungsalternative m läßt sich folglich mit $k_{epsma} > C_{at}$ für die zugehörigen Prüffelder $p = 1,...,P_e$ und deren Teilprüffelder $s = 1,...,S_{ep}$ in den Perioden $t = 1,...,T$ realisieren.

h) Die Bearbeitung von Teilprüffeld (e, p, s) in der Bearbeitungsalternative m erstreckt sich über eine Dauer von d_{epsm} Zeiteinheiten.

i) Reihenfolgebeziehungen zwischen Teilprüffeldern sind - unter Ausschluß von Zyklen mit positiver Länge - durch Mengen $\mathscr{V}_{eps}$ spezifiziert, die die unmittelbaren Vorgänger eines Teilprüffeldes (e, p, s) beinhalten.

Falls keine Einordnung in den hierarchischen Ansatz erfolgt, besitzt das in Abschnitt 5.4 vorgestellte Modell unter diesen Prämissen allgemeine Gültigkeit. Bei der hier jedoch vorliegenden Einbindung sind die folgenden Einschränkungen zur Wahrung der Konsistenz erforderlich:[3]

- Prüfer A ist ein fiktiver Prüfer (mit $C_{At} = 0$ für t = 1,...,T-1 und $C_{AT} = \infty$), dem diejenigen Teilprüffelder, die von den realen Prüfern a = 1,...,A-1 im Planungszeitraum nicht bewältigt werden, in der Periode T zugeordnet werden. Die dem Prüfer A zugeteilten Aufgaben müssen demzufolge durch Überstunden oder - im Sinne einer rollierenden Planung - nach dem Ende des Planungszeitraums erledigt werden.

- Für jede Prüffeldergruppe e ist die Zahl der Bearbeitungsalternativen $M_e = 2 \cdot (A-1)$. Weiterhin wird in der Bearbeitungsalternative m (m = 1,...,A-1) ausschließlich der reale Prüfer a mit a = m und in der Bearbeitungsalternative m' (m' = A,...,2 • (A-1)) ausschließlich der fiktive Prüfer A beansprucht. Durch Bildung von Teilmengen $\mathscr{M}_{eu} = \{u, u+A-1\}$ für u = 1,...,U_e mit U_e = A-1 kann dann erreicht werden, daß jede Prüffeldergruppe durch genau einen realen und / oder den fiktiven Prüfer bearbeitet werden darf.

- Die Verwendung von d_{epsm} ist insbesondere vor dem Hintergrund der Einführung eines fiktiven Prüfers sinnvoll. Damit wird erreicht, daß in denjenigen Bearbeitungsalternativen m, in denen der fiktive Prüfer zur Durchführung eines Teilprüffeldes (e, p, s) eingesetzt wird, mit $d_{epsm} = 0$ zwar eine unendlich schnelle, mit $k_{epsmA} = 1$ aber gleichzeitig kapazitätswirksame

[3] Zur formalen Darstellung der Konsistenzbedingungen zwischen der taktisch-operativen und der operativen Ebene siehe Anhang C.3.

Bearbeitung erfolgt. In Verbindung mit $C_{At} = 0$ für $t = 1,...,T-1$ und $C_{AT} = \infty$ ist somit sichergestellt, daß dem fiktiven Prüfer zugeordnete Teilprüffelder ausschließlich in der Periode T terminiert werden können. Für diejenigen Bearbeitungsalternativen m, in denen ein realer Prüfer a ($a = 1,...,A-1$) mit $m = a$ benötigt wird und $k_{epsma} \leq C_{at}$ für mindestens ein t gilt, stimmen die zeitlichen Beanspruchungen k_{epsma} und die Bearbeitungsdauern d_{epsm} überein. Die Bearbeitungsdauer eines Prüffeldes (e, p) in der Bearbeitungsalternative m durch Prüfer a ist in diesem Fall $k_{ep1ma} + k_{ep2ma} + ... + k_{epS_{ep}ma} = d_{ep1m} + d_{ep2m} + ... + d_{epS_{ep}m}$. Gilt für alle $t = 1,...,T$, daß $k_{epsma} > C_{at}$ ist, dann wird d_{epsm} der Wert der größten Periodenkapazität C_{at} des zugehörigen Prüfers a im Planungszeitraum $t = 1,...,T$ zugewiesen.

5.2 Beispiel

Ausgehend von dem in Abschnitt 4.2 dargestellten Beispiel soll nun die operative Planung für den Auftrag 1 durchgeführt werden. Der Zeitraum für die Planung beträgt fünf Tage mit jeweils 4 (Halb-) Schichten, also insgesamt 80 Stunden. Während dieser Zeit sind von den drei Prüfern a = 1, 2, 3 (Prüfungsleiter, Assistent, fiktiver Prüfer) unter Berücksichtigung, daß Prüfer 1 nur in den Perioden 5 bis 8, Prüfer 2 nur in den Perioden 1 bis 8 und Prüfer 3 nur in der Periode 80 verfügbar ist, drei Prüffeldergruppen e = 1, 2, 3 (Anlagevermögen, Forderungen, Gewinn- und Verlustrechnung / GuV) zu bearbeiten:[4]

- Anlagevermögen: Prüffelder Zugänge, Abschreibungen; das Prüffeld Zugänge besteht aus zwei und das Prüffeld Abschreibungen aus drei Teilprüffeldern;
- Forderungen: Prüffelder Saldenbestätigungen, Wertberichtigungen; die Prüffelder Saldenbestätigungen und Wertberichtigungen setzen sich aus je-

4 Einige Parameter wie etwa die Anzahl der Prüffeldergruppen sind in diesem Beispiel aus Vereinfachungsgründen unrealistisch klein gewählt.

weils zwei Teilprüffeldern zusammen; die Prüfung der Wertberichtigungen kann erst nach Abschluß des Prüffeldes Saldenbestätigungen erfolgen;

- GuV: Prüffeld GuV; das Prüffeld GuV untergliedert sich in drei Teilprüffelder; zur Prüfung der GuV müssen die Prüffelder Abschreibungen und Wertberichtigungen bearbeitet sein.

Für jede der drei Prüffeldergruppen e = 1, 2, 3 ergeben sich $M_e = 2 \cdot (A\text{-}1) = 4$ Bearbeitungsalternativen: In m = 1 wird ausschließlich der Prüfungsleiter, in m = 2 der Assistent sowie in m = 3, 4 der fiktive Prüfer benötigt. Die Mengen $\mathcal{MS}_e = \{1, 2, 3, 4\}$ werden in jeweils $U_e = 2$ disjunkte Teilmengen von Bearbeitungsalternativen $\mathcal{M}_{e1} = \{1, 3\}$ und $\mathcal{M}_{e2} = \{2, 4\}$ unterteilt. Jede Prüffeldergruppe e kann dann entweder in der ersten bzw. dritten Bearbeitungsalternative, also durch den Prüfungsleiter bzw. den fiktiven Prüfer, oder in der zweiten bzw. vierten Bearbeitungsalternative, also durch den Assistenten bzw. den fiktiven Prüfer, bearbeitet werden.

Tabelle 5.1 enthält die je Prüfer benötigten Zeiteinheiten k_{epsma} und die Bearbeitungsdauern je Teilprüffeld d_{epsm}. Die Bedeutung der Eintragungen soll anhand des Teilprüffeldes (1, 1, 2) verdeutlicht werden. In der ersten Bearbeitungsalternative wird der Prüfer 1 benötigt, der jedoch zur Durchführung dieses Teilprüffeldes zeitlich nicht beansprucht wird. Die zweite Bearbeitungsalternative erfordert den Prüfer 2, der zur Bearbeitung dieses Teilprüffeldes eine Periode benötigt. In der dritten und vierten Bearbeitungsalternative kommt jeweils nur der fiktive Prüfer zum Einsatz und zwar jeweils mit einer Zeiteinheit bei gleichzeitig unendlich schneller Bearbeitungsdauer. Aus diesem Sachverhalt wird ersichtlich, daß - aus Gründen der logischen Konsistenz - die Prüffelder zwar in jeder Bearbeitungsalternative dieselben Prüfungsinhalte umfassen müssen, die Zugehörigkeit von Prüfungsinhalten zu Teilprüffeldern aber von den jeweiligen Bearbeitungsalternativen abhängt. Damit ergeben sich die Gesamtbearbeitungsdauern der Prüffelder aus den gewählten Bearbeitungsalternativen.

Wie bereits in den Abschnitten 3.2 und 4.2 formuliert, liegt ein optimaler Ablaufplan nur dann vor, wenn dieser hinsichtlich Reihenfolge-, Kapazitäts-

Tabelle 5.1: Zeiteinheiten je Prüfer und Bearbeitungsdauern je Teilprüffeld

e,p,s	1,1,1	1,1,2	1,2,1	1,2,2	1,2,3	2,1,1	2,1,2	2,2,1	2,2,2	3,1,1	3,1,2	3,1,3
k_{eps11}	1	0	1	0	0	1	0	1	0	1	1	1
k_{eps12}	-	-	-	-	-	-	-	-	-	-	-	-
k_{eps13}	-	-	-	-	-	-	-	-	-	-	-	-
d_{eps1}	1	0	1	0	0	1	0	1	0	1	1	1
k_{eps21}	-	-	-	-	-	-	-	-	-	-	-	-
k_{eps22}	1	1	1	1	1	1	1	1	1	2	2	2
k_{eps23}	-	-	-	-	-	-	-	-	-	-	-	-
d_{eps2}	1	1	1	1	1	1	1	1	1	1	1	1
k_{eps31}	-	-	-	-	-	-	-	-	-	-	-	-
k_{eps32}	-	-	-	-	-	-	-	-	-	-	-	-
k_{eps33}	1	1	1	1	1	1	1	1	1	1	1	1
d_{eps3}	0	0	0	0	0	0	0	0	0	0	0	0
k_{eps41}	-	-	-	-	-	-	-	-	-	-	-	-
k_{eps42}	-	-	-	-	-	-	-	-	-	-	-	-
k_{eps43}	1	1	1	1	1	1	1	1	1	1	1	1
d_{eps4}	0	0	0	0	0	0	0	0	0	0	0	0

und Terminrestriktionen zulässig ist und gleichzeitig das Zielkriterium optimiert. Das der operativen Planung zugrundeliegende Zielkriterium der Vermeidung von Prüferüber- und -unterauslastungen kann dabei durch die Minimierung der Differenz aus der Summe der Zuordnungen von Teilprüffeldern zum fiktiven Prüfer und der Summe der nicht kapazitätswirksamen Einplanungen von realen Prüfern in Perioden, in denen sie verfügbar sind, operationalisiert werden. Ein für das Beispiel optimaler Ablaufplan (Prüffeld-Gantt-Diagramm) ist in Abbildung 5.1 wiedergegeben.

Abbildung 5.1: Optimaler Ablaufplan

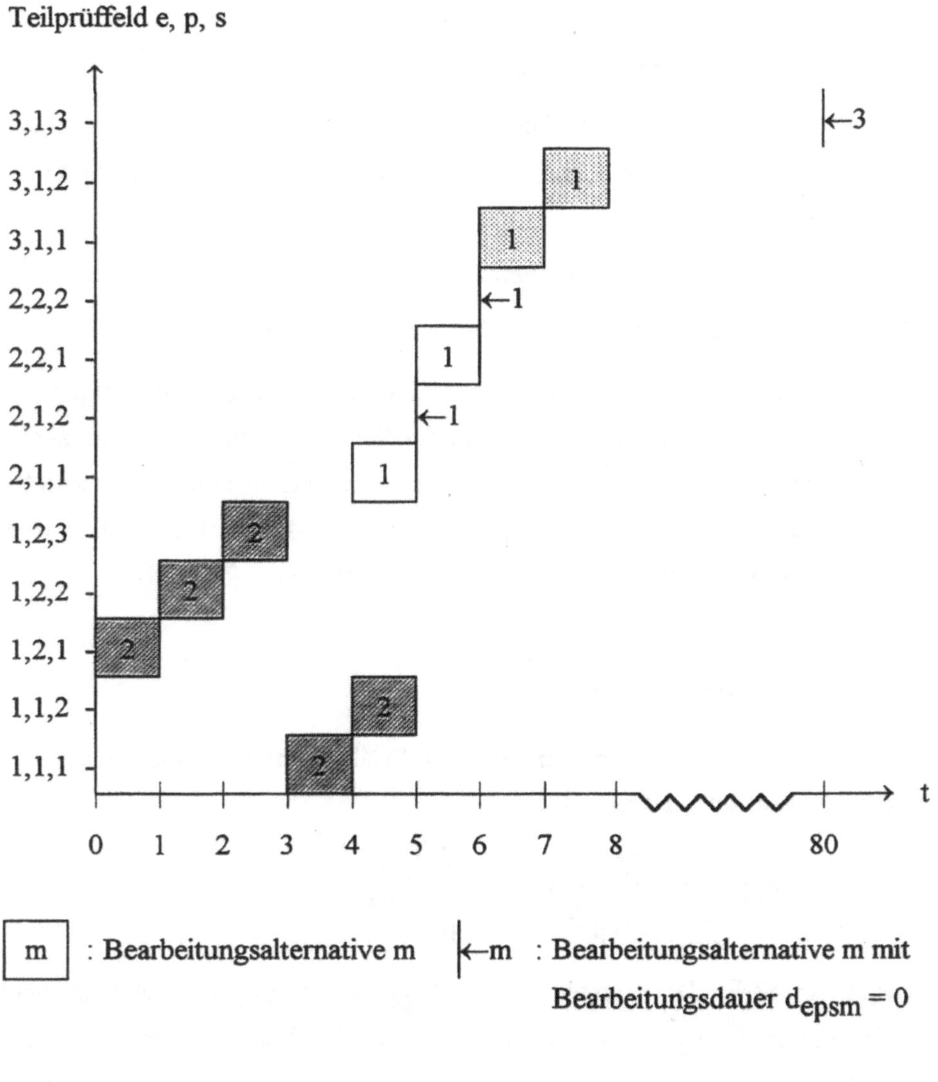

Abbildung 5.1, bei der die Teilprüffelder einer Prüffeldergruppe durch dieselbe Schattierung gekennzeichnet sind, soll am Beispiel des Prüffeldes GuV erläutert werden (Teilprüffelder (3, 1, 1), (3, 1, 2) und (3, 1, 3)). Die Teilprüffelder (3, 1, 1) und (3, 1, 2) werden in den Perioden 7 und 8 in der Bearbeitungsalternative 1, also durch den Prüfer 1, durchgeführt und dauern eine Periode. Das Teilprüffeld (3, 1, 3) dagegen wird in der zur ersten korrespon-

dierenden dritten Bearbeitungsalternative, also durch den fiktiven Prüfer 3, in der Periode 80 mit unendlich schneller Bearbeitungsdauer eingeplant. Darüber hinaus ist erkennbar, daß

- alle Prüffelder vollständig geprüft werden,
- alle Prüffeldergruppen von höchstens einem realen Prüfer und / oder dem fiktiven Prüfer bearbeitet und alle Teilprüffelder von genau einem Prüfer durchgeführt werden,
- Reihenfolgebeziehungen zwischen Prüffeldern eingehalten werden und
- Kapazitätsbeschränkungen der Prüfer beachtet werden.

Der Zielfunktionswert als Differenz aus der Summe der Zuordnungen von Teilprüffeldern zum fiktiven Prüfer und der Summe der nicht kapazitätswirksamen Einplanungen von realen Prüfern in Perioden, in denen sie verfügbar sind, beträgt 1 + 3 = 4 (Zuordnung des Teilprüffeldes (3, 1, 3) zum fiktiven Prüfer; Unterauslastung des Prüfers 2 in den Perioden 6, 7 und 8).

5.3 Vorbereitende Berechnungen

Zur Vereinfachung der mathematischen Problemformulierung werden zunächst die Indizes e, p und s durch

$$j = g(e, p, s) = \sum_{e'=1}^{e-1} \sum_{p'=1}^{P_{e'}} S_{e'p'} + \sum_{p'=1}^{p-1} S_{ep'} + s$$

ersetzt. An Stelle der Parameter $\mathcal{V}_{eps}$, k_{epsma} und d_{epsm} erhält man damit die Parameter $\mathcal{V}_j$, k_{jma} und d_{jm}. $f_e = g(e, 1, 1)$ sei dann das erste und $l_e = g(e, P_e, S_{eP_e})$ das letzte Teilprüffeld von Prüffeldergruppe e. Des weiteren werden frühest- und spätestmögliche Endtermine EF_j und LF_j berechnet.[5] Schließlich sind in der Menge $\mathcal{H}_t = \{j \mid EF_j \le t \le LF_j\}$ diejenigen Teilprüffelder enthalten, die in der Periode t beendet werden können.

5 Siehe z. B. Domschke/Drexl (1991a, S. 87 f.).

5.4 Modellformulierung

Definiert man Binärvariablen x_{jmt} mit der Bedeutung

$$x_{jmt} = \begin{cases} 1, & \text{falls Teilprüffeld j in Bearbeitungsalternative m durchgeführt} \\ & \text{und zum Zeitpunkt t beendet wird} \\ 0, & \text{sonst} \end{cases}$$

so kann die Problemstellung durch folgendes binäre Optimierungsproblem beschrieben werden:

$$\text{Minimiere} \quad Z(x) = \sum_{e=1}^{E} \sum_{j=f_e}^{l_e} \sum_{m=1}^{M_e} \sum_{t=EF_j}^{LF_j} \left(k_{jmA} - \sum_{a=1}^{A-1} k_{jma} \right) x_{jmt} + \sum_{t=1}^{T} \sum_{a=1}^{A-1} C_{at} \tag{5.1}$$

unter den Nebenbedingungen

$$\sum_{m=1}^{M_e} \sum_{t=EF_{f_e}}^{LF_{f_e}} x_{f_e mt} = 1 \qquad (1 \le e \le E) \tag{5.2}$$

$$\sum_{m \in \mathcal{M}_{eu}} \sum_{t=EF_{f_e}}^{LF_{f_e}} x_{f_e mt} = \sum_{m \in \mathcal{M}_{eu}} \sum_{t=EF_j}^{LF_j} x_{jmt}$$

$$(1 \le e \le E;\ 1 \le u \le U_e; f_e+1 \le j \le l_e) \tag{5.3}$$

$$\sum_{m=1}^{M_{e'}} \sum_{t=EF_{j'}}^{LF_{j'}} t\ x_{j'mt} \le \sum_{m=1}^{M_e} \sum_{t=EF_j}^{LF_j} (t - d_{jm})\ x_{jmt}$$

$$(1 \le e' \le E;\ 1 \le e \le E; f_{e'} \le j' \le l_{e'}; f_e \le j \le l_e;\ j' \in \mathcal{V}_j) \tag{5.4}$$

$$\sum_{e=1}^{E} \sum_{m=1}^{M_e} \sum_{\substack{j=f_e \\ j \in \mathscr{H}_t}}^{l_e} k_{jma}\, x_{jmt} \leq C_{at} \qquad (1 \leq a \leq A;\ 1 \leq t \leq T) \quad (5.5)$$

$$x_{jmt} \in \{0, 1\} \quad (1 \leq e \leq E; f_e \leq j \leq l_e;\ 1 \leq m \leq M_e;\ EF_j \leq t \leq LF_j) \quad (5.6)$$

In (5.1) stellt x den Vektor aller Binärvariablen dar; Z(x) ist der Zielfunktionswert für jeden zulässigen Vektor x, der die Nebenbedingungen (5.2) - (5.6) erfüllt. Im ersten Term wird je Teilprüffeld und Bearbeitungsalternative die Differenz aus den Zeiteinheiten des fiktiven Prüfers A und der realen Prüfer a = 1,...,A-1 gebildet und mit x_{jmt}, das M_e-1 mal den Wert 0 und einmal den Wert 1 annimmt, multipliziert; der zweite Term, der konstant ist und die im Planungszeitraum über alle realen Prüfer verfügbaren Zeiteinheiten wiedergibt, dient lediglich der besseren Interpretierbarkeit des Zielfunktionswertes. Während die Summe der benötigten Zeiteinheiten des fiktiven Prüfers einer Überauslastung entspricht, stellt die Differenz aus verfügbaren und tatsächlich eingeplanten Zeiteinheiten der realen Prüfer deren Unterauslastung im Planungszeitraum dar.

(5.2) erzwingt, daß das erste Teilprüffeld jeder Prüffeldergruppe genau einmal bearbeitet und im Zeitfenster $[EF_{f_e}, LF_{f_e}]$ beendet wird. Dies entspricht der obigen Aussage, daß x_{jmt} für jedes Teilprüffeld genau einmal den Wert 1 annimmt.

In Verbindung mit (5.2) garantiert (5.3), daß alle anderen Teilprüffelder einer Prüffeldergruppe ebenfalls genau einmal und in einer Bearbeitungsalternative derselben Teilmenge von Bearbeitungsalternativen wie das erste Teilprüffeld durchgeführt sowie im Zeitfenster $[EF_j, LF_j]$ beendet werden. Die korrekte Festlegung der Bearbeitungsalternative ergibt sich daraus, daß in (5.2) die Summe der $x_{f_e mt}$ M_e-1 mal den Wert 0 und nur in der gewählten Bearbeitungsalternative den Wert 1 aufweist und in (5.3) für genau eine Teilmenge u die Summe der $x_{f_e mt}$ $|\mathscr{M}_{eu}|$-1 mal den Wert 0 und nur in der gewählten Bearbeitungsalternative den Wert 1 annimmt. Für die übrigen U_e-1 Teilmengen ergibt die Summation jeweils den Wert 0.

(5.4) stellt sicher, daß zwischen allen Paaren von Teilprüffeldern, die in einer unmittelbaren Vorgänger-Nachfolger-Beziehung stehen, die jeweiligen Reihenfolgebeziehungen beachtet werden.

(5.5) sorgt für die Einhaltung der Prüferkapazität je Periode. In diesem Sinne stellen Prüfer erneut erneuerbare Ressourcen dar.

(5.6) gewährleistet die Binarität der Variablen x_{jmt}.

5.5 Verfahren

Wie bereits bei den beiden anderen Planungsebenen, so scheiden auch hier "klassische" Methoden zur Lösung des in Abschnitt 5.4 dargestellten Problems von vornherein aus. Erstens ist es durch die Einordnung des Zulässigkeitsproblems als NP-vollständig bzw. des Optimierungsproblems als NP-hart[6] unwahrscheinlich, daß ein exaktes Verfahren für praxisrelevante Probleme in "angemessener" Zeit zulässige bzw. optimale Lösungen liefert. Zweitens kann das Problem nicht mittels traditioneller heuristischer Methoden zur Ablaufplanung gelöst werden, da die gewählte Modellformulierung mit den Nebenbedingungen (5.3) einen neuen, bislang aus der Literatur nicht bekannten Restriktionstyp beinhaltet.

Es wurde deshalb ein heuristisches Verfahrensschema entwickelt, das - unter Berücksichtigung der Problemstruktur - auf der Verwendung von Prioritätswerten basiert.

5.5.1 Algorithmisches Grundschema

Das im folgenden vorgestellte Verfahrensschema unterscheidet zwei Phasen: In der ersten Phase wird eine Zuordnung von Bearbeitungsalternativen zu

6 Zur Beweisidee vgl. Schirmer (1993, S. 42 ff.) und Abschnitt 4.5.

Prüffeldergruppen vorgenommen, während in der zweiten Phase die Terminierung der Teilprüffelder durchgeführt wird. Dieses Grundschema stellt dabei ein "Gerüst" dar, das die Einbindung verschiedener Regeln zur Bestimmung der Prioritätswerte gestattet.[7]

5.5.1.1 Zuordnung von Bearbeitungsalternativen zu Prüffeldergruppen

In der ersten Phase wird jeder Prüffeldergruppe eine Teilmenge von Bearbeitungsalternativen zugeordnet. Diese Teilmengen enthalten genau zwei Bearbeitungsalternativen, wobei die eine ausschließlich die Kapazität eines realen und die andere ausschließlich die Kapazität des fiktiven Prüfers gebraucht. Die Kapazität jedes realen Prüfers a kann im übrigen einzig in der Bearbeitungsalternative m mit m = a nachgefragt werden.[8] Da des weiteren die Zuordnung des fiktiven Prüfers unmittelbar zu einer Verschlechterung des Zielfunktionswertes führt, sollen möglichst viele Teilprüffelder einer Prüffeldergruppe durch einen realen Prüfer bearbeitet werden. Diesen Überlegungen wird wie folgt Rechnung getragen:

RC_a ist die Summe der Periodenkapazitäten C_{at} des Prüfers a im Planungszeitraum t = 1,...,T abzüglich der Summe der Kapazitätsgebräuche von Prüfer a durch die Teilprüffelder der bereits zugeordneten Prüffeldergruppen. Diejenigen realen Prüfer a, die vor der Zuordnung einer Prüffeldergruppe über eine positive Restkapazität RC_a verfügen, werden in der Menge *EA* zusammengefaßt; die bislang nicht zugeordneten Prüffeldergruppen sind in der Menge *EE* enthalten. Solange noch Prüfer über eine positive Restkapazität[9] verfügen und Prüffeldergruppen zuzuordnen sind, also *EA* und *EE* nicht leer sind, wird in einem ersten Schritt ein Prüfer aus *EA* bestimmt und diesem in

7 Zur algorithmischen Verfahrensbeschreibung vgl. Anhang B.3.

8 Vgl. Abschnitt 5.1.

9 Es ist dabei möglich, daß nach der Zuordnung einer Prüffeldergruppe die Restkapazität eines Prüfers negativ ist. In diesem Fall muß dem fiktiven Prüfer im Rahmen der Terminierung der Teilprüffelder eine entsprechende Anzahl an Teilprüffeldern zugeordnet werden.

einem zweiten Schritt eine Prüffeldergruppe aus *EE* zugeordnet. Diese Schritte werden solange wiederholt, bis entweder alle Prüffeldergruppen realen Prüfern zugeordnet worden sind oder die Menge *EA* leer ist. Im letztgenannten Fall werden die noch in der Menge *EE* befindlichen Prüffeldergruppen dem fiktiven Prüfer übertragen.[10]

Die Auswahl des Prüfers sowie die der ihm zuzuordnenden Prüffeldergruppe wird zufällig vorgenommen und zwar gemäß Wahrscheinlichkeiten, die proportional zu Prioritätswerten $\overline{\omega}_a$ (Auswahl des Prüfers) bzw. $\overline{\pi}_e$ (Auswahl der Prüffeldergruppe) sind. Die Prioritätswerte werden dabei durch Regeln ω und π festgelegt. Die Prioritätswerte $\overline{\omega}_a$ bzw. $\overline{\pi}_e$ werden erneut durch

$$\overline{\overline{\omega}}_a = (\overline{\omega}_a + \varepsilon)^{\alpha} \qquad (a \in EA) \quad (5.7)$$

bzw.

$$\overline{\overline{\pi}}_e = (\overline{\pi}_e + \varepsilon)^{\beta} \qquad (e \in EE) \quad (5.8)$$

modifiziert[11], wobei es sich bei ε bzw. α und β um einen positiven bzw. um nichtnegative reellwertige Parameter handelt.[12] Die Wahrscheinlichkeiten $\tilde{\omega}_a$ bzw. $\tilde{\pi}_e$, daß Prüfer a bzw. Prüffeldergruppe e ausgewählt wird, betragen dann

$$\tilde{\omega}_a = \overline{\overline{\omega}}_a \,/ \left(\sum_{a' \in EA} \overline{\overline{\omega}}_{a'} \right) \qquad (a \in EA) \quad (5.9)$$

bzw.

$$\tilde{\pi}_e = \overline{\overline{\pi}}_e \,/ \left(\sum_{e' \in EE} \overline{\overline{\pi}}_{e'} \right) \qquad (e \in EE) \quad (5.10)$$

5.5.1.2 Terminierung von Teilprüffeldern

Das Vorgehen der zweiten Phase läßt sich in Form eines randomisierten pa-

10 Im Falle der Zuordnung des fiktiven Prüfers wird der Einfachheit halber m = A angenommen.

11 Vgl. Abschnitt 3.5.1.1.

12 Im folgenden wird $\varepsilon = 1$ gesetzt. Die Frage, welche Werte für α und β gewählt werden sollten, wird in Abschnitt 5.6.3 behandelt.

rallelen Verfahrens beschreiben und erfolgt analog zur Vorgehensweise bei der taktischen Planung.[13] *EJ* ist dabei die Menge aller Teilprüffelder, die zum aktuellen Zeitpunkt ohne Verletzung der Restriktionen eingeplant werden können. Liegen mehrere einplanbare Teilprüffelder vor, so erfolgt die Auswahl wiederum zufallsgesteuert und zwar gemäß Wahrscheinlichkeiten, die proportional zu nach Regeln ρ berechneten Prioritätswerten $\overline{\rho_j}$ sind. Die Teilprüffelder, die aufgrund der Verletzung einer Restriktion in keiner Periode eingeplant werden konnten, werden in der letzten Periode in der jeweils korrespondierenden Bearbeitungsalternative, die ausschließlich die Kapazität des fiktiven Prüfers nachfragt, eingeplant.

Ausgehend von Prioritätswerten $\overline{\rho_j}$ für die aktuell einplanbaren Teilprüffelder kann man dann - analog zu Abschnitt 5.5.1.1 - die Einplanungswahrscheinlichkeiten durch

$$\overline{\overline{\rho_j}} = (\overline{\rho_j} + \varepsilon)^{\gamma} \qquad (j \in EJ) \quad (5.11)$$

berechnen, wobei es sich bei ε bzw. γ um einen positiven bzw. um einen nichtnegativen reellwertigen Parameter handelt.[14] Die Wahrscheinlichkeit $\tilde{\rho}_j$, daß Teilprüffeld j für eine Einplanung ausgewählt wird, ergibt sich aus

$$\tilde{\rho}_j = \overline{\overline{\rho_j}} \,/\, \Big(\sum_{j' \in EJ} \overline{\overline{\rho_{j'}}} \Big) \qquad (j \in EJ) \quad (5.12)$$

Jede Kombination der Regeln beider Phasen definiert - in Verbindung mit dem obigen Schema - einen eigenen Algorithmus (ω, π, ρ) zur Bearbeitung des operativen Planungsproblems.

5.5.2 Prioritätsregeln

In diesem Abschnitt werden für jede der beiden Phasen einige Prioritätsregeln vorgestellt, die alternativ zum Einsatz kommen können. Da dynamische Re-

---

13 Vgl. Abschnitt 3.5.1.2.

14 Im folgenden wird erneut $\varepsilon = 1$ gesetzt. Die Frage, welche Werte für γ gewählt werden sollten, wird ebenfalls in Abschnitt 5.6.3 behandelt.

geln im Vergleich zu statischen auf Grund der Verwendung aktuellerer Informationen bessere Ergebnisse versprechen, wurden in dieser Untersuchung ausschließlich dynamische Regeln implementiert.

5.5.2.1 Regeln zur Zuordnung von Bearbeitungsalternativen zu Prüffeldergruppen

Entsprechend der Zuordnung der Bearbeitungsalternativen in zwei Schritten werden zunächst die Regeln zur Auswahl eines Prüfers und anschließend die zur Auswahl einer Prüffeldergruppe erläutert.

- *Prioritätsregeln zur Auswahl eines Prüfers*

Die Regeln zur Prüferauswahl basieren auf der Restkapazität RC_a der einzelnen Prüfer a im Planungszeitraum.

- MINimum Remaining Capacity (MIN RC)

Diese Regel präferiert Prüfer, die über eine geringe Restkapazität verfügen. Unter Verwendung der maximalen Restkapazität RC^{max} aller auswählbaren Prüfer mit

$$RC^{max} = \max \{ RC_a \mid a \in EA \} \qquad (5.13)$$

können die Prioritätswerte dann wie folgt berechnet werden:

$$\overline{\omega}_a = RC^{max} - RC_a \qquad (a \in EA) \; (5.14)$$

- MAXimum Remaining Capacity (MAX RC)

Durch diese Regel erhalten Prüfer mit großer Restkapazität hohe Prioritätswerte. Bezeichnet RC^{min} die minimale Restkapazität aller auswählbaren Prüfer, also

$$RC^{min} = \min \{ RC_a \mid a \in EA \} \qquad (5.15)$$

dann berechnen sich die Prioritätswerte zu

$$\overline{\omega}_a = RC_a - RC^{min} \qquad (a \in EA) \; (5.16)$$

- Prioritätsregeln zur Auswahl einer Prüffeldergruppe

Die Regeln zur Prüffeldergruppenauswahl basieren auf dem Kapazitätsgebrauch RU_e einer Prüffeldergruppe e bei Bearbeitung durch den - bereits zuvor festgelegten - Prüfer a in der korrespondierenden Bearbeitungsalternative m.[15] RU_e wird durch entsprechende Summation der Kapazitätsgebräuche über alle Teilprüffelder der Prüffeldergruppe e berechnet. Ist darüber hinaus der Kapazitätsgebrauch mindestens eines Teilprüffeldes einer Prüffeldergruppe größer als die größte (Perioden-) Kapazität des gerade betrachteten Prüfers a (liegt also ein Zuordnungsverbot vor), so werden der Prüffeldergruppe bei den beiden folgenden Regeln Prioritätswerte $\overline{\pi}_e$ von Null zugewiesen.

- MINimum Resource Usage (MIN RU)

Diese Regel bevorzugt die Prüffeldergruppe mit dem geringsten Kapazitätsgebrauch. Definiert man RU^{max} als maximalen Kapazitätsgebrauch einer Prüffeldergruppe, also

$$RU^{max} = \max \{ RU_e \mid e \in EE \} \tag{5.17}$$

so berechnen sich die Prioritätswerte zu

$$\overline{\pi}_e = RU^{max} - RU_e \qquad (e \in EE) \tag{5.18}$$

- MAXimum Resource Usage (MAX RU)

Diese Regel ordnet Prüffeldergruppen mit großen Kapazitätsgebräuchen hohe Prioritätswerte zu. Mit RU^{min} wird der minimale Kapazitätsgebrauch bestimmt, d. h.

$$RU^{min} = \min \{ RU_e \mid e \in EE \} \tag{5.19}$$

Analog zu MIN RU werden die Prioritätswerte durch

$$\overline{\pi}_e = RU_e - RU^{min} \qquad (e \in EE) \tag{5.20}$$

berechnet.

---

15 a und m sind nach der Zuordnung im ersten Schritt von Phase 1 bereits bestimmt.

5.5.2.2 Regeln zur Terminierung von Teilprüffeldern

In diesem Abschnitt werden einige Prioritätsregeln vorgestellt, die in der zweiten Phase alternativ zum Einsatz kommen können. Dabei werden reihenfolge-, termin- sowie ressourcenbasierte Prioritätsregeln unterschieden.

- *Reihenfolgebasierte Regel*

Regeln dieses Typs setzen die Prioritätswerte in Bezug zu den Reihenfolgebeziehungen zwischen den Teilprüffeldern.

- Most Immediate Successors (MIS)[16]

Die in einer Periode einplanbaren Teilprüffelder werden durch diese Regel entsprechend der Anzahl ihrer unmittelbaren Nachfolger bewertet. Die zugrundeliegende Idee besteht darin, diejenigen Teilprüffelder zuerst einzuplanen, auf deren Beendigung die größte Anzahl von unmittelbaren Nachfolgern wartet, weil deren verspätete Einplanung die Bearbeitung aller nachfolgenden Teilprüffelder verzögern würde.

Für jedes einplanbare Teilprüffeld j ist $\mathcal{N}_j$ die Menge aller seiner unmittelbaren Nachfolger mit

$$\mathcal{N}_j = \{ \, i \mid i \text{ ist unmittelbarer Nachfolger von } j \, \} \qquad (j \in EJ) \quad (5.21)$$

Bezeichnet man mit N^{min} die minimale Anzahl der unmittelbaren Nachfolger, also

$$N^{min} = \min \{ \, |\mathcal{N}_j| \mid j \in EJ \, \} \qquad (5.22)$$

dann können die Prioritätswerte wie folgt berechnet werden:

$$\overline{\rho_j} = |\mathcal{N}_j| - N^{min} \qquad (j \in EJ) \quad (5.23)$$

- *Terminbasierte Regel*

Diese Regeln verwenden die Ergebnisse der klassischen Zeitplanung, die für die Bearbeitung der Teilprüffelder frühest- und spätestmögliche Endtermine

---

16 Ähnlich in Alvarez-Valdés/Tamarit (1989).

bestimmt. Während in der Modellformulierung dazu die Zeitpunkte EF_j und LF_j berücksichtigt werden, können an dieser Stelle - aufgrund der bereits erfolgten Zuordnung von Bearbeitungsalternativen zu Prüffeldergruppen - unter Verwendung von d_{jm} "genauere" Endtermine EF_{jm} und LF_{jm} zugrunde gelegt werden.

- MINimum Latest Finishing Time (MIN LFT)[17]

- *Ressourcenbasierte Regeln*

Diese Regeln bewerten Teilprüffelder anhand des durch ihre Bearbeitung verursachten Ressourcengebrauchs (wie z. B. der Inanspruchnahme der Ressource Prüfer), der Knappheit der beanspruchten Ressourcen oder einer Kombination beider Kriterien.

- MAXimum Total Work Following (MAX TWF)[18]

Zunächst wird TWF_j als Summe der Kapazitätsgebräuche aller nachfolgenden Teilprüffelder von Teilprüffeld j bestimmt.[19] Die Auswahlwahrscheinlichkeit eines Teilprüffeldes j basiert bei dieser Regel dann auf TWF_j. Mit

$$TWF^{min} = \{ TWF_j \mid j \in EJ \} \tag{5.24}$$

berechnen sich die Prioritätswerte zu

$$\overline{\rho}_j = TWF_j - TWF^{min} \qquad (j \in EJ) \tag{5.25}$$

- Next Scheduling Time (NST)

Die bisher diskutierten Regeln berücksichtigen die Verfügbarkeit von Prüfern in nachfolgenden Perioden nicht und sind deshalb wenig vorausschauend. Deshalb wird bei der ebenfalls kapazitätsbasierten Regel NST für jeden

---

17 Zur näheren Erläuterung - der statischen Implementierungsvariante - vgl. (3.31).

18 Vgl. Schirmer (1993, S. 54).

19 Dabei könnte ein (mittelbar) nachfolgendes Teilprüffeld mehrfach berücksichtigt werden, wenn es mehrere Teilprüffelder als (mittelbare) Vorgänger hat, die wiederum (mittelbare) Nachfolger des eingangs betrachteten Teilprüffeldes sind. Hier wird allerdings jedes (mittelbar) nachfolgende Teilprüffeld genau einmal berücksichtigt.

unmittelbaren Nachfolger eines Teilprüffeldes die Verfügbarkeit des zugeordneten Prüfers in den folgenden Perioden überprüft. Es ist naheliegend, einem Teilprüffeld eine hohe Auswahlwahrscheinlichkeit zuzuordnen, wenn durch dessen Einplanung die zu den unmittelbar nachfolgenden Teilprüffeldern zugeordneten Prüfer in den folgenden Perioden kapazitätswirksam beschäftigt werden können.[20]

NST_{jm} gibt den Wert des nächstmöglichen Bearbeitungszeitpunktes von Teilprüffeld j in der Bearbeitungsalternative m unter Berücksichtigung der Kapazitätsrestriktionen wieder oder besitzt, falls dies im Planungszeitraum nicht möglich ist, den Wert T + 1. Im folgenden wird angenommen, daß Teilprüffeld j' in der durch Phase 1 zugeordneten Bearbeitungsalternative m' durchgeführt. Mit

$$v_j = \sum_{j' \in \mathcal{N}_j} T + 1 - NST_{j'm'} \qquad (j \in EJ) \quad (5.26)$$

und

$$v^{min} = \{ v_j \mid j \in EJ \} \qquad (5.27)$$

können dann die Prioritätswerte

$$\overline{\rho}_j = v_j - v^{min} \qquad (j \in EJ) \quad (5.28)$$

berechnet werden.

- AVeraGe Next Scheduling Time (AVG NST)

Bei der Regel NST ist es möglich, daß ein Teilprüffeld mit vielen unmittelbaren Nachfolgern, die erst zu einem späteren Zeitpunkt eingeplant werden können, eine höhere Auswahlwahrscheinlichkeit erhält als ein Teilprüffeld mit wenigen unmittelbaren Nachfolgern, die früher eingeplant werden können. Bei der Regel AVG NST wird deshalb eine auf der Anzahl der unmittelbaren Nachfolger basierende Normierung von v_j durchgeführt.

$$w_j = v_j \; / \; |\mathcal{N}_j| \qquad (j \in EJ) \quad (5.29)$$

---

20 Die Anzahl der Nachfolger hat demzufolge auch Einfluß auf den Prioritätswert.

Die Berechnung der Prioritätswerte $\overline{\rho_j}$ erfolgt analog zu (5.27) und (5.28).

- AVeraGe Next Scheduling Time Total Work Following (AVG NST TWF)

Diese Regel stellt eine Kombination aus AVG NST und MAX TWF dar. Da es möglich ist, daß Teilprüffelder mit ungefähr gleicher Anzahl unmittelbarer Nachfolger und ähnlichen nächstmöglichen Bearbeitungszeitpunkten der Nachfolger unterschiedliche Kapazitätsgebräuche der unmittelbaren und mittelbaren Nachfolger aufweisen, kann es dann vorteilhaft sein, Teilprüffelder mit größeren Kapazitätsgebräuchen der unmittelbaren und mittelbaren Nachfolger zuerst einzuplanen.

$$u_j = \Big(\sum_{j' \in \mathcal{N}_j} \max\,(0,\ TWF_j - NST_{j'm'}) \Big) \;/\; |\mathcal{N}_j| \qquad (j \in \mathcal{EJ}) \quad (5.30)$$

Die Berechnung der Prioritätswerte $\overline{\rho_j}$ erfolgt analog zu (5.27) und (5.28).

5.6 Experimentelle Untersuchung

Um die Leistungsfähigkeit der einzelnen Algorithmen bei der Bearbeitung konkreter Fragestellungen aus der Prüfungspraxis beurteilen zu können, wurde eine experimentelle Studie durchgeführt, in deren Rahmen das Verfahrensschema an einer Reihe von praxisnahen Datensätzen getestet wurde.

5.6.1 Erzeugung von Testdatensätzen

Die Erzeugung der Datensätze erfolgte analog zu der bei der taktischen und der taktisch-operativen Planung gewählten Vorgehensweise:[21] Unter Einbeziehung der Ergebnisse der Fragebogenerhebung wurden für jeden Modellparameter ein Wertebereich und eine Verteilungsfunktion auf diesem Wertebereich definiert sowie darauf basierend Datensätze erzeugt.[22] Durch die Einbeziehung eines fiktiven Prüfers ist im übrigen die Existenz mindestens

[21] Vgl. Abschnitte 3.6.1 und 4.6.1.

[22] Zu einer detaillierten Darstellung siehe Anhang E.3.

einer zulässigen Lösung garantiert. Die Datensätze können wiederum nach der Größe und nach dem Schwierigkeitsgrad klassifiziert werden.

Obwohl die Größe eines Datensatzes von mehreren Modellparametern bestimmt wird, hat sich gezeigt, daß alle diese Parameter - direkt oder indirekt - von der Länge des Planungshorizontes abhängen. Im folgenden werden die Datensätze ihrer Größe nach in drei Klassen unterteilt. Der Planungshorizont beträgt bei *kleinen* Datensätzen 40 Stunden (mit bis zu 192 Teilprüffeldern und 61.440 Binärvariablen), bei *mittelgroßen* Datensätzen 80 Stunden (mit bis zu 480 Teilprüffeldern und 384.000 Binärvariablen) und bei *großen* Datensätzen 120 Stunden (mit bis zu 864 Teilprüffeldern und 1.244.160 Binärvariablen). Darüber hinaus wurden zur Erzeugung von Referenzlösungen *sehr kleine* Datensätze mit einem Planungshorizont von 10 Stunden (mit bis zu 36 Teilprüffeldern und 2.160 Binärvariablen) generiert, die keinen realen Planungsproblemen entsprechen.

Zur Bestimmung des Schwierigkeitsgrades eines Datensatzes wird in dieser Studie die Anzahl der Reihenfolgebeziehungen zwischen den einzelnen Prüffeldern als einzig entscheidend angesehen: Je größer die Anzahl der Reihenfolgebeziehungen ist, desto schwieriger lösbar ist der entsprechende Datensatz, weil sich bei ansonsten identischen Parameterinstanziierungen die Zahl der zulässigen Lösungen reduziert. Bezüglich des Schwierigkeitsgrades werden *leichte*, *mittlere* und *schwere* Datensätze differenziert. Dabei unterscheiden sich jeweils drei Datensätze einer Größe bei ansonsten identischen Parameterinstanziierungen lediglich dadurch, daß sich die Anzahl der Reihenfolgebeziehungen zwischen den Prüffeldern als Produkt aus der Anzahl der Prüffelder und einem Faktor mit einem Erwartungswert von 0.3 für leichte, 0.5 für mittlere und 0.7 für schwere Datensätze ergibt.

5.6.2 Statistisches Modell und Bewertungsfunktionen

Für die statistische Auswertung gelten die Überlegungen aus Abschnitt 3.6.2 analog. Die wichtigsten Faktoren sind die Prioritätsregeln ω, π und ρ des Algorithmus (ω, π, ρ), die Größe σ und der Schwierigkeitsgrad τ des Datensatzes der Klasse (σ, τ), die Werte der Kontrollparameter α, β und γ sowie die Anzahl ι der Iterationen. Der Ausgang eines Laufes[23] wird durch die folgenden Größen beschrieben: den Zielfunktionswert der besten in einem Lauf gefundenen Lösung, bewertet durch die Effizienzrate, und die durchschnittliche Rechenzeit für eine Iteration.[24]

Die *Effizienzrate* $\phi_{\omega\pi\rho\alpha\beta\gamma\sigma\tau\iota}$[25] eines Algorithmus ($\omega$, π, ρ) mit den Kontrollparametern (α, β, γ) für eine Klasse (σ, τ) berechnet sich - als Durchschnitt über alle getesteten Datensätze der Klasse - als Quotient aus dem Zielfunktionswert der besten bekannten Lösung für einen Datensatz und dem Zielfunktionswert der besten von (ω, π, ρ) mit (α, β, γ) in ι Iterationen gefundenen Lösung.[26] Die *durchschnittliche Rechenzeit* $\upsilon_{\omega\pi\rho\alpha\beta\gamma\sigma\tau\iota}$ gibt die Zeit an, die während eines Laufes im Durchschnitt zur Durchführung einer Iteration benötigt wurde.[27]

5.6.3 Ergebnisse

Wegen des erheblichen Rechenaufwandes, der mit einer vollständigen Analyse der Faktoren verbunden ist, wurden in die Untersuchung ausschließlich sehr kleine, kleine und mittelgroße Datensätze einbezogen.[28] Für jeden der

---

23 Zur Definition vgl. Abschnitt 3.6.2.

24 Da bei jeder Iteration u. U. nicht bearbeitete Teilprüffelder in T durch den fiktiven Prüfer A durchgeführt werden können und deshalb immer eine zulässige Lösung ermittelt wird, sind weitere Größen wie z. B. die Anzahl der ermittelten zulässigen Lösungen nicht von Interesse.

25 Zur Herleitung von Bewertungsfunktionen auf höherem Aggregationsniveau vgl. Abschnitt 3.6.2.

26 Bei einem besten bekannten Zielfunktionswert von Null muß die Berechnung durch Hinzunahme einer Konstanten geringfügig modifiziert werden; zur detaillierten Darstellung vgl. Böttcher (1993, S. 55).

27 Die Algorithmen wurden in der Programmiersprache C auf einer IBM RISC/6000 Modell 550 implementiert.

28 Jedoch ist die These, daß Prioritätsregeln, die für kleinere Datensätze gute Ergebnisse liefern, dies auch für größere Datensätze tun, weitgehend akzeptiert; vgl. dazu auch Abschnitt 3.6.3.

Tabelle 5.2: Rangfolge der Algorithmen bei kleinen Datensätzen

leicht			mittel			schwer		
$\omega\pi\rho$	$\phi_{\omega\pi\rho\sigma\tau}$	$\upsilon_{\omega\pi\rho\sigma\tau}$	$\omega\pi\rho$	$\phi_{\omega\pi\rho\sigma\tau}$	$\upsilon_{\omega\pi\rho\sigma\tau}$	$\omega\pi\rho$	$\phi_{\omega\pi\rho\sigma\tau}$	$\upsilon_{\omega\pi\rho\sigma\tau}$
MAX RC, MAX RU, MAX TWF	0.9829	24.3	MAX RC, MAX RU, MAX TWF	0.9710	19.8	MAX RC, MAX RU, MAX TWF	0.8953	16.6
MAX RC, MAX RU, MIN LFT	0.9820	34.8	MAX RC, MAX RU, MIN LFT	0.9693	28.9	MAX RC, MAX RU, MIN LFT	0.8946	24.4
MAX RC, MAX RU, AVG NST TWF	0.9760	21.4	MAX RC, MAX RU, AVG NST TWF	0.9647	18.3	MAX RC, MIN RU, MAX TWF	0.8735	16.6
MAX RC, MAX RU, MIS	0.9680	18.2	MAX RC, MAX RU, MIS	0.9498	14.9	MAX RC, MIN RU, MIN LFT	0.8706	24.5
MAX RC, MAX RU, NST	0.9601	20.6	MAX RC, MAX RU, NST	0.9443	16.8	MAX RC, MAX RU, AVG NST TWF	0.8648	16.3
MAX RC, MAX RU, AVG NST	0.9579	20.6	MAX RC, MAX RU, AVG NST	0.9352	16.8	MAX RC, MIN RU, AVG NST TWF	0.8349	16.3
MAX RC, MIN RU, MIN LFT	0.9434	35.4	MAX RC, MIN RU, MIN LFT	0.9210	29.3	MIN RC, MAX RU, MIN LFT	0.7906	24.4
MAX RC, MIN RU, MAX TWF	0.9378	24.4	MAX RC, MIN RU, MAX TWF	0.9148	19.9	MIN RC, MAX RU, MAX TWF	0.7879	17.5
MAX RC, MIN RU, AVG NST TWF	0.9325	21.4	MAX RC, MIN RU, AVG NST TWF	0.9108	18.3	MIN RC, MIN RU, MAX TWF	0.7590	17.8
MAX RC, MIN RU, MIS	0.9091	19.9	MAX RC, MIN RU, MIS	0.8819	15.5	MIN RC, MIN RU, MIN LFT	0.7569	24.5

drei Schwierigkeitsgrade wurden 10 Datensätze erzeugt, auf die für die sehr kleinen und kleinen jeweils 24 [29] und für die mittelgroßen 6 Algorithmen (ω, π, ρ), die sich bei den kleinen Datensätzen als am geeignetsten erwiesen hatten, angewendet wurden. Dabei wurden die Kontrollparameter α, β und γ unabhängig voneinander über die Werte 0, 2 und 4 variiert. Pro Datensatz wurden für jeden Algorithmus und jede Kombination aus Werten der Kontrollparameter 1000 Iterationen durchgeführt, also 810 000 Iterationen je Algorithmus und Datensatzgröße.

Zur Beurteilung der Algorithmen sind die Ergebnisse der Untersuchung der kleinen Datensätze in Tabelle 5.2 zusammengefaßt. Die 10 besten Algorithmen sind in absteigender Rangfolge der Werte ihrer Effizienzraten mit den zugehörigen Rechenzeiten, angegeben als CPU-Zeit in Millisekunden, für eine Iteration aufgeführt.

Tabelle 5.2 erlaubt die folgenden Schlußfolgerungen:

- Der Schwierigkeitsgrad eines Datensatzes hat sowohl Einfluß auf die Effizienzrate als auch auf die Rechenzeit. Während bei den leichten und mittleren Datensätzen die Rangfolge der Algorithmen identisch ist, ergibt sich bei den schweren Datensätzen ab Rang 3 eine andere Reihenfolge. Deutlich höhere Werte der Standardabweichungen bei den schweren Datensätzen, die hier nicht weiter dokumentiert werden, lassen die Vermutung zu, daß das beste erzielte Ergebnis häufig ähnlich gut wie bei den leichten und mittleren Datensätzen ist.

- Die Werte der Effizienzraten und die im Durchschnitt zur Lösung benötigten Rechenzeiten sinken - bei Anwendung desselben Algorithmus - mit steigendem Schwierigkeitsgrad. Beide Beobachtungen resultieren aus dem bei schwierigeren Datensätzen reduzierten Lösungsraum.

- Die Regeln MAX RC und MAX RU (bei den schweren Datensätzen auch MIN RU) der ersten Phase bilden in Kombination mit den Regeln MAX

[29] Vgl. Abschnitt 5.5.2: (ω, π, ρ) $\in$ {MIN RC, MAX RC} $\times$ {MIN RU, MAX RU} $\times$ {MIN LFT, MIS, MAX TWF, NST, AVG NST, AVG NST TWF}.

Tabelle 5.3: Rangfolge der Algorithmen bei mittelgroßen Datensätzen

leicht		mittel		schwer	
$\omega\pi\rho$	$\phi_{\omega\pi\rho\sigma\tau}$	$\omega\pi\rho$	$\phi_{\omega\pi\rho\sigma\tau}$	$\omega\pi\rho$	$\phi_{\omega\pi\rho\sigma\tau}$
MAX RC, MAX RU, MAX TWF	0.7612	MAX RC, MAX RU, MIN LFT	0.7234	MAX RC, MAX RU, MAX TWF	0.6830
MAX RC, MAX RU, MIN LFT	0.7534	MAX RC, MAX RU, MAX TWF	0.7225	MAX RC, MAX RU, MIN LFT	0.6824
MAX RC, MAX RU, AVG NST TWF	0.6919	MAX RC, MAX RU, AVG NST TWF	0.6148	MAX RC, MIN RU, MIN LFT	0.6082
MAX RC, MIN RU, MIN LFT	0.6373	MAX RC, MIN RU, MAX TWF	0.6099	MAX RC, MIN RU, MIN TWF	0.5956
MAX RC, MIN RU, MAX TWF	0.6315	MAX RC, MIN RU, MIN LFT	0.6096	MAX RC, MAX RU, AVG NST TWF	0.5288
MAX RC, MIN RU, AVG NST TWF	0.5961	MAX RC, MIN RU, AVG NST TWF	0.5469	MAX RC, MIN RU, AVG NST TWF	0.4840

TWF, MIN LFT sowie AVG NST TWF der zweiten Phase eine Gruppe von Algorithmen, die signifikant bessere Ergebnisse liefert als die übrigen Algorithmen.

Im nächsten Schritt wurden die Algorithmen $(\omega, \pi, \rho) \in$ {MAX RC} $\times$ {MAX RU, MIN RU} $\times$ {MAX TWF, MIN LFT, AVG NST TWF}, die sich bei den kleinen Datensätzen im Durchschnitt über alle Schwierigkeitsgrade als besonders geeignet erwiesen haben, anhand der mittelgroßen Datensätze einer weiteren Untersuchung unterzogen. Die Ergebnisse, die in Tabelle 5.3 wiedergegeben sind, zeigen, daß die Algorithmen $(\omega, \pi, \rho) \in$ {(MAX RC, MAX RU, MIN LFT), (MAX RC, MAX RU, MAX TWF)} wie schon bei den kleinen Datensätzen mit Abstand die höchsten Effizienzraten erreichen. Die Veränderungen der durchschnittlichen Rechenzeiten für eine Iteration, angegeben als CPU-Zeit in Millisekunden, bei den kleinen und den mittelgroßen Datensätzen über alle Schwierigkeitsgrade sind Tabelle 5.4 zu entnehmen.[30]

[30] Die durchschnittliche Anzahl an Binärvariablen beträgt für die kleinen Datensätze 13.800 und für die mittelgroßen 107.200. Die Rechenzeiten nehmen somit - erwartungsgemäß - mit der Datensatzgröße zu.

Tabelle 5.4: Durchschnittliche Rechenzeiten für kleine und mittelgroße Datensätze über alle Schwierigkeitsgrade

	klein	mittelgroß
$\omega\pi\rho$	$\upsilon_{\omega\pi\rho\sigma}$	$\upsilon_{\omega\pi\rho\sigma}$
MAX RC, MAX RU, MAX TWF	20.2	170.4
MAX RC, MAX RU, MIN LFT	29.4	153.7
MAX RC, MAX RU, AVG NST TWF	18.7	169.6
MAX RC, MIN RU, MIN LFT	29.8	149.6
MAX RC, MIN RU, MAX TWF	20.3	169.5
MAX RC, MIN RU, AVG NST TWF	18.7	141.4

Auf Basis der beiden besten Algorithmen, also $(\omega, \pi, \rho) \in$ {(MAX RC, MAX RU, MIN LFT), (MAX RC, MAX RU, MAX TWF)}, wurden die Auswirkungen einer Variation der Werte α, β und γ anhand der kleinen und mittelgroßen Datensätze untersucht:

- Die Wahl des Wertes für den Parameter α hat keinen wesentlichen Einfluß auf die Effizienzraten und ist somit von untergeordneter Bedeutung.
- Es zeigte sich, daß die besten Ergebnisse erzielt wurden, wenn für den Parameter β die Werte 2 oder 4 gewählt wurden.
- Die Wahl des Wertes für den Parameter γ hat erheblichen Einfluß auf die Effizienzrate. Mit $\gamma = 4$ wurden die besten und mit $\gamma = 2$ geringfügig schlechtere Resultate erzielt, während sich $\gamma = 0$ als nicht geeignet erwies.

Somit kann festgestellt werden, daß die Kontrollparameterkonstellationen (α, β, γ) mit $\alpha \in \{0, 2, 4\}$, $\beta \in \{2, 4\}$ und $\gamma \in \{2, 4\}$ zu den besten Effizienzraten führen.

Zu Vergleichszwecken wurde versucht, die kleinen Datensätze zusammen mit den 30 sehr kleinen Datensätzen mit der Standardsoftware OSL (Release 2) zu lösen. OSL und die Algorithmen fanden für alle sehr kleinen Datensätze die jeweilige Optimallösung.[31] Während die Algorithmen jedoch pro Daten-

---

[31] Das Ergebnis erlaubt jedoch keine allgemeingültigen Rückschlüsse, da diese Datensätze zu klein sind, um noch praktische Relevanz zu besitzen.

Tabelle 5.5: Durchschnittliche Rechenzeiten für sehr kleine Datensätze

	Algorithmen (1000 Iterationen)[32]			OSL		
	leicht	mittel	schwer	leicht	mittel	schwer
$\upsilon_{\sigma\tau}$	0:01.6	0:01.5	0:01.4	3:13.5	5:54.3	2:17.6
Minimum	0:00.7	0:00.5	0:00.5	0:07.8	0:07.9	0:17.1
Maximum	0:03.7	0:03.5	0:03.0	20:08.9	47:10.0	9:54.6

Einträge im Format Minuten : Sekunden . Millisekunden

satz für 1000 Iterationen im Durchschnitt etwa 1.5 Sekunden benötigten, nahm die Lösung mit OSL einige Sekunden bis Minuten in Anspruch. Eine Gegenüberstellung der Rechenzeiten wird in Tabelle 5.5 vorgenommen.

Noch deutlichere Unterschiede ergaben sich für die kleinen Datensätze. OSL fand innerhalb eines Zeitlimits von 1500 Minuten keine einzige Lösung, hingegen benötigten die Algorithmen für 1000 Iterationen durchschnittlich 20.1 Sekunden.[33]

Zusammenfassend läßt sich feststellen, daß die Algorithmen in der Lage sind, zumindest für kleine und mittelgroße Problemstellungen der operativen Planung Lösungen in Sekundenbruchteilen zu konstruieren. Selbst die Durchführung einer hohen Anzahl von z. B. 1000 Iterationen zur Erzeugung "guter" Lösungen nimmt daher nur einige Sekunden in Anspruch.

[32] Zur besseren Vergleichbarkeit wird die im Durchschnitt für 1000 Iterationen benötigte Rechenzeit angegeben.

[33] In einem weiteren Versuch wurden 15 Datensätze generiert, die geringfügig größer als die sehr kleinen Datensätze waren. OSL konnte innerhalb eines Zeitlimits von 1500 Minuten zwar 12 Datensätze lösen, benötigte dafür aber zwischen 5 und 32 Minuten, während die Algorithmen für 1000 Iterationen, in denen für die von OSL gelösten Datensätze ebenfalls die Optimallösungen gefunden wurden, zwischen 0.9 und 3.8 Sekunden rechneten.

5.7 Bewertung

Das Modell der operativen Planung, das in diesem Kapitel eingehend diskutiert wurde, ist die unterste Ebene des dreistufigen hierarchischen Ansatzes. Auch die Formulierung dieser Ebene basiert auf den Ergebnissen der in Kapitel 2 vorgestellten empirischen Untersuchung. Ein Vergleich mit bisherigen Arbeiten auf dem Gebiet der Personaleinsatzplanung in Wirtschaftsprüfungsgesellschaften zeigt, daß sich diese ausschließlich der operativen Planung auf Prüffelderebene widmen. Die hier vorliegende Formulierung bietet über die bei anderen Arbeiten berücksichtigten Varianten hinaus die aus Sicht der Praxis wichtige Möglichkeit, eine Menge von durch den Anwender festzulegenden Prüffeldern, die hier als Prüffeldergruppe bezeichnet wird, durch genau einen der einem Auftrag zugeteilten Prüfer bearbeiten zu lassen.

Die der operativen Planung zugrundeliegende Fragestellung, was (Prüffeld) wann (Zeitpunkt) wie (Bearbeitungsalternative bzw. Prüfer) bearbeitet werden soll, ist wiederum in den Bereich der Ablaufplanung einzuordnen. Deutlich erkennbar sind dabei auch die Gemeinsamkeiten mit der taktischen Ebene.[34] Mit Ausnahme der Zielfunktion und der Nebenbedingungen (5.2) und (5.3) liegt wiederum ein Modell vor, das Parallelen zu anderen Formulierungen aus dem Bereich der Ablaufplanung aufweist. Für die Verfahrensentwicklung ergaben sich aufgrund der Strukturähnlichkeit zur taktischen Ebene analoge Konsequenzen: Die Zielfunktion führte zur Formulierung speziell daran angepaßter Prioritätsregeln, während die beiden Nebenbedingungen zum Entwurf eines zweistufigen Verfahrensschemas, in dem zunächst die Bearbeitungsalternative für eine Prüffeldergruppe festgelegt und dann die "traditionelle" Ablaufplanung vorgenommen wird, führten. Auch dieses Schema ist unter Verwendung verschiedener Prioritätsregeln in der Lage, gute Näherungslösungen in vernachlässigbarer Rechenzeit zu liefern. Die Formulierung des Problems als lineares Optimierungsproblem hat zusätzlich den Vorteil, daß Standardsoftwarepakete zur Erzeugung von Referenzlösungen eingesetzt werden konnten.

---

[34] Vgl. Abschnitt 3.7.

Die mit den Nebenbedingungen (5.2) und (5.3) eingeführte "Modusmengen-Identität" stellt darüber hinaus eine weitere Verallgemeinerung der in Abschnitt 3.7 diskutierten Modus-Identität der taktischen Ebene dar. Während die Modus-Identität fordert, daß eine (Teil-) Menge von Jobs in ein und demselben Modus aus einer vorgegebenen Menge von Alternativen durchgeführt wird, verlangt die Modusmengen-Identität lediglich die Festlegung auf eine von mehreren disjunkten Modusmengen. Für den Fall, daß alle Modusmengen genau ein Element enthalten und disjunkt sind, liegt offensichtlich die bei der Modus-Identität gegebene Situation vor.[35] Über die bereits mit der Einführung der Modus-Identität genannten Vorteile hinaus besteht damit die Möglichkeit, weitere anwendungsrelevante Probleme der Ablaufplanung vergleichsweise einfach zu formulieren.[36]

Im übrigen konnte auch für diesen Problembereich wiederum festgestellt werden, daß die Ideen, auf denen das Verfahrensschema basiert, also Randomisierung, Nutzung von Prioritätswerten und Modifikation durch exponentielle Faktoren, zu guten Ergebnissen führen. Dies unterstreicht die bereits in Abschnitt 3.7 formulierte These, wonach die grundsätzliche Eignung dieser Vorgehensweisen als relativ unabhängig vom konkreten Problem gegeben zu sein scheint.

---

[35] Daraus folgt unmittelbar, daß die Modusmengen-Identität eine Verallgemeinerung der Modus-Identität darstellt.

[36] Die Anwendungsrelevanz kann zusätzlich zur Formulierung des Modells der operativen Ebene durch folgendes Beispiel unterstrichen werden: Ein (Produktions-) Auftrag soll an genau einem von mehreren Betriebsstandorten eines Unternehmens bearbeitet werden. Die Jobs des Auftrags wiederum können alternativ auf verschiedenen Maschinen mit unterschiedlichen Leistungscharakteristika durchgeführt werden. Das Problem der vollständigen Durchführung aller Jobs jedes Auftrags an jeweils genau einem Betriebsstandort läßt sich nun unmittelbar formulieren, in dem die Maschinen (Modi) eines Betriebsstandorts zu einer Modusmenge zusammengefaßt werden.

Kapitel 6

Konzept zur revidierenden hierarchischen Planung

In diesem Kapitel wird ein Konzept zur revidierenden hierarchischen Planung vorgestellt, auf Basis dessen die von der Praxis geforderte Flexibilität eines entsprechenden Planungsinstrumentes gewährleistet werden kann. Bedingt durch den hierarchischen Aufbau mit drei Planungsebenen ergibt sich für die praktische Nutzbarkeit nämlich die Schwierigkeit, die häufig neu hinzukommenden Informationen derart zu integrieren, daß einerseits die Konsistenz nicht verletzt wird und andererseits die Planrevidierungen auf allen Ebenen auf ein für den Anwender akzeptables Maß beschränkt bleiben.

Dazu werden in Abschnitt 6.1 zunächst Grundlagen revidierender Planungsansätze skizziert. Daraus werden in Abschnitt 6.2 Revidierungskonzepte für die Ebenen der taktischen, der taktisch-operativen und der operativen Planung hergeleitet. Abschnitt 6.3 enthält eine abschließende Bewertung.

6.1 Grundlagen

Bei den in den Kapiteln 3, 4 und 5 vorgestellten Modellen der taktischen, der taktisch-operativen und der operativen Planungsebene wird angenommen, daß die zum Zeitpunkt der Planung vorliegenden Daten mit Sicherheit bekannt sind. In der Realität ergeben sich jedoch häufig Änderungen der Planungsdaten aufgrund der Unsicherheit von internen (z. B. Prüferausfälle) und externen Einflußfaktoren (z. B. neue Aufträge).[1]

In der Literatur wird das Problem der Behandlung von Unsicherheit in der Regel im Zusammenhang mit Produktionsplanungs- und Lagerhaltungsproblemen diskutiert.[2] Zur Lösung sind dazu die sehr unterschiedlichen Konzep-

---

1 Vgl. dazu auch Tempelmeier (1992, S. 332 ff.).

2 Siehe z. B. Kistner/Steven (1993, S. 18 ff.), Schneeweiß (1992, S. 92 ff.) und Tempelmeier (1992, S. 346 ff.). Ein Beitrag im Zusammenhang mit der Personaleinsatzplanung in Wirtschaftsprüfungsgesellschaften findet sich in Drexl (1990, S. 207 f.).

te der flexiblen und der revidierenden Planung entwickelt worden:[3]

Bei der *flexiblen Planung*[4] wird versucht, sämtliche zukünftigen Umweltzustände bereits in die aktuelle Planung einzubeziehen. Dazu werden alle zu erwartenden Umweltentwicklungen in Form von Entscheidungsregeln mit bedingten Wahrscheinlichkeiten in der Planung berücksichtigt. Diese Vorgehensweise scheitert in der Praxis aber an dem Aufwand, der mit der Beschaffung der für die Angabe von Wahrscheinlichkeiten nötigen Informationen verbunden ist, an der Menge von Informationen, die verarbeitet werden müssen, und an methodischen Problemen.

Im Gegensatz zur flexiblen werden bei der *revidierenden Planung* Informationsänderungen nicht a priori einkalkuliert, sondern erst dann in der Planung berücksichtigt, wenn sie tatsächlich eintreten. Zunächst verfährt man so, als ob die zum Zeitpunkt der Planungsdurchführung bekannten Daten unveränderbar wären und beginnt mit der Realisation des vorliegenden Plans. Wenn dann später aufgrund neuer Informationen eine Anpassung des Plans erforderlich wird, erfolgt diese mit den neuen Daten. Dadurch wird eine Planung auf Basis laufend aktualisierter Daten ermöglicht.

In der Literatur wird das Konzept der revidierenden Planung fast ausschließlich in der speziellen Ausprägung der *rollierenden Planung*[5] diskutiert bzw. implementiert.[6]

Bei der rollierenden Planung wird die Planung in der Regel periodisch wiederholt, so daß alle bis zum Beginn der Bearbeitung in der gerade aktuellen Periode neu erhaltenen Informationen berücksichtigt werden. Nur die Ent-

---

3 Die Darstellung der flexiblen Planung erfolgt in Anlehnung an Steven (1994, S. 56). Die Ausführungen zur revidierenden Planung folgen der Darstellung von Drexl (1990, S. 207).

4 Zur flexiblen Planung s. a. Hax/Laux (1972), Inderfurth (1982, S. 37 ff.), Kruschwitz (1993, S. 285 ff.), Troßmann (1990, S. 441 ff.).

5 Zur rollierenden Planung s. a. Baker (1977), Baker/Peterson (1979), Campbell (1992).

6 Ein Ausnahme bildet z. B. Günther (1985, S. 140 ff.). Siehe auch Drexl (1990, S. 207 f.), dort allerdings ohne Hinweise zur praktischen Umsetzung.

scheidungen für die nächste Periode werden verbindlich getroffen, während alle anderen Perioden vorerst nur vorläufig geplant werden. So wird bei einem Planungszeitraum von T Perioden zunächst für die Perioden t = 1,...,T die Planung durchgeführt. Für die Periode t = 1 ist der Plan bindend, während die Planung für die Perioden t = 2,...,T lediglich den Zweck hat, die zeitlichen Interdependenzen[7] zwischen den einzelnen Perioden zu erfassen. Vor Beginn der zweiten Periode erfolgt erneut eine Planung, und zwar für die Perioden t = 2,...,T+1, wobei jetzt die Periode t = 2 endgültig geplant wird. Jede Periode wird also T-mal geplant, (T-1)-mal vorläufig und nur einmal verbindlich.[8] Der Vorteil dieses Konzepts liegt darin, daß die "Qualitätsanforderungen" an die Daten um so geringer werden, je weiter die betreffende Periode in der Zukunft liegt. Auf diese Weise wird versucht, den Einfluß von Schätzfehlern auf die Planung möglichst gering zu halten.[9]

Wenn, wie im Fall der revidierenden Planung, in einem Planungssystem die nachträgliche Änderung von Plänen zugelassen wird, entsteht das Problem der "Nervosität" des Planungssystems[10]. Man versteht darunter die übermäßige Sensibilität und Reaktion des Systems auf geringfügige Änderungen der Planungsdaten.[11] Dies kann sich zum einen in starken Änderungen des Plans auf der spezifischen Ebene, zum anderen in einer Fortpflanzung und u. U. sogar einer Verstärkung von Änderungen auf den untergeordneten Ebenen äußern.

Solche Änderungen sind allgemein und insbesondere auch in Dienstleistungsunternehmen wie den Wirtschaftsprüfungsgesellschaften nicht nur aufgrund der verursachten Kosten unerwünscht, sondern auch, weil sie nur schwer

---

7 Eine Planung für die Perioden t = 2,...,T ist notwendig zur Feststellung, ob unter den gegebenen Prämissen überhaupt ein zulässiger Pan vorliegt.

8 Vgl. Steven (1994, S. 55 f.).

9 Vgl. Kistner/Steven (1993, S. 312).

10 Zur System-Nervosität s. a. Blackburn/Kropp/Millen (1986), Carlson/Jucker/Kropp (1979), Mather (1977), Minifie/Davis (1986), Sridharan/Berry/Udayabhanu (1988), Wu/Storer/Chang (1993).

11 Vgl. Minifie/Davis (1986, S. 111 ff.).

gegenüber Mandanten und eigenen Angestellten zu vertreten sind. Daher muß ein Personaleinsatzplanungssystem neben der unabdingbaren Flexibilität auch ein notwendiges Maß an Stabilität der Planung aufweisen.

6.2 Entwicklung und Integration eines Revidierungskonzepts

Im vorliegenden Fall scheidet die Möglichkeit einer flexiblen Planung aus, da bereits im deterministischen Modell die Problemkomplexität so hoch ist, daß eine zusätzliche Berücksichtigung von bedingten Wahrscheinlichkeiten für das Eintreten bestimmter Ereignisse das Lösen praxisrelevanter Probleme unmöglich machen würde.

Daher wird hier ein Konzept zur revidierenden Planung vorgeschlagen. Eine Planrevidierung findet nur statt, wenn eine Änderung der Planungsdaten auftritt. In diesem Fall werden die verbleibenden Perioden bis zum Ende des Planungszeitraums neu geplant.

Zusätzlich soll das zu entwickelnde System die Möglichkeit bieten, im Wege der rollierenden Planung den Planungszeitraum der taktischen Ebene gleitend zu verschieben. Dazu überprüft das System, wenn für einen Zeitraum ein Plan erstellt werden soll, ob für einen Teil dieses Zeitraums bereits einmal eine Planung durchgeführt wurde. Ist dies der Fall, erhält der Anwender die Möglichkeit, Teile des bisherigen Plans zu fixieren. Auf diese Weise kann z. B. zunächst eine Planung für die Perioden $t = 1,...,10$ stattfinden. Wird dann nach fünf Perioden eine Planung für die Perioden $t = 6,...,15$ angefordert, werden die Ergebnisse des ursprünglichen Planungslaufs für die Perioden $t = 6,...,10$ wahlweise ganz, teilweise oder nicht übernommen.

Für jede Informationsänderung ist zu unterscheiden, ob dadurch die planerischen Freiheitsgrade eingeschränkt oder erweitert werden.[12] Eine Einschrän-

[12] In der hier verwendeten Terminologie liegt eine Einschränkung (Erweiterung) der planerischen Freiheitsgrade vor, wenn sich bei sonst identischen Parameterinstanziierungen durch die Informationsänderung die Zahl der zulässigen Lösungen vermindert (erhöht).

kung der planerischen Freiheitsgrade hat, falls der vorliegende Plan nun nicht mehr zulässig ist, zwingend eine Planrevidierung zur Folge, während bei einer Erweiterung eine Neuplanung optional - zur Suche nach einer im Sinne des jeweiligen Zielkriteriums "besseren" Lösung - durchgeführt werden kann. Alle Informationsänderungen führen dazu, daß auf der taktischen und der taktisch-operativen Ebene Aufträge und auf der operativen Ebene Prüffelder anders eingeplant werden müssen bzw. können.

Um die System-Nervosität in einem für den Anwender akzeptablen Rahmen zu halten, wird ein abgestuftes Vorgehen ermöglicht. Dabei kann der Anwender bestimmen, wie groß die Auswirkungen der Änderungen auf die Planung sein dürfen. So sollte, bevor nach einer Informationsänderung eine Neuplanung stattfindet, die Möglichkeit bestehen, vorherige Planungsergebnisse zu fixieren.

Dazu kann in der Regel unterschieden werden, ob nur die von Datenänderungen betroffenen[13], die betroffenen und zusätzlich die noch nicht begonnenen oder alle Aufträge bzw. Prüffelder auf der taktischen und der taktisch-operativen bzw. der operativen Ebene neu eingeplant werden sollen.[14] Werden z. B. nur die betroffenen Aufträge zur Neuplanung freigegeben, so werden an der Einplanung der übrigen Aufträge keinerlei Änderungen vorgenommen. Zur weiteren Abstufung sind eine manuelle Neuplanung und eine Planrevidierung zur Optimierung nach dem Zielkriterium der jeweiligen Ebene vorgesehen. Bei erzwungenen Planrevidierungen wird als zusätzliche Alternative eine Strategie angeboten, die an dem bisherigen Plan - unter Ver-

13 Als "betroffen" gelten im folgenden Aufträge, die entweder unmittelbar z. B. durch die Verschiebung des frühesten Bearbeitungszeitpunkts oder mittelbar z. B. durch die Freigabe eines Prüfers bei einem anderen Auftrag, der auch für die Bearbeitung des "betroffenen" Auftrags eingeplant ist, Informationsänderungen unterliegen. Für Prüffelder gilt die Definition analog.

14 Die Fallunterscheidung für noch nicht begonnene Aufträge bzw. Prüffelder ist auf der taktischen Ebene durch die Teambildung bzw. auf der operativen Ebene durch die Forderung, daß eine Prüffeldergruppe durch einen Prüfer bearbeitet werden soll, motiviert. Für die taktisch-operative Ebene ist eine Fallunterscheidung nicht praktikabel.

nachlässigung des Zielkriteriums der jeweiligen Ebene - möglichst wenige Änderungen vornimmt.[15]

Ferner gilt, daß Planänderungen einer übergeordneten Ebene, die zu einer Änderung von Parametern auf der unmittelbar untergeordneten Ebene führen, automatisch einen Lauf zur Planrevidierung auf der untergeordneten Ebene auslösen. Eine Änderung auf einer übergeordneten Ebene wird aus Gründen der Konsistenz erst dann übernommen, wenn die daraus resultierenden, zwingenden Planrevidierungen auf der untergeordneten Ebene vollzogen sind.[16] Für alle Arten von Änderungen ist außerdem sicherzustellen, daß Einplanungen, die sich bereits in der Realisation befinden, nicht mehr geändert werden dürfen.

Im folgenden werden für die drei Ebenen Revidierungskonzepte vorgestellt. Dazu wird zunächst analysiert, welche Informationsänderungen auf der entsprechenden Ebene auftreten können.[17] Anschließend wird ein jeweils ebenenspezifisches allgemeines Revidierungsschema eingeführt, ehe die Behandlung der einzelnen Informationsänderungen im Detail erfolgt.

6.2.1 Taktische Planung

Informationsänderungen auf der taktischen Ebene haben die höchste Anzahl an Planänderungen zur Folge, weil in der Regel auch Neuplanungen auf den Ebenen der taktisch-operativen und der operativen Planung erforderlich werden.

---

[15] Dies bedeutet, daß bei einer Planänderung keine Optimierung gemäß dem Zielkriterium mehr stattfindet, sondern daß aus den generierten zulässigen Plänen derjenige gewählt wird, der gegenüber dem bisherigen Plan die wenigsten Abweichungen enthält. Die Anzahl der Abweichungen kann z. B. für alle Ebenen dadurch ermittelt werden, daß für alle Prüfer festgehalten wird, in wie vielen Perioden ihre bisherigen Einplanungen verändert werden.

[16] Bei einer Informationsänderung auf der taktischen Ebene können vor der Übernahme demzufolge u. U. mehrere Planrevidierungen auf der taktisch-operativen Ebene und dadurch bedingt Planrevidierungen auf der operativen Ebene erforderlich sein.

[17] Die Länge des Planungszeitraums ist auf allen drei Ebenen der einzige Parameter, der keinen Informationsänderungen unterliegen kann.

6.2.1.1 Arten von Informationsänderungen

Auf der Ebene der taktischen Planung können die in Tabelle 6.1 aufgeführten Informationsänderungen unterschieden werden. Neben einer fortlaufenden Numerierung und einer Beschreibung der Art der Änderung ist ein Verweis auf die betreffende Modellannahme in Abschnitt 3.1 enthalten.

In den Fällen 1, 5 und 11 muß eine Planrevidierung stattfinden, in den Fällen 3, 8, 9, 14, 16, 18, 20 und 23 muß unter bestimmten, im folgenden noch näher spezifizierten Voraussetzungen eine Planrevidierung erfolgen, während in den verbleibenden Fällen 2, 4, 6, 7, 10, 12, 13, 15, 17, 19, 21 und 22 eine Neuplanung optional durchgeführt werden kann. Bis auf Fall 13[18], der zunächst nur Auswirkungen auf die taktische Planung hat, muß für die von Änderungen betroffenen Perioden der taktischen Ebene im Anschluß eine Planrevidierung sowohl auf der taktisch-operativen als auch auf der operativen Ebene für die entsprechenden Zeiträume durchgeführt werden.

6.2.1.2 Allgemeine Vorgehensweise

Unter der Voraussetzung, daß eine Neuplanung nicht zwingend erforderlich ist, muß darauf geachtet werden, daß eine Neuplanung einzelner Aufträge nur erfolgt, wenn dadurch der Gesamtplan nicht verschlechtert wird.

Der Anwender hat vor dem Beginn der Neuplanung die Möglichkeit, das Ausmaß der Veränderung des Planes zu bestimmen. Dazu werden folgende Optionen angeboten:

a) Keine Neuplanung

b) Betroffene Aufträge mit möglichst wenigen Änderungen neu planen

c) Betroffene Aufträge nach Zielkriterium neu planen

d) Betroffene Aufträge und nicht begonnene Aufträge mit möglichst wenigen Änderungen neu planen

---

[18] Zur Begründung siehe Abschnitt 6.2.1.3.

Tabelle 6.1: Informationsänderungen der taktischen Planungsebene

Nr.	Art der Änderung	Annahme in 3.1
1	Zusätzlicher Auftrag	b)
2	Auftrag gestrichen	b)
3	Zusätzliches Bearbeitungsverbot	b)
4	Bearbeitungsverbot gestrichen	b)
5	Zusätzlicher Prüfungsabschnitt	c)
6	Prüfungsabschnitt gestrichen	c)
7	Frühester Bearbeitungszeitpunkt früher	d)
8	Frühester Bearbeitungszeitpunkt später	d)
9	Spätester Beendigungszeitpunkt früher	d)
10	Spätester Beendigungszeitpunkt später	d)
11	Mehr Zeit für Auftrag benötigt	e), g)[19]
12	Weniger Zeit für Auftrag benötigt	e), g)
13	Zusätzlicher Prüfer	f)
14	Prüfer gestrichen	f)
15	Zusätzliche Prüferzeit	f)
16	Prüferzeit gestrichen	f)
17	Zusätzliches Team	g)
18	Team gestrichen	g)
19	Änderung der Teampräferenz	g)
20	Mindestabstand größer	h)
21	Mindestabstand kleiner	h)
22	Maximalabstand größer	h)
23	Maximalabstand kleiner	h)

[19] Ändert sich die Zahl S_{ep} der Teilprüfungsabschnitte, so sind auch die Prüfdauern k_{epsma} für die neu hinzugekommenen Teilprüfungsabschnitte zu spezifizieren.

e) Betroffene Aufträge und nicht begonnene Aufträge nach Zielkriterium neu planen

f) Betroffene, nicht begonnene und begonnene Aufträge mit möglichst wenigen Änderungen neu planen

g) Betroffene, nicht begonnene und begonnene Aufträge nach Zielkriterium neu planen

h) Manuelle Neuplanung

Im folgenden sind die den Optionen entsprechenden Strategien beschrieben:

ad a) Diese Vorgehensweise wird nur bei Änderungen angeboten, die eine Neuplanung nicht zwingend erfordern.

ad b) Diese Vorgehensweise wird nur bei Änderungen angeboten, die eine Neuplanung zwingend erfordern. Dabei wird versucht, die betroffenen Aufträge mit möglichst wenigen Änderungen auf der Ebene der taktischen Planung neu zu planen.

ad c) Diese Vorgehensweise wird immer angeboten. Dabei wird versucht, die betroffenen Aufträge unter Berücksichtigung des Zielkriteriums auf der Ebene der taktischen Planung neu zu planen.

ad d) Diese Vorgehensweise wird nur bei Änderungen angeboten, die eine Neuplanung zwingend erfordern. Dabei wird versucht, die betroffenen und die noch nicht begonnenen Aufträge mit möglichst wenigen Änderungen auf der Ebene der taktischen Planung neu zu planen. In Erweiterung zu b) werden - zusätzlich zu den betroffenen Aufträgen - die noch nicht begonnenen Aufträge freigegeben. Dazu werden dem Anwender folgende Möglichkeiten angeboten:

- Man gibt die noch nicht begonnenen Aufträge zeitlich frei, so daß diese neu geplant werden können.

- Man gibt die Teams der noch nicht begonnenen Aufträge frei, so daß für diese Aufträge ein neues Team ausgewählt werden kann.

- Die beiden ersten Vorgehensweisen werden kombiniert, d. h. die noch nicht begonnenen Aufträge sind wieder völlig frei planbar.

ad e) Diese Vorgehensweise entspricht der unter d) beschriebenen, wobei jedoch grundsätzlich die Einplanung eines anderen Teams in Erwägung gezogen wird. Sie wird immer angeboten; die Planung orientiert sich am Zielkriterium.

ad f) Diese Vorgehensweise wird nur bei Änderungen angeboten, die eine Neuplanung zwingend erfordern. Dabei wird versucht, die Aufträge mit möglichst wenigen Änderungen auf der Ebene der taktischen Planung neu zu planen.

Zusätzlich zur Freigabe der betroffenen und der nicht begonnenen Aufträge werden bei den bereits begonnenen Aufträgen Änderungen erlaubt. Zunächst probiert das System, die Einplanung der Teammitglieder zeitlich zu verschieben, die bisher noch nicht eingesetzt wurden. Bringt dies keinen Erfolg, versucht das System als nächstes, bei den bereits begonnenen Aufträgen Teammitglieder, die bisher nicht zum Einsatz kamen, zu ersetzen. Als letzte Möglichkeit bietet das System eine Veränderung der Bearbeitungszeiten der Prüfer für die noch durchzuführenden Teilprüfungsabschnitte an. Eine veränderte Einplanung wird also dadurch erreicht, daß ein Team eingeplant wird, das bis zum Zeitpunkt der Änderung mit dem bisherigen Team identisch ist, sich ab diesem Zeitpunkt aber in der Besetzung oder den Bearbeitungszeiten unterscheidet. Die beiden letztgenannnten Varianten haben somit die Generierung einer neuen Bearbeitungsalternative zur Folge.

ad g) Diese Vorgehensweise entspricht der unter f) beschriebenen, wobei jedoch grundsätzlich die Einplanung eines anderen Teams in Erwägung gezogen wird. Sie wird immer angeboten; die Planung orientiert sich am Zielkriterium.

ad h) Hier erhält der Anwender die Möglichkeit, den Plan manuell zu bearbeiten.

6.2.1.3 Vorgehensweise im Detail

Die Fälle 1, 2, 4, 5, 6, 7, 10, 15, 17, 19, 21 und 22 können ohne Modifikationen nach dem in Abschnitt 6.2.1.2 beschriebenen Schema abgehandelt werden. Für die übrigen Fälle ergeben sich die nachfolgend diskutierten Besonderheiten.

Fall 3: Eine Neuplanung ist unter der Voraussetzung notwendig, daß der betreffende Auftrag in der Periode zur Bearbeitung eingeplant ist und durch das zusätzliche Bearbeitungsverbot nicht mehr genügend Zeit zur Bearbeitung verbleibt. In diesem Fall wird manuell eingegeben, wie viele Stunden jedes Teammitglied während der noch durchzuführenden Teilprüfungsabschnitte zusätzlich am Auftrag arbeiten soll.

Fall 8: Eine Neuplanung ist unter der Voraussetzung notwendig, daß aufgrund des alten Planes die Bearbeitung des Auftrags vor dem neuen frühesten Bearbeitungszeitpunkt geplant ist. In diesem Fall gibt es vier Möglichkeiten:

a) Das Team und die Bearbeitungsdauern bleiben unverändert.

b) Die Bearbeitungsdauern der Prüfer für die einzelnen Teilprüfungsabschnitte werden erhöht. Dazu wird manuell eingegeben, wie viele Stunden die Prüfer während der noch durchzuführenden Teilprüfungsabschnitte zusätzlich arbeiten sollen.

c) Es werden zusätzliche Prüfer in das Team aufgenommen. Dazu wird manuell eingegeben, welche Prüfer zusätzlich in das Team aufgenommen werden und wie viele Stunden diese während der noch durchzuführenden Teilprüfungsabschnitte an dem Auftrag arbeiten sollen.

d) Die Möglichkeiten b) und c) werden kombiniert.

Fall 9: Eine Neuplanung ist unter der Voraussetzung notwendig, daß aufgrund des alten Planes das Ende der Bearbeitung nach dem neuen spätesten Beendigungszeitpunkt geplant ist. In diesem Fall ergeben sich dieselben Möglichkeiten der Neuplanung wie bei Fall 8.

Fall 11: Um mehr Zeit für die Bearbeitung eines Auftrags zu gewinnen, gibt es verschiedene Möglichkeiten:

a) Die Prüfer des Teams machen Überstunden. Diese Alternative ist zu bevorzugen, wenn nur geringfügig mehr Zeit gebraucht wird als geplant. Dazu wird für die noch durchzuführenden Teilprüfungsabschnitte manuell eingegeben, wie viele Stunden die einzelnen Prüfer zusätzlich arbeiten sollen.

b) Für den Auftrag wird die Anzahl der Teilprüfungsabschnitte erhöht. Dazu wird manuell eingegeben, wie viele Teilprüfungsabschnitte hinzugefügt werden sollen. Dabei muß überprüft werden, ob bis zum spätesten Beendigungszeitpunkt noch eine ausreichende Anzahl Perioden zur Verfügung steht. Dann wird für die einzelnen Prüfer manuell eingegeben, wie viele Stunden sie während der zusätzlichen Teilprüfungsabschnitte an dem Auftrag arbeiten sollen.

c) Für den Auftrag werden zusätzliche Prüfer bereitgestellt. Dazu wird manuell eingegeben, welche Prüfer neu in das Team aufgenommen werden und wie viele Stunden sie an dem Auftrag während der noch durchzuführenden Teilprüfungsabschnitte arbeiten sollen.

d) Die Möglichkeiten a), b) und c) werden beliebig kombiniert.

Fall 12: Wenn weniger Zeit für die Bearbeitung eines Auftrags benötigt wird, kann man auf verschiedene Weise reagieren:

a) Die Prüfer des Teams arbeiten weniger Stunden an dem Auftrag bzw. einzelne Prüfer werden völlig von dem Auftrag abgezogen. Dazu wird für die noch durchzuführenden Teilprüfungsabschnitte manuell eingegeben, wie viele Stunden die einzelnen Prüfer weniger arbeiten sollen.

b) Für den Auftrag wird die Anzahl der Teilprüfungsabschnitte vermindert. Dazu wird manuell eingegeben, wie viele Teilprüfungsabschnitte entfallen sollen. Dabei muß überprüft werden, ob überhaupt noch entsprechend viele Teilprüfungsabschnitte zur Bearbeitung anstehen.

c) Die Möglichkeiten a) und b) werden kombiniert.

Fall 13: Der neue Prüfer wird - ohne weitere Auswirkungen - in das System aufgenommen und kann anschließend dazu genutzt werden, manuell zusätzliche Teams zu generieren. Die sich aus neuen Teams ergebenden Möglichkeiten sind unter Fall 17, der ohne weitere Modifikationen nach dem in Abschnitt 6.2.1.2 beschriebenen Schema abgehandelt werden kann, berücksichtigt.

Fall 14: Eine Neuplanung ist unter der Voraussetzung notwendig, daß der gestrichene Prüfer zu mindestens einer Auftragsbearbeitung eingeplant ist. Falls der Auftrag noch nicht in Bearbeitung ist, muß manuell ein neues Team mit einem Ersatz für den gestrichenen Prüfer gebildet werden. Ist dagegen schon mit der Bearbeitung des Auftrags begonnen worden, muß ebenfalls manuell ein Ersatz für den gestrichenen Prüfer zusätzlich in das Team aufgenommen werden.

Fall 16: Eine Neuplanung ist unter der Voraussetzung notwendig, daß der Prüfer während der Zeit, zu der er nunmehr nicht mehr zur Verfügung steht, zu einer Auftragsbearbeitung eingeplant ist. Dann sind zwei Möglichkeiten zu unterscheiden:

a) Der Prüfer fällt nur kurzzeitig aus, so daß dieser Ausfall von den anderen Teammitgliedern (evtl. durch Überstunden) ausgeglichen werden kann. Dazu muß manuell festgelegt werden, wie viele Stunden jedes andere Teammitglied während der noch durchzuführenden Teilprüfungsabschnitte zusätzlich am Auftrag arbeiten soll.

b) Der Prüfer fällt längere Zeit aus, so daß ein Ersatz für ihn in das

Team aufgenommen werden muß. In diesem Fall ergeben sich dieselben Möglichkeiten der Neuplanung wie bei Fall 14.

Fall 18: Eine Neuplanung ist unter der Voraussetzung notwendig, daß das gestrichene Team zur Auftragsbearbeitung eingeplant ist.

Fall 20: Eine Neuplanung ist unter der Voraussetzung notwendig, daß aufgrund des alten Planes der neue Mindestabstand noch nicht eingehalten wird. In diesem Fall ergeben sich dieselben Möglichkeiten der Neuplanung wie bei Fall 8.

Fall 23: Eine Neuplanung ist unter der Voraussetzung notwendig, daß aufgrund des alten Planes der neue Maximalabstand noch nicht eingehalten wird. In diesem Fall ergeben sich dieselben Möglichkeiten der Neuplanung wie bei Fall 8.

6.2.2 Taktisch-operative Planung

Planrevidierungen auf dieser Ebene können entweder durch Neuplanungen auf der taktischen Ebene oder durch Informationsänderungen für die auf dieser Ebene neu berücksichtigten Parameter ausgelöst werden.

6.2.2.1 Arten von Informationsänderungen

Auf der Ebene der taktisch-operativen Planung können die in Tabelle 6.2 aufgeführten Informationsänderungen unterschieden werden. Neben einer fortlaufenden Numerierung und einer Beschreibung der Art der Änderung ist erneut ein Verweis auf die betreffende Modellannahme in Abschnitt 4.1 enthalten.

Die Fälle 3, 4, 7 und 8 können allein aus Planrevidierungen auf der taktischen Ebene, die Fälle 1, 2, 5 und 6 aus Planrevidierungen auf der taktischen Ebene oder aus nur die taktisch-operative Ebene betreffenden Aktualisierungen resultieren, während die Fälle 9, 10, 11, 12 und 13 ausschließlich bei auf die taktisch-operative Ebene beschränkten Informationsänderungen auftreten.

Tabelle 6.2: Informationsänderungen der taktisch-operativen Planungsebene

Nr.	Art der Änderung	Annahme in 4.1
1	Zusätzliche Prüferzeit	b)
2	Prüferzeit gestrichen	b)
3	Zusätzlicher Auftrag	c)
4	Auftrag gestrichen	c)
5	Zusätzliches Bearbeitungsverbot	c)
6	Bearbeitungsverbot gestrichen	c)
7	Mehr Zeit für Auftrag benötigt	d)
8	Weniger Zeit für Auftrag benötigt	d)
9	Reisezeit länger	e)
10	Reisezeit kürzer	e)
11	Zusätzliche zeitgleiche Bearbeitung	f)
12	Zeitgleiche Bearbeitung gestrichen	f)
13	Änderung der Kosten für Einplanungen außerhalb der vereinbarten Arbeitszeiten	g)

In den Fällen 3 und 7 muß eine Planrevidierung stattfinden, in den Fällen 2, 5, 9 und 11 muß unter bestimmten, im folgenden noch näher spezifizierten Voraussetzungen eine Planrevidierung erfolgen, während in den verbleibenden Fällen 1, 4, 6, 8, 10, 12 und 13 eine Neuplanung optional durchgeführt werden kann. In allen Fällen muß bei einer Planrevidierung im Anschluß eine Neuplanung auf der operativen Ebene für die von Änderungen betroffenen Aufträge durchgeführt werden.

6.2.2.2 Allgemeine Vorgehensweise

Eine Planrevidierung wird dann notwendig, wenn bereits ein Plan vorliegt. Das bedeutet, daß das Problem der revidierenden Planung für Planungszeiträume, die noch weit in der Zukunft liegen, üblicherweise nicht auftritt, da hier noch kein Plan erstellt wurde.

Der Anwender hat vor dem Beginn der Neuplanung erneut die Möglichkeit, das Ausmaß der Veränderung des Planes zu bestimmen. Dazu werden folgende Optionen angeboten:

a) Keine Neuplanung
b) Betroffene Aufträge mit möglichst wenigen Änderungen neu planen
c) Betroffene Aufträge nach Zielkriterium neu planen
d) Alle Aufträge mit möglichst wenigen Änderungen neu planen
e) Alle Aufträge nach Zielkriterium neu planen
f) Manuelle Neuplanung

Im folgenden sind die den Optionen entsprechenden Strategien beschrieben:

ad a) Diese Vorgehensweise wird nur bei Änderungen angeboten, die eine Neuplanung nicht zwingend erfordern.

ad b) Diese Vorgehensweise wird nur bei Änderungen angeboten, die eine Neuplanung zwingend erfordern. Dabei wird versucht, die betroffenen Aufträge mit möglichst wenigen Änderungen auf der Ebene der taktisch-operativen Planung neu zu planen.

ad c) Diese Vorgehensweise wird immer angeboten. Dabei wird versucht, die betroffenen Aufträge unter Berücksichtigung des Zielkriteriums auf der Ebene der taktisch-operativen Planung neu zu planen.

ad d) Diese Vorgehensweise wird nur bei Änderungen angeboten, die eine Neuplanung zwingend erfordern. Dabei wird versucht, alle Aufträge mit möglichst wenigen Änderungen auf der Ebene der taktisch-operativen Planung neu zu planen.

ad e) Diese Vorgehensweise wird immer angeboten. Dabei wird versucht, alle Aufträge unter Berücksichtigung des Zielkriteriums auf der Ebene der taktisch-operativen Planung neu zu planen.

ad f) Hier erhält der Anwender die Möglichkeit, den Plan manuell zu bearbeiten.

6.2.2.3 Vorgehensweise im Detail

Die Fälle 1, 3, 4, 6, 7, 8, 10, 12 und 13 können ohne Modifikationen nach dem in Abschnitt 6.2.2.2 beschriebenen Schema abgehandelt werden. Für die übrigen Fälle ergeben sich die nachfolgend diskutierten Besonderheiten.

Fall 2: Eine Neuplanung ist unter der Voraussetzung notwendig, daß der Prüfer während der Zeit, zu der er nunmehr nicht mehr zur Verfügung steht, zur Auftragsbearbeitung eingeplant ist.

Fall 5: Eine Neuplanung ist unter der Voraussetzung notwendig, daß das neue Bearbeitungsverbot in der alten Planung nicht ohnehin schon berücksichtigt wird.

Fall 9: Eine Neuplanung ist unter der Voraussetzung notwendig, daß die längere Reisezeit in der alten Planung nicht ohnehin schon berücksichtigt wird.

Fall 11: Eine Neuplanung ist unter der Voraussetzung notwendig, daß die zusätzliche zeitgleiche Bearbeitung in der alten Planung nicht ohnehin schon enthalten ist.

6.2.3 Operative Planung

Planrevidierungen auf dieser Ebene können entweder durch Neuplanungen auf der taktisch-operativen Ebene oder durch Informationsänderungen für die auf dieser Ebene neu berücksichtigten Parameter ausgelöst werden.

6.2.3.1 Arten von Informationsänderungen

Auf der Ebene der operativen Planung können die in Tabelle 6.3 aufgeführten Informationsänderungen unterschieden werden. Neben einer fortlaufenden Numerierung und einer Beschreibung der Art der Änderung ist wiederum ein Verweis auf die betreffende Modellannahme in Abschnitt 5.1 enthalten.

Tabelle 6.3: Informationsänderungen der operativen Planungsebene

Nr.	Art der Änderung	Annahme in 5.1
1	Zusätzliche Prüferzeit	b), d)[20]
2	Prüferzeit gestrichen	b), d)
3	Zusätzliche Prüffeldergruppe	c)
4	Prüffeldergruppe gestrichen	c)
5	Zusätzliches Prüffeld	e)
6	Prüffeld gestrichen	e)
7	Bearbeitungsdauer für Prüffeld größer	f), g), h)[21]
8	Bearbeitungsdauer für Prüffeld kleiner	f), g), h)
9	Zusätzliches Zuordnungsverbot	g)
10	Zuordnungsverbot gestrichen	g)
11	Zusätzliche Vorwegzuordnung	g)
12	Vorwegzuordnung gestrichen	g)
13	Zusätzliche Reihenfolgebeziehung	i)
14	Reihenfolgebeziehung gestrichen	i)

Die Fälle 1 und 2 können nur aus Planrevidierungen auf der taktisch-operativen Ebene resultieren, während die übrigen Fälle ausschließlich bei auf die operative Ebene beschränkten Informationsänderungen auftreten.

In den Fällen 2, 3, 5 und 7 muß eine Planrevidierung stattfinden, in den Fällen 9, 11 und 13 muß unter bestimmten, im folgenden noch näher spezifizierten Voraussetzungen eine Planrevidierung erfolgen, während in den verblei-

20 Wird ein Prüfer dem Auftrag neu zugeordnet bzw. gestrichen, so hat dies sowohl auf die Parameter C_{at} als auch auf $\mathscr{M}_{eu}$ Auswirkungen.

21 Die (Netto-) Bearbeitungsdauer eines Prüffeldes durch einen bestimmten Prüfer ist durch die Parameter S_{ep}, k_{epsma} und d_{epsm} gegeben.

benden Fällen 1, 4, 6, 8, 10, 12 und 14 eine Neuplanung optional durchgeführt werden kann.

6.2.3.2 Allgemeine Vorgehensweise

Eine Planrevidierung wird wiederum dann notwendig, wenn bereits ein Plan vorliegt. Bei der Neuplanung ist zu beachten, daß Prüfer, die die Bearbeitung einer Prüffeldergruppe begonnen haben, diese nach Möglichkeit auch zu Ende führen sollten.

Der Anwender hat vor dem Beginn der Neuplanung erneut die Möglichkeit, das Ausmaß der Veränderung des Planes zu bestimmen. Dazu werden folgende Optionen angeboten:

a) Keine Neuplanung

b) Betroffene Prüffelder mit möglichst wenigen Änderungen neu planen

c) Betroffene Prüffelder nach Zielkriterium neu planen

d) Betroffene Prüffelder und nicht begonnene Prüffelder mit möglichst wenigen Änderungen neu planen

e) Betroffene Prüffelder und nicht begonnene Prüffelder nach Zielkriterium neu planen

f) Betroffene, nicht begonnene und begonnene Prüffelder mit möglichst wenigen Änderungen neu planen

g) Betroffene, nicht begonnene und begonnene Prüffelder nach Zielkriterium neu planen

h) Manuelle Neuplanung

Im folgenden sind die den Optionen entsprechenden Strategien beschrieben:

ad a) Diese Vorgehensweise wird nur bei Änderungen angeboten, die eine Neuplanung nicht zwingend erfordern.

ad b) Diese Vorgehensweise wird nur bei Änderungen angeboten, die eine Neuplanung zwingend erfordern. Dabei wird versucht, die betroffenen

Prüffelder mit möglichst wenigen Änderungen auf der Ebene der operativen Planung neu zu planen.

ad c) Diese Vorgehensweise wird immer angeboten. Dabei wird versucht, die betroffenen Prüffelder unter Berücksichtigung des Zielkriteriums auf der Ebene der operativen Planung neu zu planen.

ad d) Diese Vorgehensweise wird nur bei Änderungen angeboten, die eine Neuplanung zwingend erfordern. Dabei wird versucht, die betroffenen und die noch nicht begonnenen Prüffelder mit möglichst wenigen Änderungen auf der Ebene der operativen Planung neu zu planen. In Erweiterung zu b) werden - zusätzlich zu den betroffenen Prüffeldern - die noch nicht begonnenen Prüffelder freigegeben. Dazu werden dem Anwender folgende Möglichkeiten angeboten:

- Man gibt die noch nicht begonnenen Prüffelder zeitlich frei, so daß diese neu geplant werden können.
- Man gibt die Prüfer der noch nicht begonnenen Prüffelder frei, so daß diese Prüffelder anderen Prüfern zugeordnet werden können.
- Die beiden ersten Vorgehensweisen werden kombiniert, d. h. die noch nicht begonnenen Prüffelder sind wieder völlig frei planbar.

ad e) Diese Vorgehensweise entspricht der unter d) beschriebenen. Sie wird jedoch immer angeboten; die Planung orientiert sich am Zielkriterium.

ad f) Diese Vorgehensweise wird nur bei Änderungen angeboten, die eine Neuplanung zwingend erfordern. Dabei wird versucht, die Prüffelder mit möglichst wenigen Änderungen auf der Ebene der operativen Planung neu zu planen.

Zusätzlich zur Freigabe bei den betroffenen Prüffeldern und den nicht begonnenen Prüffeldern werden bei den bereits begonnenen Prüffeldern Änderungen erlaubt. Diese Möglichkeit sollte nur gewählt werden, wenn der Prüfer, der die Bearbeitung eines Prüffelds begonnen hat, nicht mehr zur Verfügung steht, um die Bearbeitung zu beenden.

ad g) Diese Vorgehensweise entspricht der unter f) beschriebenen. Sie wird jedoch immer angeboten; die Planung orientiert sich am Zielkriterium.

ad h) Hier erhält der Anwender die Möglichkeit, den Plan manuell zu bearbeiten.

6.2.3.3 Vorgehensweise im Detail

Die Fälle 1, 2, 3, 4, 5, 6, 7, 8, 10, 12 und 14 können ohne Modifikationen nach dem in Abschnitt 6.2.3.2 beschriebenen Schema abgehandelt werden. Für die übrigen Fälle ergeben sich die nachfolgend diskutierten Besonderheiten.

Fall 9: Eine Neuplanung ist unter der Voraussetzung notwendig, daß das zusätzliche Zuordnungsverbot in der alten Planung nicht ohnehin schon enthalten ist.

Fall 11: Eine Neuplanung ist unter der Voraussetzung notwendig, daß die zusätzliche Vorwegzuordnung nicht ohnehin schon berücksichtigt wird.

Fall 13: Eine Neuplanung ist unter der Voraussetzung notwendig, daß die zusätzliche Reihenfolgebeziehung in der alten Planung nicht ohnehin schon berücksichtigt wird.

6.3 Bewertung

Die Entwicklung von für den praktischen Einsatz geeigneten Planungsinstrumenten umfaßt nicht ausschließlich die aus Anwendersicht erforderliche Abbildung des Problems und die Bereitstellung leistungsfähiger Lösungsmethoden. Zusätzlich ist zu berücksichtigen, wie nach einem Planungslauf neu hinzugekommene Informationen berücksichtigt werden müssen. Dabei ergeben sich im wesentlichen die beiden folgenden Problembereiche: Zum einen ist die Zahl der Änderungen auf ein für den Anwender akzeptables Maß zu beschränken, zum anderen muß - insbesondere bei hierarchischen Ansätzen -

die Konsistenz auf allen Modellebenen garantiert werden. Für den vorliegenden Problembereich der Personaleinsatzplanung in Wirtschaftsprüfungsgesellschaften wird folgendes Konzept vorgeschlagen:

- Für alle Modellebenen sind die möglichen Informationsänderungen klassifiziert.
- Für jede der betroffenen Modellebenen kann der Anwender eine abgestufte Vorgehensweise wählen, die es gestattet, die Ergebnisse des ursprünglichen Planungslaufs wahlweise ganz, teilweise oder nicht zu übernehmen.
- Der Anwender kann entweder eine auf möglichst wenige Änderungen gegenüber dem bisherigen Plan ausgerichtete oder eine am Zielkriterium orientierte Planrevidierung anstoßen.
- Informationsänderungen werden nur dann ins System aufgenommen, wenn auf allen betroffenen Ebenen die erforderlichen Modifikationen vorgenommen werden.

Damit liegen nun nicht mehr nur Modelle und Verfahren vor, die ein einmaliges, effizientes Lösen eines praxisrelevanten Problems zu einem bestimmten Zeitpunkt ermöglichen, sondern auch ein Revidierungsrahmen, der eine dauerhafte, flexible Nutzung dieser Planungsinstrumentarien unter Praxisbedingungen ermöglicht. Die grundsätzlichen Überlegungen, auf denen die Formulierung des vorliegenden Konzepts zur revidierenden Planung basiert, sind darüber hinaus offensichtlich allgemein genug, um auch bei anderen Problembereichen mit hierarchischer Struktur Anwendung finden zu können.

Kapitel 7

Zusammenfassung und Ausblick

Die vorliegende Arbeit stellt einen hierarchischen Ansatz zur Personaleinsatzplanung in Wirtschaftsprüfungsgesellschaften vor. Während die derzeit bekannten Ansätze auf (mehr oder weniger) gravierenden Vereinfachungen basieren und die Problemstellung unter eher theoretischen Gesichtspunkten angehen, liegt dieser Arbeit eine Erhebung unter den 200 (bezogen auf die Zahl der beschäftigten Wirtschaftsprüfer) größten Prüfungsgesellschaften in der Bundesrepublik Deutschland zugrunde. Als wichtigstes Ergebnis konnte dabei festgehalten werden, daß die Personaleinsatzplanung nicht nur in einer einzigen, sondern in mehreren, aufeinanderfolgenden Stufen vorgenommen wird. Durch die Wahl eines hierarchischen Ansatzes wird der Struktur des Problems durch die damit erforderliche Abstimmung zwischen den einzelnen Ebenen besonders gut Rechnung getragen und die logische Konsistenz der Problemformulierung deutlich zum Ausdruck gebracht. Es lassen sich insgesamt drei Ebenen, nämlich der taktische, der taktisch-operative und der operative Bereich, identifizieren, die sich durch ein schrittweise abnehmendes Aggregationsniveau auszeichnen:

- Die taktische Planung ordnet den Aufträgen Prüferteams zu und nimmt - auf Wochenbasis - die Terminierung der Aufträge sowie die Festsetzung der erforderlichen Bearbeitungsdauern je Prüfer für einen Zeitraum von drei bis zwölf Monaten vor.

- Die taktisch-operative Planung bestimmt - auf Basis von (Halb-) Schichten - für alle Prüfer je Woche die Abfolge und Zeiträume der Auftragsbearbeitungen.

- Die operative Planung dient - auf Stundenbasis - der Zuordnung von Prüfern zu Prüffeldern sowie der Terminierung der Prüffelder. Sie wird je Auftrag und Woche separat durchgeführt.

Jede Ebene wird in enger Anlehnung an bekannte Probleme der Ablaufplanung als binäres Optimierungsproblem formuliert. Zu jedem Modell wird ein heuristisches Verfahrensschema vorgestellt, in das verschiedene Prioritätsregeln eingebettet werden können. Die Güte dieser Regeln wird in umfangreichen experimentellen Studien untersucht. Als Basis dafür dienen Datensätze, die anhand von durch die Fragebogenerhebung gewonnenen Verteilungsannahmen generiert werden. Für jede der drei Planungsebenen werden dabei Regeln extrahiert, die, in Verbindung mit den jeweiligen heuristischen Verfahrensschemata, das Lösen von praxisnahen Datensätzen in "angemessener" Rechenzeit mit "akzeptabler" Ergebnisgüte gestatten.

Um den Forderungen der Prüfungspraxis nach einem nicht nur leistungsfähigen, sondern zugleich auch flexiblen Planungsinstrument zu entsprechen, wird des weiteren ein Konzept zur Planrevidierung eingeführt. Das entwikkelte Konzept ermöglicht die Berücksichtigung von Datenänderungen und gestattet vom Benutzer wählbare, nach der Zahl der Änderungen am bisherigen Plan abgestufte Reaktionsmöglichkeiten.

Auf Basis des hierarchischen Ansatzes und des Revidierungskonzepts ist ein Pflichtenheft[1] erstellt worden, das die Anforderungen an das System präzise spezifiziert, d. h. Systemfunktionen, Menüstrukturen, bereitzustellende Informationen, Eingabedaten, Auswertungen, Berichte usw. definiert. Bis zur Fertigstellung eines entsprechenden Systems zur Personaleinsatzplanung in Wirtschaftsprüfungsgesellschaften zeichnen sich die folgenden weiteren Schritte ab: Zunächst muß die Umsetzung des Pflichtenhefts in eine Systemarchitektur erfolgen, die konkrete Datenstrukturen, Datenbankschemata und weitere Implementierungsdetails festlegt.[2] Nach der Programmierung einer benutzerfreundlichen Oberfläche ist das System zur Beurteilung seiner Leistungsfähigkeit dann einem Praxistest zu unterziehen, der als erfolgreich an-

---

1 Das entsprechende Pflichtenheft wird in Nissen (1993) vorgestellt.

2 Nach Balzert (1982, S. 15 f.) fällt die Erstellung des Pflichtenhefts im Software Life Cycle in die Definitionsphase, während die Entwicklung der Systemarchitektur Bestandteil der Entwurfsphase ist. Die eigentliche Programmierung ist der Implementierungsphase zuzurechnen.

zusehen ist, wenn das vorliegende Planungstool maßgeblich zur Reduzierung des Planungsaufwandes und einer Verbesserung des Personaleinsatzes beitragen kann. Abschließend sind ggf. durch den Praxistest als sinnvoll erachtete Modifikationen umzusetzen und auf ihre Wirksamkeit hin zu überprüfen.

Weiterführende Forschungsarbeiten sollten in folgende Richtungen gehen:

- Mit den hier vorgestellten Konstruktionsverfahren lassen sich Lösungen in "angemessener" Rechenzeit mit "akzeptabler" Ergebnisgüte erzeugen. Verbesserungen sind dennoch z. B. durch Sequentialtests[3], die verfahrensintern - im Unterschied zu der hier gewählten festen Vorgabe - nach bestimmten Kriterien die verwendeten Kontrollparameter selektieren, denkbar. Möglicherweise sind weitere Fortschritte im Hinblick auf die Ergebnisgüte auch durch die Entwicklung von Verfahren, die auf den Ideen Genetischer Algorithmen[4], des Simulated Annealing[5] oder des Tabu Search[6] basieren, zu erreichen.

- Die in den Kapiteln 3, 4 und 5 eingeführten Verallgemeinerungen bzw. Neuerungen für den Bereich der Ablaufplanung, also Modus-Identität, Modusmengen-Identität und Rüstzeiten, sollten theoretisch weiter untersucht und fundiert werden. Als Stoßrichtungen sind dabei sowohl modellierungs- als auch verfahrenstechnische Aspekte von Interesse.

- Die für die vorgestellte Arbeit gewählte Vorgehensweise kann grundsätzlich auch auf andere, ähnlich gelagerte Problembereiche übertragen werden. So stellt sich z. B. für die Personaleinsatzplanung bei Unternehmensberatungen eine prinzipiell analoge Problemstellung, d. h. für einzelne Beratungsaufträge sind Teams zu bilden, die Durchführung der Aufträge ist zu terminieren, eine detaillierte Wochenplanung ist vorzunehmen und im Rah-

---

3 Siehe z. B. Haase (1994, S. 50 ff.).

4 Siehe z. B. Dorndorf/Pesch (1992), Goldberg (1989), Mühlenbein/Gorges-Schleuter/Krämer (1988).

5 Siehe z. B. Johnson et al. (1989), van Laarhoven/Aarts/Lenstra (1992).

6 Siehe z. B. Faigle/Kern (1992), Glover (1989).

men eines einzelnen Beratungsauftrags sind Tätigkeiten Beratern zuzuordnen und zu terminieren. Wesentliche Unterschiede zur Personaleinsatzplanung in Wirtschaftsprüfungsgesellschaften ergeben sich dabei vermutlich durch die fehlende Kontinuität der Aufträge[7], was zur Folge hat, daß die Datenunsicherheit bzw. das Datenrisiko höher sind, und durch geringere saisonale Nachfrageschwankungen, die sich bei der Verfahrensentwicklung bemerkbar machen könnten.

---

7 Während Wirtschaftsprüfungsgesellschaften in der Regel über eine Vielzahl von Mandaten verfügen, die bereits in den Vorjahren geprüft wurden, werden Beratungsaufträge üblicherweise nur einmal zur Lösung eines konkreten Problems erteilt. Aus diesem Umstand ergibt sich für Wirtschaftsprüfungsgesellschaften der Vorteil, daß die Besonderheiten eines Prüfungsauftrags in den Jahren nach dem Erstauftrag besser eingeschätzt werden können und damit die Datenunsicherheit abnimmt.

Literaturverzeichnis

Aaker, D.A. / Day, G.S. (1990): Marketing Research, 4. Aufl., New York u.a.

Alvarez-Valdés, R. / Tamarit, J.M. (1989): Heuristic algorithms for resource-constrained project scheduling: A review and an empirical analysis, in: Slowinski, R. / Weglarz, J. (Hrsg.): Advances in project scheduling, Amsterdam, S. 113-134.

Badiru, A.B. (1988): Towards the standardization of performance measures for project scheduling heuristics, in: IEEE Transactions on Engineering Management, Vol. 35, S. 82-89.

Baker, K.R. (1974): Introduction to sequencing and scheduling, New York u.a.

Baker, K.R. (1977): An experimental study of the effectiveness of rolling schedules in production planning, in: Decision Sciences, Vol. 8, S. 19-27.

Baker, K.R. / Peterson, D.W. (1979): An analytic framework for evaluating rolling schedules, in: Management Science, Vol. 25, S. 341-351.

Balachandran, B.V. / Zoltners, A.A. (1981): An interactive audit-staff scheduling decision support system, in: The Accounting Review, Vol. 56, S. 801-812.

Balas, E. (1971): Project scheduling with resource constraints, in: Beale, E.M.L. (Hrsg.): Applications of mathematical programming techniques, London, S. 187-200.

Balzert, H. (1982): Die Entwicklung von Software-Systemen: Prinzipien, Methoden, Sprachen, Werkzeuge, Mannheim u. a.

Bartsch, T. (1993): Personaleinsatzplanung in Wirtschaftsprüfungsgesellschaften - Entwicklung von Lösungsverfahren für den taktisch-operativen Bereich, Diplomarbeit, Universität Kiel.

Blackburn, J.D. / Kropp, D.H. / Millen, R.A. (1986): A comparison of strategies to dampen nervousness in MRP systems, in: Management Science, Vol. 32, S. 413-429.

Blazewicz, J. / Cellary, R. / Slowinski, R. / Weglarz, J. (1986): Scheduling under resource constraints - deterministic models, Basel.

Böhler, H. (1992): Marktforschung, 2. Aufl., Stuttgart u.a.

Böttcher, L. (1993): Personaleinsatzplanung in Wirtschaftsprüfungsgesellschaften - Entwicklung von Lösungsverfahren für den operativen Bereich, Diplomarbeit, Universität Kiel.

Bolenz, G. / Frank, R. (1977): Das Zuordnungsproblem von Prüfern zu Prüffeldern unter Berücksichtigung von Reihenfolgebeziehungen - Ein Lösungsansatz der binären Optimierung, in: Zeitschrift für betriebswirtschaftliche Forschung, Jg. 29, S. 427-447.

Bull (1991): Artificial Intelligence: CHARME - Eine Einführung, Referenznr. 13.D2-5031, Köln.

Campbell, G.M. (1992): Master production scheduling under rolling planning horizons with fixed order intervals, in: Decision Sciences, Vol. 23, S. 312-331.

Carlson, R.C. / Jucker, J.V. / Kropp, D.H. (1979): Less nervous MRP systems: a dynamic economic lot-sizing-approach, in: Management Science, Vol. 25, S. 754-761.

Chan, K.H. / Dodin, B. (1986): A decision support system for audit-staff scheduling with precedence constraints and due dates, in: The Accounting Review, Vol. 61, S. 726-733.

Davis, E.W. (1973): Project scheduling under resource constraints - historical review and categorization of procedures, in: AIIE Transactions, Vol. 5, S. 297-313.

Davis, E.W. / Patterson, J.H. (1975): A comparison of heuristic and optimum solutions in resource-constrained project scheduling, in: Management Science, Vol. 21, S. 944-955.

Dienstdorf, B. (1972): Kapazitätsanpassung durch Personalverschiebung, in: Zeitschrift für Betriebswirtschaft, Jg. 67, S. 132-136.

Dodin, B. / Chan, K.H. (1991): Application of production scheduling methods to external and internal audit scheduling, in: European Journal of Operational Research, Vol. 52, S. 267-279.

Domsch, M. (1975): Personaleinsatzplanung, in: Gaugler, E. (Hrsg.): Handwörterbuch des Personalwesens, Stuttgart, Sp. 1513-1525.

Domschke, W. / Drexl, A. (1991a): Einführung in Operations Research, 2. Aufl., Berlin u. a.

Domschke, W. / Drexl, A. (1991b): Kapazitätsplanung in Netzwerken - Ein Überblick über neuere Modelle und Verfahren, in: OR Spektrum, Jg. 13, S. 63-76.

Domschke, W. / Scholl, A. / Voß, S. (1993): Produktionsplanung - Ablauforganisatorische Aspekte, Berlin u. a.

Dorndorf, U. / Pesch, E. (1992): Evolution based learning in a job shop scheduling environment, erscheint in: Computers and Operations Research.

Drexl, A. (1989a): Zuordnung von Prüfern zu Prüffeldern unter Beachtung von Reihenfolge-, Kapazitäts- und Terminrestriktionen, in: Zeitschrift für betriebswirtschaftliche Forschung, Jg. 41, S. 294-317.

Drexl, A. (1989b): Heuristische Scheduling-Verfahren zur Personaleinsatzplanung bei Unternehmensprüfungen, in: Zeitschrift für Betriebswirtschaft, Jg. 59, S. 193-212.

Drexl, A. (1990): Planung des Ablaufs von Unternehmensprüfungen, Stuttgart.

Drexl, A. (1991): Scheduling of project networks by job assignment, in: Management Science, Vol. 37, S. 1590-1602.

Drexl, A. / Kolisch, R. (1993): Produktionsplanung und -steuerung bei Einzel- und Kleinserienfertigung, in: Wirtschaftswissenschaftliches Studium, Jg. 22, S. 60-66, S. 102-103, S. 137-141.

Drexl, A. / Pesch, E. / Salewski, F. (1994): Zur Bedeutung der Modellbildung für die Entwicklung wissensbasierter Systeme, Arbeitspapier, Universität Kiel, erscheint in: Zeitschrift für Betriebswirtschaft.

Drexl, A. / Salewski, F. (1991): Expertensystembasierte Beurteilung des Internen Kontrollsystems bei Abschlußprüfungen, in: Zeitschrift für Betriebswirtschaft, Jg. 61, S. 755-776.

Drumm, H.J. (1989): Personalwirtschaftslehre, Berlin u.a.

Eom, H.B. / Lee, S.M. (1990a): A survey of decision support system applications (1971 - April 1988), in: Interfaces, Vol. 20, S. 65-79.

Eom, H.B. / Lee, S.M. (1990b): Decision support systems applications research: a bibliography (1971-1988), in: European Journal of Operational Research, Vol. 46, S. 333-342.

Fahrmeier, L. / Häußler, W. / Tutz, G. (1984): Diskriminanzanalyse, in: Fahrmeier, L. / Hamerle, A. (Hrsg.): Multivariate statistische Verfahren, S. 301-370.

Faigle, U. / Kern, W. (1992): Some convergence results for probabilistic tabu search, in: ORSA Journal on Computing, Vol. 4, S. 32-37.

Fleischmann, B. (1988): Operations-Research-Modelle und -Verfahren in der Produktionsplanung, in: Zeitschrift für Betriebswirtschaft, Jg. 58, S. 347-371.

Garey, M.R. / Johnson, D.S. (1979): Computers and intractability - a guide to the theory of NP-completeness, San Francisco.

Glover, F. (1989): Tabu Search - Part I, in: ORSA Journal on Computing, Vol. 1, S. 190-206.

Goldberg, D.E. (1989): Genetic algorithms in search, optimization and machine learning, Reading.

Günther, H.-O. (1985): Revidierende Produktionsplanung bei Sortenfertigung, in Operations Research Proceedings 1984, Berlin u. a., S. 140-147.

Günther, H. O. (1989): Produktionsplanung bei flexibler Personalkapazität, Stuttgart.

Haase, K. (1994): Lotsizing and scheduling for production planning, Berlin u.a.

Hammann, P. / Erichson, B. (1990): Marktforschung, 2. Aufl., Stuttgart.

Hax, A.C. / Candea, D. (1984): Production and inventory management, Englewood Cliffs (N.J.).

Hax, A.C. / Meal, H.C. (1975): Hierarchical integration of production planning and scheduling, in: Geisler, M.A. (Hrsg.): Logistics, TIMS Studies in the Management Sciences, Amsterdam, S. 53-69.

Hax, H. / Laux, H. (1972): Flexible Planung - Verfahrensregeln und Entscheidungsmodelle für die Planung bei Ungewißheit, in: Zeitschrift für betriebswirtschaftliche Forschung, Jg. 24, S. 318-340.

Herroelen, W.S. (1972): Resource-constrained project scheduling - the state of the art, in: Operational Research Quarterly, Vol. 23, S. 261-275.

Inderfurth, K. (1982): Starre und flexible Investitionsplanung: Eine Untersuchung starrer und flexibler Planungsverfahren bei sequentieller Investitionsprogrammplanung bei Unsicherheit, Wiesbaden.

Institut der Wirtschaftsprüfer in Deutschland e. V. (Hrsg.) (1989): FG 1/1988: Grundsätze ordnungsmäßiger Durchführung von Abschlußprüfungen, in: Die Wirtschaftsprüfung, Jg. 42, S. 9-19.

Johnson, D.S. / Aragon, C.R. / McGeoch, L.A. / Schevon, C. (1989): Optimization by simulated annealing: an experimental evaluation; Part I, graph partitioning, in: Operations Research, Vol. 37, S. 865-892.

Kaufmann, H. / Pape, H. (1984): Clusteranalyse, in: Fahrmeier, L. / Hamerle, A. (Hrsg.): Multivariate statistische Verfahren, S. 371-472.

Kelley, J.E. (1963): The critical-path method: Resources planning and scheduling, in: Muth, J.F. / Thompson, G.L. (Hrsg.): Industrial scheduling, Englewood Cliffs (N.J.), S. 347-365.

Kistner, K.-P. / Steven, M. (1991): Die Bedeutung des Operations Research für die hierarchische Produktionsplanung, in: OR Spektrum, Bd. 13, S. 123-132.

Kistner, K.-P. / Steven, M. (1993): Produktionsplanung, 2. Aufl., Heidelberg.

Koch, H. (1982): Integrierte Unternehmensplanung, Wiesbaden.

Kossbiel, H. (1992a): Personaleinsatz und Personaleinsatzplanung, in: Gaugler, E. (Hrsg.): Handwörterbuch des Personalwesens, 2. Aufl., Stuttgart, Sp. 1654-1666.

Kossbiel, H. (1992b): Personalbereitstellung bei Arbeitszeitflexibilisierung, in: Zeitschrift für Betriebswirtschaft, Jg. 62, S. 175-198.

Kruschwitz, L. (1993): Investitionsrechnung, 5. Aufl., Berlin u. a.

Küpper, H.-U. (1982): Ablauforganisation, Stuttgart - New York.

Kurtulus, I.S. / Davis, E.W. (1982): Multi-project scheduling: Categorization of heuristic rules performance, in: Management Science, Vol. 28, S. 161-172.

Kurtulus, I.S. / Narula, S.C. (1985): Multi-project scheduling: Analysis of project performance, in: IIE Transactions, Vol. 17, S. 58-66.

van Laarhoven, P.J.M. / Aarts, E.H.L. / Lenstra, J.K. (1992): Job shop scheduling by simulated annealing, in: Operations Research, Vol. 40, S. 113-125.

Leffson, U. (1988): Wirtschaftsprüfung, 4. Aufl., Wiesbaden.

Levy, F.K. / Thompson, G.L. / Wiest, J.D. (1963): Introduction to the critical-path method, in: Muth, J.F. / Thompson, G.L. (Hrsg.): Industrial scheduling, Englewood Cliffs (N.J.), S. 331-345.

Lock, D. (1984): Project management, 3. Aufl., Aldershot/Hauts.

Mag, W. (1986): Einführung in die betriebliche Personalplanung, Darmstadt.

Mather, H. (1977): Reschedule the reschedules you just rescheduled - way of life for MRP?, in: Production and Inventory Management, Vol. 18, S. 60-79.

Minifie, R. / Davis, R. (1986): Survey of MRP nervousness issues, in: Production and Inventory Management, Vol. 27, S. 111-120.

Mühlenbein, H. / Gorges-Schleuter, M. / Krämer, O. (1988): Evolution algorithms in combinatorial optimization, in: Parallel Computing, Vol. 7, S. 65-85.

Nissen, R. (1993): Entwurf eines Sollkonzepts für ein Personaleinsatzplanungssystem in Wirtschaftsprüfungsgesellschaften, Diplomarbeit, Universität Kiel.

Ost, F. (1984): Faktorenanalyse, in: Fahrmeier, L. / Hamerle, A. (Hrsg.): Multivariate statistische Verfahren, S. 575-662.

Patterson, J.H. (1984): Exact and heuristic solution procedures for the constraint-resource project scheduling problem, Volumes 1-4, Monograph, University of Missouri.

Pritsker, A.A.B. / Waters, W.D. / Wolfe, P.M. (1969): Multiproject scheduling with limited resources: a zero-one programming approach, in: Management Science, Vol. 16, S. 93-108.

Rationalisierungs-Kuratorium der Deutschen Wirtschaft (RKW) (1990) (Hrsg.): RKW-Handbuch Personalplanung, 2. Aufl., Neuwied.

Rieper, B. (1985): Hierarchische Entscheidungsmodelle in der Produktionswirtschaft, in: Zeitschrift für Betriebswirtschaft, Jg. 55, S. 770-789.

Rohde, M. (1978): Das Set-Partitioning-Problem: Wirtschaftliche Anwendungen und Algorithmen, Dissertation, FU Berlin.

Russell, R.A. (1986): A comparison of heuristics for scheduling projects with cash flows and resource restrictions, in: Management Science, Vol. 32, S. 1291-1300.

Salewski, F. / Bartsch, T. / Pesch, E. (1993): Auftragsterminierung für die taktisch-operative Personaleinsatzplanung in Wirtschaftsprüfungsgesellschaften, Arbeitspapier, Universität Kiel.

Salewski, F. / Böttcher, L. / Drexl, A. (1993): Prüffeldorientierte Zuordnung von Prüfern für die operative Personaleinsatzplanung in Wirtschaftsprüfungsgesellschaften, Arbeitspapier, Universität Kiel.

Salewski, F. / Drexl, A. (1992): Medium-term audit-staff scheduling, EURO XII / TIMS XXXI joint international conference, Helsinki.

Salewski, F. / Drexl, A. (1993): Personaleinsatzplanung in Wirtschaftsprüfungsgesellschaften - Bestandsaufnahme und konzeptioneller Ansatz, in: Zeitschrift für Betriebswirtschaft, Jg. 63, S. 1357-1376.

Salewski, F. / Drexl, A. / Schirmer, A. (1993): Project scheduling under resource and mode identity constraints, ORSA / TIMS joint national meeting, Phoenix.

Salewski, F. / Nissen, R. (1993): Revidierende hierarchische Einsatzplanung von Wirtschaftsprüfern, Arbeitspapier, Universität Kiel, erscheint in: Zeitschrift für Betriebswirtschaft.

Salewski, F. / Schirmer, A. / Drexl, A. (1993): Auftragsorientierte Bildung von Prüferteams für die taktische Personaleinsatzplanung in Wirtschaftsprüfungsgesellschaften, Arbeitspapier, Universität Kiel, erscheint in: Zeitschrift für betriebswirtschaftliche Forschung.

Schirmer, A. (1993): Personaleinsatzplanung bei Unternehmensprüfungen - Modelle und Methoden, Diplomarbeit, Universität Kiel.

Schmidt, H. (1992): Auswertung einer empirischen Untersuchung zum Audit-Staff Scheduling, Diplomarbeit, Universität Kiel.

Schneeweiß, Ch. (1992): Arbeitszeitmanagement und hierarchische Produktionsplanung, in: Schneeweiß, Ch. (Hrsg.): Kapazitätsorientiertes Arbeitszeitmanagement, Heidelberg, S. 7-22.

Scholz, Ch. (1989): Personalmanagement - Informationsorientierte und verhaltenstheoretische Grundlagen, München.

Schwarze, J. (1990): Grundlagen der Statistik II - Wahrscheinlichkeitsrechnung und induktive Statistik, 3. Aufl., Herne u. a.

Slowinski, R. / Weglarz, J. (Hrsg.) (1989): Advances in project scheduling, Amsterdam.

Sridharan, V. / Berry, W.L. / Udayabhanu, V. (1988): Freezing the master production schedule under rolling planning horizons, in: Management Science, Vol. 33, S. 1137-1149.

Stadtler, H. (1988): Hierarchische Produktionsplanung bei losweiser Fertigung, Heidelberg.

Steven, M. (1994): Hierarchische Produktionsplanung, 2. Aufl., Heidelberg.

Tempelmeier, H. (1992): Material-Logistik: Grundlagen der Bedarfs- und Losgrößenplanung in PPS-Systemen, 2. Aufl., Berlin u. a.

Teufel, B. (1992): Group Planning, Report, FAW Ulm.

Troßmann, E. (1990): Finanzplanung in Netzwerken: Konzeption eines Netzwerkmodells und einer Datenbank für die betriebliche Finanzplanung, Berlin.

Tversky, A. / Simonson, I. (1993): Context-dependent preferences, in: Management Science, Vol. 39, S. 1179-1189.

Wu, S.D. / Storer, R.H. / Chang, P.-C. (1993): One-machine rescheduling heuristics with efficiency and stability as criteria, in: Computers and Operations Research, Vol. 20, S. 1-14.

v. *Wysocki, K.* (1988): Grundlagen des betriebswirtschaftlichen Prüfungswesens, 3. Aufl., München.

Zunker, A. (1991): Personaleinsatzplanung bei Wirtschaftsprüfungsgesellschaften, Diplomarbeit, Universität Frankfurt a. M.

Abkürzungsverzeichnis

a.	auch
Aufl.	Auflage
Bd.	Band
bzgl.	bezüglich
bzw.	beziehungsweise
ca.	circa
d. h.	das heißt
DIN	Deutsche Industrienorm
et al.	et altera
etc.	et cetera
e. V.	eingetragener Verein
evtl.	eventuell
f.	und folgende Seite
ff.	und folgende Seiten
FG	Fachgutachten
ggf.	gegebenenfalls
GoA	Grundsätze ordnungsmäßiger Durchführung von Abschlußprüfungen
Hrsg.	Herausgeber
i. allg.	im allgemeinen
Jg.	Jahrgang
Nr.	Nummer
s.	siehe

S.	Seite
Sp.	Spalte
u.	und
u. a.	unter anderem
u. ä.	und ähnliche
usw.	und so weiter
u. U.	unter Umständen
v.	von
vgl.	vergleiche
Vol.	Volume
z. B.	zum Beispiel

Symbolverzeichnis

Im Symbolverzeichnis sind alle in Annahmen oder Modellen verwendeten Symbole enthalten. Die aufgeführten Symbole sind im Text je nach Problemstellung mit geeigneten Indizes versehen. "–" bedeutet, daß das Symbol auf der entsprechenden Planungsebene nicht verwendet wird.

	Taktische Planung	Taktisch-operative Planung	Operative Planung
a	Prüferindex	Prüferindex	Prüferindex
A	Anzahl der Prüfer	Anzahl der Prüfer	Anzahl der Prüfer
b	Präferenzwert	–	–
c	–	Kosten	–
C	Prüferkapazität	Prüferkapazität	Prüferkapazität
d	–	–	Bearbeitungsdauer
D	Auftragskapazität	Auftragskapazität	–
δ	spätester Bearbeitungszeitpunkt	–	–
e	Auftrags-index	Auftrags-index	Prüffeldergruppen-index
E	Anzahl der Aufträge	Anzahl der Aufträge	Anzahl der Prüffeldergruppen
EF	frühester Endzeitpunkt	frühester Endzeitpunkt	frühester Endzeitpunkt
f	erster Teilprüfungsabschnitt	Job mit kleinstem Index	erstes Teilprüffeld

	Taktische Planung	Taktisch-operative Planung	Operative Planung
$\mathscr{H}$	Menge beendbarer Teilprüfungsabschnitte	Menge beendbarer Jobs	Menge beendbarer Teilprüffelder
j	Teilprüfungsabschnitt-index (nach Transformation)	Job-index (nach Transformation)	Teilprüffelder-index (nach Transformation)
J	Anzahl der Teilprüfungsabschnitte (nach Transformation)	Anzahl der Jobs (nach Transformation)	Anzahl der Teilprüffelder (nach Transformation)
$\mathscr{J}$	–	von Prüfer zu bearbeitende Jobmenge	–
k	Kapazitätsgebrauch	Kapazitätsgebrauch	Kapazitätsgebrauch
l	letzter Teilprüfungsabschnitt	Job mit größtem Index	letztes Teilprüffeld
LF	spätester Endzeitpunkt	spätester Endzeitpunkt	spätester Endzeitpunkt
λ	frühester Bearbeitungszeitpunkt	–	–
m	Bearbeitungsalter-nativenindex	–	Bearbeitungsalter-nativenindex
M	Anzahl der Bearbeitungsalter-nativen	–	Anzahl der Bearbeitungsalter-nativen
$\mathscr{M}$	–	–	disjunkte Bearbeitungs-alternativenteilmenge
$\mathscr{MS}$	–	–	Bearbeitungsalter-nativenmenge

	Taktische Planung	Taktisch-operative Planung	Operative Planung
p	Prüfungsabschnittindex	–	Prüffelderindex
P	Anzahl der Prüfungsabschnitte	–	Anzahl der Prüffelder
q	Mindestabstand	Mindestabstand	–
$\hat{q}$	Maximalabstand	–	–
s	Teilprüfungsabschnitt-index (vor Transformation)	Job-index (vor Transformation)	Teilprüffelder-index (vor Transformation)
S	Anzahl der Teilprüfungsabschnitte (vor Transformation)	Anzahl der Jobs (vor Transformation)	Anzahl der Teilprüffelder (vor Transformation)
σ	–	Reise-/Rüstzeit	–
t	Periodenindex	Periodenindex	Periodenindex
T	Anzahl der Perioden / Länge des Planungszeitraums	Anzahl der Perioden / Länge des Planungszeitraums	Anzahl der Perioden / Länge des Planungszeitraums
u	–	–	Bearbeitungsalterna-tiventeilmengenindex
U	–	–	Anzahl der Bearbeitungs-alternativenteilmengen
$\mathscr{V}$	Menge unmittelbarer Vorgänger	Menge unmittelbarer Vorgänger	Menge unmittelbarer Vorgänger
x	Binärvariable	Binärvariable	Binärvariable
Z	Zielfunktionswert	Zielfunktionswert	Zielfunktionswert

Anhang

A Fragebogen

Der Fragebogen besteht aus 3 Teilen:

- **Teil 1** untersucht die **mittelfristige Personaleinsatzplanung**,
- **Teil 2** beschäftigt sich mit der **kurzfristigen Personaleinsatzplanung**,
- **Teil 3** geht auf **unternehmensspezifische Daten** ein.

Bitte kreuzen Sie immer nur **eine** Antwort an. Wenn Sie zwischen zwei Möglichkeiten schwanken, so entscheiden Sie sich relativ schnell und spontan, welcher Antwort Sie den Vorzug geben möchten. Falls die Beantwortung einer Frage einmal nicht möglich sein sollte, geben Sie uns bitte nach Möglichkeit unter der **Rubrik "Anmerkungen"**, die Sie am Ende eines jeden Abschnitts finden, eine kurze Erläuterung.

Bei evtl. **Rückfragen** stehen wir Ihnen jederzeit gern zur Verfügung. Wir sind vorzugsweise von ... bis ... unter der Rufnummer ... erreichbar.

	ja	nein
Möchten Sie über die **Auswertung** dieser Studie informiert werden?	❑	❑

Ihr **Name** (bitte in Druckschrift): ....

	Frau	Herr
Ihre **Anrede**?	❑	❑

Ist Ihre **Anschrift** korrekt? (Bitte ggf. korrigieren!)

Wirtschaftsprüfungsgesellschaft XY

Straße Nr.

PLZ Ort

Vielen Dank für Ihre Mitarbeit!

Teil 1: Mittelfristige Personaleinsatzplanung

Als **mittelfristige Personaleinsatzplanung** bezeichnen wir

- die **Zuordnung** von **Prüfern** (wie z. B. Assistenten, Prüfungsleitern) zu **Prüfungsaufträgen** und
- die **Terminierung der Prüfungsabschnitte** (wie z. B. Vorprüfung, Hauptprüfung) eines Auftrags.

Die mittelfristige Personaleinsatzplanung erfolgt meist **mehrere Monate vor dem Beginn** einer Prüfung.

1 Über **welchen Zeitraum** erstreckt sich bei Ihnen die zuvor beschriebene Planung? (z. B. 3 Monate, 1 Jahr, jeweils bis zum 31.8., vom 1.10. - 30.9.) ....

2 **Wie viele Prüfer** (wie z. B. Assistenten, Prüfungsleiter) sind bei Ihnen in die zuvor beschriebene Planung einzubeziehen? Ca. ....Prüfer

3 **Wie viele Aufträge** werden von Ihnen **jährlich** bearbeitet? Ca. .... Aufträge jährlich

Abschnitt 1.1: Im folgenden wird erfragt, welche **Daten** Ihnen zur Verfügung stehen und ob diese Daten in Ihre gegenwärtige Planung eingehen.

	Sind die **Daten verfügbar** bzw. könnten sie mit vertretbarem Aufwand verfügbar gemacht werden?		Werden die **Daten** bei Ihrer Planung **berücksichtigt**?	
	ja	**nein**	**ja**	**nein**
1 Unterschiedliche **Qualifikationen** der Prüfer	❑	❑	❑	❑

Falls ja: Welche Qualifikationen sind wichtig? (Mehrfachnennungen möglich!)

❑ Branchenkenntnisse
❑ Prüfungserfahrung
❑ EDV-Kenntnisse
❑ Sonstige, nämlich ....

	ja	nein	ja	nein
2 Vertragliche **Wochenarbeitszeit**	❑	❑	❑	❑
3 **Überstundensatz**	❑	❑	❑	❑
4 **Obergrenze** für Zahl der **Überstunden** pro Woche	❑	❑	❑	❑

		Daten verfügbar?		Daten berücksichtigt?	
		ja	**nein**	**ja**	**nein**
5	Schema (z. B. Punktesystem) zur **Bewertung unterschiedlicher Auslastungsgrade** einzelner Prüfer	❑	❑	❑	❑

Falls ja, bitte kurz erläutern! ....

....

....

		ja	nein	ja	nein
6	**Zahl** der **Prüfungsabschnitte** eines Auftrags	❑	❑	❑	❑
	Für jeden Auftrag **Zeiträume**, die				
7	**mindestens**	❑	❑	❑	❑
8	**höchstens**	❑	❑	❑	❑
	zwischen dem **Ende** eines Prüfungsabschnitts (z. B. Vorprüfung) und dem **Anfang** des nächsten Prüfungsabschnitts (z. B. Hauptprüfung) liegen sollen				
	Datum, zu dem ein Prüfungsabschnitt				
9	**frühestens begonnen**	❑	❑	❑	❑
10	**spätestens beendet**	❑	❑	❑	❑
	werden soll				
11	**Zeiträume**, in denen ein **Auftrag** nur **eingeschränkt** (z. B. wegen Quartalabschlußarbeiten des Mandanten) **ausgeführt** werden kann	❑	❑	❑	❑
12	**Prüfer**, die für die Bearbeitung eines **bestimmten** Auftrags **besonders gut** geeignet sind	❑	❑	❑	❑
13	**Prüfer**, die **erforderlichenfalls** einen für die Bearbeitung eines bestimmten Auftrags **besonders gut geeigneten** Prüfer **ersetzen** könnten	❑	❑	❑	❑
14	Schema (z. B. Punktesystem) zur **Bewertung** des (in 13 angesprochenen) **Prüferersatzes**	❑	❑	❑	❑

Falls ja, bitte kurz erläutern! ....

....

....

	Daten verfügbar? ja	Daten verfügbar? nein	Daten berücksichtigt? ja	Daten berücksichtigt? nein
15 **Bearbeitungsdauer** eines - aus bestimmten Prüfern bestehenden - **Teams** für einen **kompletten Prüfungsabschnitt** (Team-Gesamtprüfungsdauer Prüfungsabschnitt)	☐	☐	☐	☐
Dauer, mit der ein **bestimmter Prüfer** in einem bestimmten Team für die Bearbeitung eines **kompletten Prüfungsabschnitts**				
16 **möglichst** (=Wunsch)	☐	☐	☐	☐
17 **mindestens** (=Untergrenze)	☐	☐	☐	☐
eingeplant werden soll				
Dauer, mit der ein **bestimmter Prüfer** in einem bestimmten Team für die Bearbeitung eines **Prüfungsabschnitts** in einer **bestimmten Prüfungswoche**				
18 **möglichst** (=Wunsch)	☐	☐	☐	☐
19 **mindestens** (=Untergrenze)	☐	☐	☐	☐
eingeplant werden soll				
20 Schema (z. B. Punktesystem) zur **Bewertung** einer **Dauer**, die **zwischen** der **gewünschten** und der **mindestens** erforderlichen liegt (vgl. 16 - 19)	☐	☐	☐	☐

Falls ja, bitte kurz erläutern! ....
....
....

Weitere Daten, die Sie für **wichtig** halten:				
21	☐	☐	☐	☐
22	☐	☐	☐	☐
23	☐	☐	☐	☐
24	☐	☐	☐	☐
25	☐	☐	☐	☐

Raum für **Anmerkungen** zu 1 - 25 (bitte Nummer angeben):
....
....
....

<u>Abschnitt 1.2</u>: Im folgenden soll festgestellt werden, für wie wichtig Sie bestimmte **Planungsziele** halten und welche Ziele Sie bei Ihrer gegenwärtigen Planung verfolgen.

	Das **Ziel** ist **unbedingt einzuhalten**. Aussage **stimmt** ...						**Ziel** wird bei unserer derzeitigen Planung **berücksichtigt**.	
	überhaupt nicht	fast nicht	eher nicht	eher	fast	absolut	**ja**	**nein**
1 Einplanung **aller** Prüfungsaufträge	❑	❑	❑	❑	❑	❑	❑	❑
2 **Kostenminimierung** über alle Prüfungsaufträge	❑	❑	❑	❑	❑	❑	❑	❑
3 Durchführung aller Prüfungsabschnitte eines Auftrags durch **dasselbe** Prüfungsteam	❑	❑	❑	❑	❑	❑	❑	❑
Einhaltung der **Dauer**, die zwischen dem **Ende** eines Prüfungsabschnitts und dem **Anfang** des nächsten								
4 **mindestens**	❑	❑	❑	❑	❑	❑	❑	❑
5 **höchstens**	❑	❑	❑	❑	❑	❑	❑	❑
liegen soll								
6 Einhaltung der vertraglichen **Wochenarbeitszeit**	❑	❑	❑	❑	❑	❑	❑	❑
7 Einhaltung der **Obergrenze** für die Zahl der **Überstunden** pro Woche	❑	❑	❑	❑	❑	❑	❑	❑
8 Ausschließliche **Einplanung** der für einen Auftrag **besonders gut** geeigneten Prüfer	❑	❑	❑	❑	❑	❑	❑	❑
9 Gleicher **Auslastungsgrad** der Prüfer	❑	❑	❑	❑	❑	❑	❑	❑
Einhaltung der								
10 **gewünschten**	❑	❑	❑	❑	❑	❑	❑	❑
11 **mindestens erforderlichen**	❑	❑	❑	❑	❑	❑	❑	❑
Prüfungsdauer eines **<u>bestimmten Prüfers</u>** in einem bestimmten Team für einen **<u>kompletten</u> Prüfungsabschnitt**								

	Das Ziel ist **unbedingt einzuhalten.** Aussage **stimmt** ...						**Ziel** wird bei unserer derzeitigen Planung **berücksichtigt.**	
	überhaupt nicht	fast nicht	eher nicht	eher	fast	absolut	ja	nein
Einhaltung der								
12 **gewünschten**	❑	❑	❑	❑	❑	❑	❑	❑
13 **mindestens erforderlichen**	❑	❑	❑	❑	❑	❑	❑	❑
Prüfungsdauer eines **bestimmten Prüfers** in einem bestimmten Team für einen **Prüfungsabschnitt** in einer **bestimmten Prüfungswoche**								
14 Beachtung von **Zeiträumen**, in denen ein **Auftrag** nur **eingeschränkt** durchgeführt werden soll	❑	❑	❑	❑	❑	❑	❑	❑
15 **Zeitlich parallele Einplanung** der Prüfer eines Teams während einer Prüfungswoche (wenn z. B. Prüfer "1" Auftrag "A" bearbeitet, dann soll Prüfer "2", falls er ebenfalls dafür vorgesehen ist, Auftrag "A" zu **derselben Zeit** durchführen)	❑	❑	❑	❑	❑	❑	❑	❑
16 **Aufeinanderfolgende Einplanung** der Arbeitsdauer eines Prüfers für einen Prüfungsabschnitt (wenn z. B. ein Prüfer einen Prüfungsabschnitt 8 Stunden lang bearbeiten muß, so sollen diese 8 Stunden an einem Tag und nicht über mehrere Tage verteilt abgeleistet werden)	❑	❑	❑	❑	❑	❑	❑	❑
Weitere Ziele, die Sie für **wichtig** halten:								
17	❑	❑	❑	❑	❑	❑	❑	❑
18	❑	❑	❑	❑	❑	❑	❑	❑
19	❑	❑	❑	❑	❑	❑	❑	❑
20	❑	❑	❑	❑	❑	❑	❑	❑
21	❑	❑	❑	❑	❑	❑	❑	❑

Raum für **Anmerkungen** zu 1 - 21 (bitte Nummer angeben):

....

....

....

Teil 2: Kurzfristige Personaleinsatzplanung

Als **kurzfristige Personaleinsatzplanung** bezeichnen wir

- die **Zuordnung** zuvor bestimmter **Prüfer** auf die **Prüffelder** (wie z. B. Prüfung der Forderungen) eines Prüfungsabschnitts (wie z. B. Hauptprüfung) und
- die **Terminierung der Prüffelder**.

Wir betrachten nachfolgend also jeweils nur noch **einen bestimmten Prüfungsabschnitt** und die diesem Abschnitt im Rahmen der mittelfristigen Personaleinsatzplanung (vgl. Teil 1) zugeordneten Prüfer. Die kurzfristige Personaleinsatzplanung erfolgt meist **unmittelbar vor dem Beginn** oder **während** einer Prüfung.

1 Über **welchen Zeitraum** erstreckt sich bei Ihnen die zuvor beschriebene Planung?
(z. B. 1 Woche oder Dauer des Prüfungsabschnitts) ....

2 **Wie viele Prüfer** sind bei Ihnen in die zuvor beschriebene Planung durchschnittlich einzubeziehen? Je Prüfungsabschnitt durchschnittlich ca. .... Prüfer

Abschnitt 2.1: Im folgenden wird erfragt, welche **Daten** Ihnen zur Verfügung stehen und ob diese Daten in Ihre gegenwärtige Planung eingehen.

	Sind die **Daten verfügbar** bzw. könnten sie mit vertretbarem Aufwand verfügbar gemacht werden?		Werden die **Daten** bei Ihrer Planung **berücksichtigt?**	
	ja	**nein**	**ja**	**nein**
Dauer, die ein Prüfer				
1 **insgesamt**	❑	❑	❑	❑
2 während einer **bestimmten Prüfungswoche** zur **Bearbeitung** des **Prüfungsabschnitts** vorgesehen ist	❑	❑	❑	❑
3 **Zeiträume** während einer **Woche**, in denen ein Prüfer zur Bearbeitung des Prüfungsabschnitts eingeplant ist (z. B. montags ganztägig und mittwochs von 8-12 Uhr)	❑	❑	❑	❑
4 **Kosten** pro Stunde bei **Überschreitung** der Dauer, die für einen Prüfer zur Bearbeitung des **kompletten Prüfungsabschnitts** vorgesehen ist	❑	❑	❑	❑

	Daten verfügbar?		Daten berücksichtigt?	
	ja	**nein**	**ja**	**nein**
5 Prozentuale **Obergrenze** für die höchstens zulässige **Überschreitung** der Dauer, die für einen Prüfer zur **Bearbeitung** des Prüfungsabschnitts in einer **bestimmten Woche** vorgesehen ist	❑	❑	❑	❑
6 **Zahl der Prüffelder** des Prüfungsabschnitts	❑	❑	❑	❑
7 Evtl. einzuhaltende **Reihenfolgebeziehungen** (d. h. ein Prüffeld soll vor einem anderen bearbeitet werden)	❑	❑	❑	❑
8 **Dauer**, die ein bestimmter Prüfer zur Bearbeitung eines bestimmten **Prüffelds** benötigt	❑	❑	❑	❑
9 **Vorwegzuordnungen** (d. h. ein Prüfer soll ein bestimmtes Prüffeld nach Möglichkeit, z. B. zu Ausbildungszwecken, bearbeiten)	❑	❑	❑	❑
10 **Zuordnungsverbote** (d. h. ein Prüfer soll ein bestimmtes Prüffeld nach Möglichkeit nicht, z. B. weil er dafür überqualifiziert ist, bearbeiten)	❑	❑	❑	❑

Weitere Daten, die Sie für **wichtig** halten:

11	❑	❑	❑	❑
12	❑	❑	❑	❑
13	❑	❑	❑	❑
14	❑	❑	❑	❑
15	❑	❑	❑	❑

Raum für **Anmerkungen** zu 1 - 15 (bitte Nummer angeben):

....

....

....

....

....

....

....

....

....

<u>Abschnitt 2.2</u>: Im folgenden soll festgestellt werden, für wie wichtig Sie bestimmte **Planungsziele** halten und welche Ziele Sie bei Ihrer gegenwärtigen Planung verfolgen.

	Das **Ziel** ist **unbedingt einzuhalten.** Aussage **stimmt** ...						**Ziel** wird bei unserer derzeitigen **Planung berücksichtigt.**	
	überhaupt nicht	fast nicht	eher nicht	eher	fast	absolut	**ja**	**nein**
1 Einplanung **aller** Prüffelder	❑	❑	❑	❑	❑	❑	❑	❑
2 **Kostenminimierung** für den Prüfungsabschnitt	❑	❑	❑	❑	❑	❑	❑	❑
Einhaltung der **Dauer**, die ein Prüfer								
3 <u>**insgesamt**</u>	❑	❑	❑	❑	❑	❑	❑	❑
4 während einer <u>**bestimmten**</u> **Prüfungs**<u>**woche**</u>	❑	❑	❑	❑	❑	❑	❑	❑
zur **Bearbeitung** des **Prüfungsabschnitts** vorgesehen ist								
5 Einhaltung der prozentualen **Obergrenze** für die höchstens zulässige **Überschreitung** der Dauer, die für einen Prüfer zur **Bearbeitung** des Prüfungsabschnitts in einer <u>**Woche**</u> vorgesehen ist	❑	❑	❑	❑	❑	❑	❑	❑
6 Einhaltung von **Reihenfolgebeziehungen** zwischen Prüffeldern	❑	❑	❑	❑	❑	❑	❑	❑
7 Berücksichtigung von **Vorwegzuordnungen**	❑	❑	❑	❑	❑	❑	❑	❑
8 Berücksichtigung von **Zuordnungsverboten**	❑	❑	❑	❑	❑	❑	❑	❑
Weitere Ziele, die Sie für **wichtig** halten:								
9	❑	❑	❑	❑	❑	❑	❑	❑
10	❑	❑	❑	❑	❑	❑	❑	❑
11	❑	❑	❑	❑	❑	❑	❑	❑
12	❑	❑	❑	❑	❑	❑	❑	❑
13	❑	❑	❑	❑	❑	❑	❑	❑

Raum für **Anmerkungen** zu 1 - 13 (bitte Nummer angeben):

....

Teil 3: Unternehmensspezifische Daten

Im folgenden werden Informationen erfragt, die es uns ermöglichen sollen, **Ihre Angaben** mit denen anderer Unternehmen **vergleichbar** zu machen.

1 **Auftragsverteilung** (bzgl. Gesamtzahl der Aufträge)

	keine	wenige	eher wenige	eher viele	viele	ausschließlich
Industrie	❑	❑	❑	❑	❑	❑
Handel	❑	❑	❑	❑	❑	❑
Versicherungen	❑	❑	❑	❑	❑	❑
Banken	❑	❑	❑	❑	❑	❑
Sonstige Dienstleistungsunternehmen	❑	❑	❑	❑	❑	❑
Öffentlicher und gemeinnütziger Sektor	❑	❑	❑	❑	❑	❑
Sonstige, nämlich	❑	❑	❑	❑	❑	❑

2 **Auftragsgröße** (bzgl. Prüfungsgesamtdauer und Zahl eingesetzter Prüfer)

	sehr klein	klein	eher klein	eher groß	groß	sehr groß
Industrie	❑	❑	❑	❑	❑	❑
Handel	❑	❑	❑	❑	❑	❑
Versicherungen	❑	❑	❑	❑	❑	❑
Banken	❑	❑	❑	❑	❑	❑
Sonstige Dienstleistungsunternehmen	❑	❑	❑	❑	❑	❑
Öffentlicher und gemeinnütziger Sektor	❑	❑	❑	❑	❑	❑
Sonstige, nämlich	❑	❑	❑	❑	❑	❑

3 Die **Personaleinsatzplanung** wird in unserem Unternehmen **durchgeführt von**

- ❑ einer **Abteilung**, Mitarbeiterzahl: ....
- ❑ einem **Beauftragten**, der sich mit seiner **gesamten Arbeitszeit** der Personaleinsatzplanung widmet
- ❑ einer **Person**, die einen **Teil** ihrer **Arbeitszeit** für die Personaleinsatzplanung aufwendet
- ❑ Sonstigen, nämlich ....
  ....
  ....

4 **Anteil** Ihrer **persönlichen Arbeitszeit** zur Personaleinsatzplanung

sehr selten	selten	eher selten	eher oft	oft	sehr oft
❑	❑	❑	❑	❑	❑

5 **Welche** der folgenden **Aufgaben/Funktionen** nehmen Sie im Rahmen der Personaleinsatzplanung wahr? (Mehrfachnennungen möglich!)

❑ Informationsbeschaffung
❑ Informationsaufbereitung
❑ Entscheidungsvorbereitung
❑ Mittreffen von Entscheidungen
❑ Hauptverantwortlicher Entscheidungsträger

❑ Sonstiges, nämlich ....
....
....
....
....
....

6 **Welche Hilfsmittel** benutzen Sie derzeit zur Personaleinsatzplanung? (Mehrfachnennungen möglich!)

❑ Keine
❑ Computerprogramme
❑ Planungstafeln

❑ Sonstige, nämlich ....
....
....

7 Falls Sie **Hilfsmittel** benutzen: Wie beurteilen Sie deren **Nutzen**?

sehr niedrig	niedrig	eher niedrig	eher hoch	hoch	sehr hoch
❑	❑	❑	❑	❑	❑

8 Was meinen Sie: Unterscheidet sich die Vorgehensweise bei der **Personaleinsatzplanung** in Ihren **anderen deutschen Niederlassungen** **grundlegend** von Ihrer?

❑ ja ❑ nein

↳

Falls ja: Woraus resultieren die Unterschiede im wesentlichen? (Mehrfachnennungen möglich!)

Grundlegende Unterschiede durch

❑ andere Prüferzahl
❑ andere durchschnittliche Auftragsgröße
❑ andere Planungshilfsmittel
❑ andere Auftragszahl
❑ andere Auftragsverteilung auf Branchen
❑ andere Planungszeiträume

❑ Sonstiges, nämlich ....
....
....
....
....
....

Raum für **Anmerkungen** zu 1 - 8 (bitte Nummer angeben):

....

....

B Pseudo-Code

B.1 Taktische Planung

- Phase 1: Zuordnung von Bearbeitungsalternativen zu Aufträgen

```
EE = {1,...,E};
while EE ≠ ∅ do
    {
    wähle e ∈ EE mit Regel ω;
    EE = EE \{e};
    wähle m ∈ {1,...,M_e} mit Regel π; /* e wird in m durchgeführt */
    }
```

- Phase 2: Terminierung von Teilprüfungsabschnitten

```
/* EJ = Menge der unter Berücksichtigung der Restriktionen ein-
        planbaren Teilprüfungsabschnitte */
RJ = {1,...,J};
for t = 1 to T do
    {
    berechne EJ;
    while EJ ≠ ∅ do
        {
        wähle j ∈ EJ mit Regel ρ;          /* j wird in t bearbeitet */
        aktualisiere EJ;
        RJ = RJ \{j};
        }
    }
if RJ = ∅ then zulässige Lösung;
```

B.2 Taktisch-operative Planung

- Phase 1: Zerlegung in Teilprobleme

```
/* 𝒯𝒫n = Teilproblem n, das die Menge von Prüfern beinhaltet, de-
         ren Jobeinplanungen aufgrund zeitgleicher Bearbeitun-
         gen nicht isoliert, d. h. nicht unabhängig voneinander ge-
         löst werden können */ [1]
if η = 0 then
    {
    TP = 1;                          /* keine Zerlegung in Teilprobleme */
    𝒯𝒫1 = {1,...,A};
    }
  else
    {
    TP = A;                 /* Initialisierung der Zahl der Teilprobleme */
    for n = 1 to TP do
        𝒯𝒫n = {n};                   /* Initialisierung der Teilprobleme */
    }
change1 = true;
while change1 do
    {
    change1 = false;
    change2 = true;
    n1 = 0;
    while change2 and (n1 < TP-1) do
        {
        n1 = n1+1;                                /* erstes Teilproblem */
        n2 = n1;
        while change2 and (n2 < TP) do
```

[1] Bei den Teilproblemen $\mathcal{TP}_n$ mit n = 1,...,TP handelt es sich um disjunkte Mengen. Vgl. auch Abschnitt 4.5.1.1.

```
                {
                n2 = n2+1;                          /* zweites Teilproblem */
                if (Teilprobleme 𝒯𝒫n1 und 𝒯𝒫n2 nicht unabhän-
                   hängig)² then
                      {
                      𝒯𝒫n1 = 𝒯𝒫n1 ∪ 𝒯𝒫n2;
                      for n = n2 to TP-1 do
                            𝒯𝒫n = 𝒯𝒫n+1;
                      TP = TP-1;
                      change1 = true;
                      change2 = false;
                      }
                }
          }
    }
```

- Phase 2: Einplanung von Jobs

```
/* EJ = Menge der unter Berücksichtigung der Restriktionen ein-
        planbaren Jobs */
for n = 1 to TP do                  /* für alle Teilprobleme erfolgt die
                                             Einplanung separat */
    for t = 1 to T do
          {
          berechne EJ;
          while EJ ≠ ∅ do
                {
                wähle j ∈ EJ mit Regel ω;       /* j wird ausgewählt */
```

2 Zwei Teilprobleme sind nicht voneinander unabhängig, wenn in jedem Teilproblem mindestens ein Prüfer enthalten ist, der zeitgleich Prüfungstätigkeiten mit einem Prüfer aus dem anderen Teilproblem durchführen muß. Die Berechnungen basieren dabei auf einer zur Indextransformation der taktisch-operativen Ebene (s. Anhang D) analogen Idee. Vgl. auch Bartsch (1993, S. 66 f.).

```
                wähle r ∈ {Nichteinplanung, Einplanung} mit Regel π;
                EJ = EJ \{j};
                if r = Einplanung then        /* j wird in t bearbeitet */
                    eliminiere weitere j' aus EJ;³
                }
            }
```

- Phase 3: Generierung eines Ablaufplans

```
    Gesamtlösung = ∅;
    for n = 1 to TP  do
        Gesamtlösung = Gesamtlösung ∪ Lösung von 𝒯𝒫_n;
```

B.3 Operative Planung

- Phase 1: Zuordnung von Bearbeitungsalternativen zu Prüffeldergruppen

```
    /* EA = Menge der realen Prüfer mit positver Restkapazität RC_a */
    EE = {1,...,E};
    while EE ≠ ∅ and EA ≠ ∅ do
        {
        wähle a ∈ EA mit Regel ω;
        wähle e ∈ EE mit Regel π;        /* e wird von a bearbeitet bzw. in
                                                        m=a durchgeführt */
        EE = EE \{e};
        aktualisiere EA;
        }
    while EE ≠ ∅ do
        {
```

[3] Die Eliminierung beinhaltet eine Überprüfung, ob durch die Einplanung von j möglicherweise weitere Jobs j' nun nicht mehr einplanbar sind und deshalb aus *EJ* gestrichen werden müssen.

```
        wähle e ∈ EE;                  /* e wird von A bearbeitet bzw. in
                                           m=A durchgeführt */
        EE = EE \{e};
        }
```

- Phase 2: Terminierung von Teilprüffeldern

```
    /* EJ = Menge der unter Berücksichtigung der Restriktionen ein-
          planbaren Teilprüffelder */
    RJ = {1,...,J};
    for t = 1 to T do
            {
            berechne EJ;
            while EJ ≠ ∅ do
                {
                wähle j ∈ EJ mit Regel ρ;   /* j wird in t bearbeitet */
                aktualisiere EJ;
                RJ = RJ \{j};
                }
            }
    while RJ ≠ ∅ do
        {
        wähle j ∈ RJ;                  /* j wird in T von A bearbeitet bzw. in
                                           m=a+A-1 durchgeführt */ 4
        RJ = RJ \{j};
        }
```

4 m ist die zur ursprünglich zugeordneten Bearbeitungsalternative m' korrespondierende Alternative, in der ausschließlich die Kapazität des fiktiven Prüfers nachgefragt wird. Es gilt m = m' + A - 1. Siehe auch Abschnitt 5.5.1.2 und Anhang C.3.

C Konsistenzbedingungen und Parameterwerte

Die Formulierung des Problems als hierarchischer Ansatz hat folgende Konsequenzen: Liegt für die taktische Planung mit den Perioden t = 1,...T keine (eine) zulässige Lösung vor, so existiert (mindestens eine) eine zulässige Lösung der zugehörigen taktisch-operativen Planung für keine (jede) Periode t der taktischen Planung. Aus der Nichtexistenz (Existenz) einer zulässigen Lösung der taktisch-operativen Planung für die Periode t der taktischen Planung wiederum folgt die Nichtexistenz (Existenz) einer (mindestens einer) zulässigen Lösung der zugehörigen operativen Planungsprobleme (d. h. für jeden Auftrag, der im Fall einer zulässigen Lösung der taktisch-operativen Ebene in deren Rahmen eingeplant wird).

C.1 Taktische Planung

Für die taktische Ebene ergeben sich durch die Einbindung in den hierarchischen Ansatz keine über die Annahmen hinausgehenden Einschränkungen. Dagegen bedarf es zur Gewährleistung der zuvor genannten Anforderungen der Einhaltung bestimmter Konsistenzbedingungen und der Einschränkung von Wertebereichen einiger Parameter der taktisch-operativen und der operativen Planungsebene.

C.2 Taktisch-operative Planung

Zur Unterscheidung werden Parameter oder Symbole, die sowohl auf der taktischen als auch auf der taktisch-operativen Planungsebene verwendet werden, durch den Zusatz '‾' gekennzeichnet, wenn sie sich auf die taktisch-operative Planung beziehen.

+ Planungshorizont $\overline{T}$

  Die taktisch-operative Planung umfaßt eine Periode t der taktischen Planung. Besteht t aus N Arbeitstagen mit H (Halb-) Schichten, dann gilt

$$\overline{T} = N \cdot H + N \cdot F \qquad (0 \leq F \leq B)$$

mit F als Sicherheitsfaktor für das Vorliegen einer - formal - zulässigen Lösung und B >> 0. Das Produkt aus N • H wird auch als Zahl der Normalperioden und das Produkt aus N • F als Zahl der Überlastperioden bezeichnet. Als Normalperioden werden im folgenden die Perioden $t \in \mathcal{NP}$ mit

$$\mathcal{NP} = \{t \mid 0 \leq n \leq N\text{-}1 \wedge n \cdot (H + F) < t \leq n \cdot (H + F) + H\}$$

und als Überlastperioden die Perioden $t \in \mathcal{ÜP}$ mit

$$\mathcal{ÜP} = \{t \mid 0 \leq n \leq N\text{-}1 \wedge n \cdot (H + F) + H < t \leq n \cdot (H + F) + H + F\}$$

bezeichnet.

+ Auftragszahl $\overline{E}$

Es werden diejenigen Aufträge der taktischen Ebene berücksichtigt, die in Periode t bearbeitet werden müssen, d. h.

$$\overline{E} = |\{e \mid 1 \leq e \leq E \wedge \sum_{j=f_e}^{l_e} \sum_{m=1}^{M_e} \sum_{a=1}^{A} k_{jma}\, x_{jmt} > 0\}|$$

+ Jobzahl $\overline{S}_{ea}$

Die Jobzahl $\overline{S}_{ea}$ bzw. der zeitliche Umfang, den ein Prüfer a an einem Auftrag e im Planungszeitraum $\overline{T}$ arbeiten soll, dividiert durch die Anzahl der Normalperioden N • H muß dem Quotienten aus der Dauer der kapazitätswirksamen Einplanungen des Prüfers a für Auftrag e in Periode t der taktischen Planung und der maximalen Periodenkapazität C^{max} eines Prüfers im Modell der taktischen Planung entsprechen, also

$$\frac{\overline{S}_{ea}}{N \cdot H} = \frac{\sum_{j=f_e}^{l_e} \sum_{m=1}^{M_e} k_{jma}\, x_{jmt}}{C^{max}} \qquad (1 \leq e \leq \overline{E};\ 1 \leq a \leq A)$$

+ Kapazitätsgebrauch k_{eas}

Die Bearbeitung eines Jobs (e, a, s) erfordert Prüfer a mit k_{eas} Kapazitätseinheiten. Es gilt

$$k_{eas} = 1 \qquad (1 \leq e \leq \overline{E};\ 1 \leq a \leq A;\ 1 \leq s \leq \overline{S}_{ea})$$

Diese Festlegung bewirkt in Verbindung mit der Prüferkapazität $\overline{C}_{at}$, daß jeder Prüfer je Periode höchstens einen Job bearbeiten kann.

+ Prüferkapazität $\overline{C}_{at}$

Für die Prüferkapazität gilt demzufolge $\overline{C}_{at} \in \{0, 1\}$ mit $a = 1,...,A$ und $t = 1,...,\overline{T}$.

Um die Existenz einer formal zulässigen Lösung zu garantieren, kann jeder Prüfer a in jeder Überlastperiode t eingesetzt werden, d. h.

$$\overline{C}_{at} = 1$$
$$(1 \leq a \leq A;\ 0 \leq n \leq N\text{-}1;\ n \bullet (H+F) + H < t \leq n \bullet (H+F) + H + F)$$

Für die verbleibenden $N \bullet H$ Normalperioden wird für jeden Prüfer a der Quotient aus der Prüferkapazität in den Normalperioden und dem Produkt aus $\overline{C}^{max}$ (maximale Periodenkapazität eines Prüfers für den taktisch-operativen Bereich) und der Zahl der Normalperioden gebildet. Dieser muß gleich dem Quotienten aus der Prüferkapazität C_{at} des Prüfers a in der betreffenden Periode t der taktischen Planung und der maximalen Periodenkapazität C^{max} eines Prüfers im Modell der taktischen Planung sein, also

$$\frac{\sum\limits_{n=0}^{N-1} \sum\limits_{h=1}^{H} \overline{C}_{a,(n\bullet(H+F)+h)}}{\overline{C}^{max} \bullet N \bullet H} = \frac{C_{at}}{C^{max}} \qquad (1 \leq a \leq A)$$

Wegen $\overline{C}_{at} \in \{0, 1\}$ gilt $\overline{C}^{max} = 1$.

+ Auftragskapazität $\overline{D}_{et}$

Für die Auftragskapazität gelten die Überlegungen zur Prüferkapazität analog.

Es gilt $\overline{D}_{et} \in \{0, A\}$ mit $e = 1,...,\overline{E}$ und $t = 1,...,\overline{T}$. Damit wird in Verbindung mit der Definition von k_{eas} erreicht, daß an Auftrag e in Periode t entweder kein Prüfer oder alle Prüfer tätig sein dürfen.

Um die Existenz einer formal zulässigen Lösung zu garantieren, kann jeder Auftrag e in jeder Überlastperiode t bearbeitet werden, d. h.

$$\overline{D}_{et} = A$$
$$(1 \leq e \leq \overline{E};\ 0 \leq n \leq N\text{-}1;\ n \bullet (H+F) + H < t \leq n \bullet (H+F) + H + F)$$

Für die verbleibenden $N \bullet H$ Normalperioden muß für jeden Auftrag e der Quotient aus der Auftragskapazität in den Normalperioden und dem Produkt aus $\overline{D}^{max}$ (maximale Periodenkapazität eines Auftrags für den taktisch-operativen Bereich) und der Zahl der Normalperioden gleich dem Quotienten aus der Auftragskapazität D_{et} des Auftrags e in der betreffenden Periode t der taktischen Planung und der maximalen Periodenkapazität D^{max} eines Auftrags im Modell der taktischen Planung sein, also

$$\frac{\sum_{n=0}^{N-1} \sum_{h=1}^{H} \overline{D}_{e,(n \bullet (H+F)+h)}}{\overline{D}^{max} \bullet N \bullet H} = \frac{D_{et}}{D^{max}} \qquad (1 \leq e \leq \overline{E})$$

Wegen $\overline{D}_{et} \in \{0, A\}$ gilt $\overline{D}^{max} = A$.

C.3 Operative Planung

Zur Unterscheidung werden Parameter oder Symbole, die sowohl auf der taktisch-operativen als auch auf der operativen Planungsebene verwendet werden, durch den Zusatz '¯' gekennzeichnet, wenn sie sich auf die operative Planung beziehen.

+ Planungshorizont $\overline{T}$

  Eine Periode der taktisch-operativen Planung, also eine (Halb-) Schicht, hat eine Dauer von $\overline{N}$ Stunden (in der Regel vier Stunden). Die Länge des Planungshorizonts der operativen Planung erhält man durch Multiplikation der Periodenzahl T der taktisch-operativen Ebene mit der Länge $\overline{N}$ einer Periode in Stunden, also

$$\overline{T} = \overline{N} \bullet T$$

+ Auftrag

Es wird genau ein Auftrag $e \in \{1,...,E\}$ der taktisch-operativen Planung betrachtet.

+ Prüferzahl $\overline{A}$

Es werden diejenigen Prüfer a in die Planung einbezogen, die zur Bearbeitung des Auftrags e im Rahmen der taktisch-operativen Ebene eingeplant worden sind, also mindestens einen Job S_{ea} bearbeiten. Zusätzlich wird ein fiktiver Prüfer berücksichtigt.

$$\overline{A} = |\{a \mid 1 \leq a \leq A \wedge S_{ea} > 0\}| + 1$$

+ Prüferkapazität $\overline{C}_{at}$

Die Prüferkapazität für Prüfer $a = 1,...,\overline{A}-1$ ergibt sich unmittelbar aus der Kapazitätsverfügbarkeit des taktisch-operativen Bereichs: Ist ein Prüfer in einer Periode t der taktisch-operativen Ebene zur Bearbeitung eines Jobs j an dem betrachteten Auftrag e eingeplant (nicht eingeplant), gilt also $x_{jt} = 1$ ($x_{jt} = 0$), so steht er in den korrespondierenden Perioden der operativen Planung ebenfalls zur Verfügung (nicht zur Verfügung). Der fiktive Prüfer $\overline{A}$ dagegen kann ausschließlich in der Periode $\overline{T}$ mit dann allerdings beliebiger Kapazität eingesetzt werden. Diesem Sachverhalt wird dadurch Rechnung getragen, daß der Wertebereich von $\overline{C}_{at}$ nicht nur die Werte 0 und 1, sondern auch $\overline{J}$ mit

$$\overline{J} = \sum_{e=1}^{\overline{E}} \sum_{p=1}^{\overline{P}_e} \overline{S}_{ep}$$

beinhaltet, d. h. $\overline{C}_{at} \in \{0, 1, \overline{J}\}$ mit $a = 1,...,\overline{A}$ und $t = 1,...,\overline{T}$. Die Koppelung mit der taktisch-operativen Ebene wird wie folgt erreicht:

$$\overline{C}_{a,((t-1)\cdot\overline{N}+n)} = \begin{cases} 0, & \text{falls } a = \overline{A} \text{ und } (t-1)\cdot\overline{N}+n < \overline{T} \\ \overline{J}, & \text{falls } a = \overline{A} \text{ und } (t-1)\cdot\overline{N}+n = \overline{T} \\ \sum_{j \in \mathcal{J}_a} x_{jt}, & \text{sonst} \end{cases}$$

$$(1 \leq a \leq \overline{A};\ 1 \leq t \leq T;\ 1 \leq n \leq \overline{N})$$

+ Bearbeitungsalternativenzahl $\overline{M}_e$

Die Zahl der Bearbeitungsalternativen je Prüffeldergruppe e ergibt sich aus der Zahl der realen Prüfer $\overline{A}-1$. Es existieren

$$\overline{M}_e = 2 \cdot (\overline{A}-1) \qquad (1 \leq e \leq \overline{E})$$

Bearbeitungsalternativen. In den ersten $\overline{A}-1$ Alternativen wird der reale Prüfer $a = \overline{A}-1$, in den verbleibenden der fiktive Prüfer $\overline{A}$ nachgefragt.

+ Zahl der disjunkten Bearbeitungsalternativenteilmengen U_e

Für die Zahl der disjunkten Bearbeitungsalternativenteilmengen je Prüffeldergruppe e gilt

$$U_e = \overline{A}-1 \qquad (1 \leq e \leq \overline{E})$$

+ Teilmengen von Bearbeitungsalternativen $\mathcal{M}_{eu}$

Die U_e Teilmengen von Bearbeitungsalternativen $\mathcal{M}_{eu}$ je Prüffeldergruppe e werden so gebildet, daß jeweils eine Bearbeitungsalternative, die einen realen Prüfer nachfragt, und eine, die ausschließlich den fiktiven Prüfer erfordert, zu einer Teilmenge zusammengefaßt werden, also

$$\mathcal{M}_{eu} = \{u, u+\overline{A}-1\} \qquad (1 \leq e \leq \overline{E};\ 1 \leq u \leq U_e)$$

Damit wird garantiert, daß bei Nichtverfügbarkeit eines realen Prüfers dessen Tätigkeiten dem fiktiven Prüfer zugeordnet werden können.

+ Kapazitätsgebrauch k_{epsma}

Die Bearbeitung eines Teilprüffeldes (e, p, s) erfordert Prüfer a in Bearbeitungsalternative m mit k_{epsma} Kapazitätseinheiten. Es gilt

$$k_{epsma} \in \begin{cases} \{0,1,2\}, & \text{falls } m \le \overline{A}-1 \text{ und } a = m \\ \{1\}, & \text{falls } m > \overline{A}-1 \text{ und } a = \overline{A} \\ \{0\}, & \text{sonst} \end{cases}$$

$$(1 \le e \le \overline{E};\ 1 \le p \le \overline{P}_e;\ 1 \le s \le \overline{S}_{ep};\ 1 \le m \le \overline{M}_e;\ 1 \le a \le \overline{A})$$

In der ersten Fallunterscheidung wird ein realer Prüfer $a = 1,\ldots,\overline{A}-1$ nachgefragt, wobei $k_{epsma} = 0$ eine nicht kapazitätswirksame Nachfrage und $k_{epsma} = 2$ aufgrund des Wertebereichs von $\overline{C}_{at}$ ein Zuordnungsverbot darstellt. Im zweiten Fall wird der fiktive Prüfer nachgefragt, während durch die dritte Fallunterscheidung sichergestellt wird, daß kein anderer Prüfer kapazitätswirksam eingeplant wird.

+ Bearbeitungsdauern d_{epsm}

Die Einführung von Bearbeitungsdauern verfolgt zwei Zwecke. Zum einen sollen Bearbeitungen durch den fiktiven Prüfer mit einer Bearbeitungsdauer von Null erlaubt werden; zum anderen sollen Teilprüffelder, die keine Kapazitätsnachfrage haben, die Bearbeitung nachfolgender Teilprüffelder in derselben Periode nicht ausschließen und deshalb ebenfalls eine Bearbeitungsdauer von Null haben:

$$d_{epsm} = \begin{cases} \overline{C}^{max}, & \text{falls } m \le \overline{A}-1 \text{ und } k_{epsmm} > 0 \\ 0, & \text{sonst} \end{cases}$$

$$(1 \le e \le \overline{E};\ 1 \le p \le \overline{P}_e;\ 1 \le s \le \overline{S}_{ep};\ 1 \le m \le \overline{M}_e)$$

Aufgrund der Definition von k_{epsma} wird für die Prüfer $a = 1,\ldots,\overline{A}-1$ nur in den Bearbeitungsalternativen m mit m = a Kapazität nachgefragt. Wegen $\overline{C}_{at} \in \{0, 1\}$ für $a = 1,\ldots,\overline{A}-1$ und $t = 1,\ldots,\overline{T}$ gilt $\overline{C}^{max} = 1$.

D Transformation der Jobindizes der taktisch-operativen Planung[5]

Ein Job wird durch ein Tupel (e, a, s) eindeutig identifiziert. Ziel ist es, eine Funktion g (e, a, s) zu formulieren, die jeden Job auf einen Index j abbildet mit j = g (e, a, s). Dazu ist zu beachten, daß zwei Jobs s und s' ($s \in \{1,...,S_{ea}\}$, $s' \in \{1,...,S_{ea'}\}$), die zeitgleich bearbeitet werden müssen,[6] zu einem einzigen Job j zusammengefaßt werden können. An Job j müssen nun zwei Prüfer, und zwar die Prüfer a und a', Prüfungstätigkeiten durchführen. In diesem Fall muß also j = g (e, a, s) und j' = g (e, a', s') mit j = j' gelten.[7]

Formal läßt sich die Berechnung des Index j dann rekursiv wie folgt vornehmen:

$$j = g(e, a, s) = \begin{cases} g(e,a',s'), & \text{wenn } (e,a',s',a,s) \in \mathscr{U} \\ G, & \text{sonst} \end{cases}$$

mit

$$G = \sum_{e'=1}^{e-1} \sum_{a'=1}^{A} \left(S_{e'a'} - \sum_{s'=1}^{S_{e'a'}} \left| \{(e',a',s') \mid \exists \tilde{a}, \tilde{s}: (e',\tilde{a},\tilde{s},a',s') \in \mathscr{U}\} \right| \right)$$

$$+ \sum_{a'=1}^{a-1} \left(S_{ea'} - \sum_{s'=1}^{S_{ea'}} \left| \{(e,a',s') \mid \exists \tilde{a}, \tilde{s}: (e,\tilde{a},\tilde{s},a',s') \in \mathscr{U}\} \right| \right)$$

$$+ s - \sum_{s'=1}^{s-1} \left| \{(e,a,s') \mid \exists \tilde{a}, \tilde{s}: (e,\tilde{a},\tilde{s},a,s') \in \mathscr{U}\} \right|$$

$$\mathscr{U} = \{(e,a,s,a',s') \mid \exists\, \mathscr{P}_{e,a,s} : \forall (a',s') \in \mathscr{P}_{e,a,s} : a < a'\}$$

$$\mathscr{P}_{e,a,s} = \{(a',s') \mid \exists (e,a',s'): a \neq a' \wedge (e,a',s') \in \mathscr{B}_{A,e,a,s}\}$$

---

5 Die formale Darstellung der Indextransformation wurde gemeinsam mit Bartsch entwickelt. Die Darstellung erfolgt in enger Anlehnung an Bartsch (1993, S. 26 ff.).

6 Vgl. Annahme f) in Abschnitt 4.1.

7 Vgl. Abbildung 4.2.

$$\mathcal{B}_{1,e,a,s} = \{(e,a',s') | (e,a',s') \in \mathcal{V}_{eas} \wedge (e,a,s) \in \mathcal{V}_{ea's'}\}$$

$$\mathcal{B}_{k,e,a,s} = \{(e,a',s') | \exists (e,a',s') : (e,a',s') \in \mathcal{B}_{k-1,e,a,s} \cup \bigcup_{(e'',a'',s'') \in \mathcal{B}_{k-1,e,a,s}} \mathcal{B}_{1,e'',a'',s''} \qquad \text{für } k = 2,\ldots,A$$

In den Mengen $\mathcal{V}_{eas}$ befinden sich alle unmittelbaren Vorgänger des Jobs (e, a, s). Mit Hilfe der Mengen $\mathcal{B}_{k,\, e,\, a,\, s}$ ($k = 1,\ldots,A$) werden zunächst die Mengen $\mathcal{P}_{e,\, a,\, s}$ ($\forall$ e, a, s) konstruiert, in denen sich jeweils alle Jobs befinden (charakterisiert durch das Tupel (a', s')), die zeitgleich mit dem Job (e, a, s) zu bearbeiten sind. Aus den gebildeten Mengen wird dann die Menge $\mathcal{U}$ gebildet. Diese enthält 5-Tupel der Form (e, a, s, a', s') mit a < a', durch die eine zeitgleiche Bearbeitung in eindeutiger Weise identifiziert wird. Die Berechnung des Index j wird anschließend wie folgt durchgeführt: Ist Job (e, a, s) mit einem anderen Job (e, a', s') mit a > a' zeitgleich zu bearbeiten, so erhält Job (e, a, s) denselben Index j wie Job (e, a', s'). Ist Job (e, a, s) dagegen mit keinem anderen Job zeitgleich durchzuführen oder ist der betrachtete Job nur mit Jobs (e, a', s') mit a < a' parallel einzuplanen, so wird der Index j mit Hilfe der Funktion G berechnet.

E Verteilungsannahmen der Testdatensätze

Der Erzeugung der Datensätze liegen für alle drei Ebenen Verteilungsannahmen zugrunde, die in wesentlichen Teilen aus der Erhebung gewonnen und erforderlichenfalls geeignet modifiziert wurden. Zu jedem Parameter oder jeder Hilfsgröße sind, ggf. unterschieden nach der Datensatzgröße, dementsprechend mögliche Werte, gekennzeichnet durch "val", angegeben, die mit einer Wahrscheinlichkeit von "prob"/100 bei der Generierung eines Datensatzes zugeordnet werden. Werden hingegen "i_min" und "i_max" bzw. "s_min" und "s_max" aufgeführt, so werden die Werte gleichverteilt aus dem kontinuierlichen Intervall [i_min, i_max] bzw. aus der Menge mit den diskreten Werten {s_min,...,s_max} ermittelt. Zur Bestimmung einer konkreten Zuordnung werden dann in allen Fällen Zufallszahlen gleichverteilt aus dem Intervall [1, 100] gezogen, durch die der auszuwählende Wert eindeutig festgelegt wird.

Im folgenden werden die Verteilungsannahmen der drei Ebenen - in der Reihenfolge der Berechnungen und damit u. U. abweichend von der Darstellungsfolge in den Prämissen der Kapitel 3, 4 und 5 - beschrieben.[8]

E.1 Taktische Planung

Die Erzeugung von Datensätzen der taktischen Planung basiert auf den folgenden Verteilungsannahmen:

- T	val	13	26	52
(sehr klein)	prob	100	0	0
(klein)	prob	100	0	0

[8] Nachfolgend wird zugunsten einer komprimierten Darstellung bewußt auf die Wiedergabe (aufwendiger) Berechnungen, die zum Verständnis nicht zwingend erforderlich sind, verzichtet. Zu detaillierten Darstellungen, die auch inhaltliche Überlegungen weiter motivieren, siehe für die taktische Planung Schirmer (1993, S. 57 ff.), für die taktisch-operative Planung Bartsch (1993, S. 42 ff.) und für die operative Planung Böttcher (1993, S. 24 ff.).

(mittelgroß)	prob	0	100	0
(groß)	prob	0	0	100

- A

(sehr klein)	val	6				
	prob	100				
(klein)	val	6	15	20	25	30
	prob	10	20	40	20	10
(mittelgroß)	val	15	25	35	45	55
	prob	25	25	15	30	5
(groß)	val	25	50	75	100	125
	prob	20	50	15	10	5

- dev1_E	val	0.5	0.75	1.0
(sehr klein)	prob	100	0	0
(klein)	prob	100	0	0
(mittelgroß)	prob	0	100	0
(groß)	prob	0	0	100

- dev2_E s_min 0.8 s_max 1.2

- P_e	val	1	2	3	4
(sehr klein)	prob	50	50	0	0
(klein)	prob	50	50	0	0
(mittelgroß)	prob	20	30	50	0
(groß)	prob	10	20	50	20

- S_{ep}

($P_e = 1$)	(S_{e1})	s_min	1	s_max	3
($P_e = 2$)	(S_{e1})	s_min	1	s_max	3
	(S_{e2})	s_min	1	s_max	5

($P_e = 3$)	(S_{e1})	s_min	1	s_max	2
	(S_{e2})	s_min	1	s_max	3
	(S_{e3})	s_min	1	s_max	5
($P_e = 4$)	(S_{e1})	s_min	1	s_max	2
	(S_{e2})	s_min	1	s_max	3
	(S_{e3})	s_min	1	s_max	5
	(S_{e4})	s_min	1	s_max	3

- M_e	s_min	1	s_max	10
- b_{em}	s_min	1	s_max	10

- dev_λ	val	0	1	2	3	4	5	6	7	8	9	10
	prob	1	2	5	10	17	30	17	10	5	2	1
- dev_δ	val	0	1	2	3	4						
	prob	10	20	40	20	10						
- D_{et}	val	0	10									
	prob	5	95									
- dev_AEM	val	1	2	3	4	5	6					
	prob	10	30	30	15	10	5					
- k_{epsma}	val	0	1	2	3	4	5	6	7	8	9	10
	prob	5	1	20	1	10	1	10	1	10	1	40
- dev_C	val	1.5	2.5	3.5								
(leicht)	prob	0	0	100								
(mittel)	prob	0	100	0								
(schwer)	prob	100	0	0								
- $\hat{q}_{ep's'psm}$	val	0	1	2								
	prob	70	20	10								

Zunächst wird die Länge des Planungshorizonts T festgelegt. Dieser beträgt für sehr kleine und kleine 13, für mittelgroße 26 und für große Datensätze 52 Perioden.

Die Anzahl der Prüfer A wird wie folgt bestimmt: Sehr kleine Datensätze haben eine Prüferzahl von 6, während bei den übrigen Datensatzgrößen mehrere Werte alternativ in Betracht kommen. So beträgt z. B. die Wahrscheinlichkeit 0.4, daß ein kleiner Datensatz 20 Prüfer hat.

Die Anzahl der Aufträge E berechnet sich aus dem zugeordneten Planungshorizont T, der Prüferzahl A sowie den Hilfsgrößen dev1_E und dev2_E. dev1_E wird dabei in Abhängigkeit von der Datensatzgröße erzeugt und trägt der Überlegung Rechnung, daß sich die Bearbeitung von Prüfungsaufträgen, beginnend mit der Vorprüfung und endend mit der Berichterstellung, häufig über einen Zeitraum von 26 Wochen und mehr erstreckt. Es gilt

$$Zw\_E = (6.06 \cdot A - 23.48) \cdot dev1\_E \cdot dev2\_E$$

Aus Zw_E ergibt sich E durch Rundung auf das nächste Vielfache von 5.

Die Anzahl der Prüfungsabschnitte P_e eines Auftrags e wird analog zur Anzahl der Prüfer gemäß den Verteilungsannahmen bestimmt.

Die Anzahl der Teilprüfungsabschnitte S_{ep} wird in Abhängigkeit von der Anzahl der Prüfungsabschnitte P_e eines Auftrags e ermittelt. So hat z. B. der zweite Prüfungsabschnitt S_{e2} eines Auftrags e mit 2 Prüfungsabschnitten, d. h. $P_e = 2$, mit jeweils gleicher Wahrscheinlichkeit 1, 2, 3, 4 oder 5 Teilprüfungsabschnitte. Unter den in Abschnitt 3.1 gegebenen Prämissen sind nach diesem Schritt im übrigen auch die Reihenfolgebeziehungen zwischen Teilprüfungsabschnitten (e, p, s) eines Auftrags durch Mengen $\mathscr{V}_{eps}$ eindeutig spezifiziert.

Die Anzahl der Bearbeitungsalternativen M_e eines Auftrags e wird gleichverteilt aus der Menge mit den Werten {1, 2,...,10} berechnet. In Verbindung mit der Festlegung frühester Bearbeitungs- und spätester Beendigungszeitpunkte sowie von Mindest- und Maximalabständen wird die Existenz einer zulässigen Lösung für den Datensatz dabei durch Generierung einer Bearbeitungsalternative, die keine Prüferkapazität nachfragt und einen Präferenzwert von Eins besitzt, garantiert.

Jeder Bearbeitungsalternative m eines Auftrags e wird gleichverteilt aus der Menge mit den Werten {1, 2,...,10} ein Präferenzwert b_{em} zugeordnet.

Der früheste Bearbeitungszeitpunkt λ_{ep} eines Prüfungsabschnitts (e, p) wird aus dem frühesten Bearbeitungszeitpunkt $\lambda_{e,p-1}$ des vorhergehenden Prüfungsabschnitts (e, p-1), dessen Zahl an Teilprüfungsabschnitten $S_{e,p-1}$ sowie der Hilfsgröße dev_λ über ein Zwischenergebnis Zw_λ_{ep} berechnet. Für alle Aufträge e ist $Zw\_\lambda_{e,1} = 0$. Ansonsten gilt

$$Zw\_\lambda_{ep} = \lambda_{e,p-1} + S_{e,p-1} + dev\_\lambda$$

Anschließend wird λ_{ep} in umfangreichen Berechnungen, die der Wahrung der zeitlich zulässigen Einplanbarkeit dienen, aus Zw_λ_{ep} hergeleitet.

Die Berechnung des spätesten Beendigungszeitpunkts δ_{ep} erfolgt analog zu λ_{ep} mit der Hilfsgröße dev_δ über ein Zwischenergebnis Zw_δ_{ep} mit

$$Zw\_\delta_{ep} = \lambda_{ep} + S_{ep} + dev\_\delta$$

δ_{ep} wird dann in wiederum aufwendigen Berechnungen zur Wahrung der zeitlich zulässigen Einplanbarkeit aus Zw_δ_{ep} berechnet.

Die Auftragskapazität D_{et} eines Auftrags e in der Periode t wird entsprechend den Verteilungsannahmen mit einer Wahrscheinlichkeit von 0.05 zu 0 bzw. 0.95 zu 10 bestimmt.

Die Hilfsgröße dev_AEM gibt an, wie viele Prüfer einen Auftrag e in der Bearbeitungsalternative m durchführen. Die Festlegung der einzelnen Prüfer, die einen Auftrag in einer Bearbeitungsalternative m prüfen, erfolgt gleichverteilt unter allen Prüfern. Für jeden Prüfer a, der in Bearbeitungsalternative m eingesetzt wird, werden dann die Kapazitätsgebräuche k_{epsma} zur Bearbeitung der Teilprüfungsabschnitte (e, p, s) gemäß den Verteilungsannahmen generiert. Der Überlegung, daß "besser" geeignete Prüferteams weniger Zeit zur Bearbeitung eines Teilprüfungsabschnitts als "weniger gut" geeignete benötigen, wird zum einen durch unterschiedliche Kapazitätsgebräuche Rechnung getragen. Zum anderen werden Teilprüfungsabschnitte am Ende eines Prüfungsabschnitts festgelegt, die in einigen Bearbeitungsalternativen keine Kapazität nachfragen. Dabei wird sichergestellt, daß der erste Teilprüfungsabschnitt eines Prüfungsabschnitts grundsätzlich einen positiven Kapazitätsgebrauch hat.

Zur Bestimmung der Periodenkapazität C_{at} von Prüfer a in Periode t wird zunächst der Quotient Quo_C aus der Summe der Erwartungswerte der Kapazitätsgebräuche aller Teilprüfungsabschnitte und dem Produkt aus der Prüfer- und der Periodenzahl gebildet. Unter Verwendung der Hilfsgröße dev_C, die in Abhängigkeit vom Schwierigkeitsgrad eines Datensatzes erzeugt wird, berechnet sich C_{at} ganzzahlig zu

$$C_{at} = \max \{Quo\_C \cdot dev\_C, 10 \cdot dev\_C / 1.5\}$$

Beispielsweise ist damit bei schweren Datensätzen $C_{at} \geq 10$.

Die Mindestabstände $q_{ep's'psm}$ der unmittelbaren Vorgänger mit $(e, p', s') \in \mathscr{V}_{eps}$ werden wie folgt ermittelt: Unter Wahrung der Existenz einer zeitlich zulässigen Lösung wird zwischen dem letzten Teilprüfungsabschnitt eines Prüfungsabschnitts und dem ersten des nachfolgenden Prüfungsabschnitts gleichverteilt ein Mindestabstand bestimmt. Für die übrigen Teilprüfungsabschnitte gilt, daß ein Teilprüfungsabschnitt, der keine Kapazität beansprucht, einen Mindestabstand zu seinem Vorgänger von -1, ansonsten von 0 hat.

Ebenfalls unter Wahrung der Existenz einer zeitlich zulässigen Lösung werden die Maximalabstände $\hat{q}_{ep's'psm}$ der unmittelbaren Vorgänger mit $(e, p', s') \in \mathscr{V}_{eps}$ gemäß den Verteilungsannahmen zwischen kapazitätsbeanspruchenden Teilprüfungsabschnitten eines Prüfungsabschnitts erzeugt. In allen anderen Fällen gilt $\hat{q}_{ep's'psm} = T$.

E.2 Taktisch-operative Planung

Die Erzeugung von Datensätzen der taktisch-operativen Planung basiert auf den folgenden Verteilungsannahmen:

- A

(sehr klein)	val	2	3	4	5	6
	prob	20	20	20	20	20
(klein)	val	10	15	20	25	30
	prob	20	20	20	20	20
(mittelgroß)	val	35	40	45	50	55
	prob	20	20	20	20	20
(groß)	val	65	80	95	110	125
	prob	20	20	20	20	20

- dev_E

(sehr klein)	i_min	0.5	i_max	1.5
(klein)	i_min	0.9	i_max	1.2
(mittelgroß)	i_min	0.9	i_max	1.2
(groß)	i_min	0.9	i_max	1.2

- N	val	3	5	10
(sehr klein)	prob	100	0	0
(klein)	prob	50	50	0
(mittelgroß)	prob	0	100	0
(groß)	prob	0	50	50

- H	val	2
	prob	100

- F	val	2	4	6
(sehr klein)	prob	100	0	0
(klein)	prob	50	50	0
(mittelgroß)	prob	0	100	0
(groß)	prob	0	0	100

- dev_A_E	val	1	2	3	4	5	6
	prob	10	30	30	15	10	5

- dev_E_A	val	1	2	3	4
	prob	10	30	50	10

- dev_C	val	10	15	20	25
	prob	25	25	25	25

- dev_D	val	10	15	20
	prob	25	50	25

- dev_$\mathscr{V}$	A=	1	2	3	4	5	6
(leicht)	val	0	1	2	2	3	3
(mittel)	val	0	2	3	3	5	5
(schwer)	val	0	3	4	4	7	7

- dev1_$\mathscr{V}$	val	*vo*	*mi*	*hi*
	prob	40	20	40

- dev2_$\mathscr{V}$	val	*vo*	*mi*	*hi*
(dev1_$\mathscr{V}$=*vo*)	prob	80	15	5
(dev1_$\mathscr{V}$=*mi*)	prob	15	70	15
(dev1_$\mathscr{V}$=*hi*)	prob	5	15	80

- $\sigma_{ee'}$	val	0	1	2
($F \leq 2$)	prob	50	50	0
($F > 2$)	prob	30	40	30

Die Anzahl der Prüfer A wird in Abhängigkeit von der Datensatzgröße festgelegt. So ist z. B. die Wahrscheinlichkeit 0.2, daß ein kleiner Datensatz 20 Prüfer hat.

Zur Bestimmung der Anzahl der Aufträge E wird zunächst eine Hilfsgröße dev_E in Abhängigkeit von der Datensatzgröße gleichverteilt aus dem

Intervall [i_min, i_max] ausgelost. Daraus berechnet sich Zw_E mit

$$Zw\_E = 0.5 \cdot A \cdot dev\_E$$

und E durch Rundung von Zw_E auf die nächste natürliche Zahl.

Die Anzahl der Perioden T ergibt sich aus den Anzahlen der Tage N, der Normalperioden H und der Überlastperioden F unter Verwendung der Verteilungsannahmen zu[9]

$$T = N \cdot H + N \cdot F$$

Die Hilfsgröße dev_A_E gibt an, wie viele Prüfer an einem Auftrag arbeiten. Bei sehr kleinen Datensätzen wird sie gleichverteilt aus der Menge mit den Werten {1, 2,...,A}, für die übrigen Datensatzgrößen nach obiger Verteilungsannahme bestimmt. Insgesamt sind somit maximal sechs Prüfer an einem Auftrag tätig. Zur Bestimmung der einzelnen Prüfer, die einen Auftrag bearbeiten, wird dann unter Berücksichtigung der bereits erfolgten Zuordnungen wie folgt verfahren: Gibt es noch Prüfer, die an keinem Auftrag mitarbeiten, so wird unter diesen gleichverteilt ein Prüfer bestimmt. Ansonsten wird anhand der Hilfsgröße dev_E_A eine Menge, die ausschließlich Prüfer mit derselben Anzahl bereits zugeordneter Aufträge enthält, festgelegt und aus dieser gleichverteilt ein Prüfer gezogen. So beträgt z. B. die Wahrscheinlichkeit 0.5, daß die Menge mit den Prüfern gewählt wird, denen bereits drei Aufträge zugeordnet worden sind. Jeder Prüfer kann im übrigen maximal fünf Aufträge bearbeiten.

Gemäß den Konsistenzbedingungen stehen alle Prüfer in den Überlastperioden uneingeschränkt zur Verfügung. Durch dev_C wird der prozentuale Anteil derjenigen Prüfer angegeben, die nicht in allen Normalperioden zur Verfügung stehen. Die einzelnen Prüfer werden dann unter Berücksichtigung der bereits zugeordneten Aufträge anhand der Hilfsgröße dev_E_A wie zuvor beschrieben ermittelt. Für jeden dieser Prüfer a wird die Anzahl der Halb-

---

9 Die Hilfsgrößen N, H und F werden abweichend zur ansonsten verwendeten Notation nicht mit dem Zusatz "dev_" versehen, um die Einheitlichkeit der Darstellung zu der in Anhang C.2 verwendeten Notation aufrechtzuerhalten.

schichten C_{at} mit $C_{at} = 0$ anschließend in Verbindung mit der Anzahl an Jobs S_{ea}, die Prüfer a an Auftrag e bearbeitet, bestimmt. Dazu werden die Halbschichten eines Prüfers als Jobs eines fiktiven Auftrags E+1 behandelt. Das Vorgehen zur Festlegung der Anzahl der Jobs eines Auftrags ist wie folgt: Jeder Auftrag e, dem ein Prüfer a zugeteilt ist, besteht für diesen Prüfer aus mindestens einem Job, d. h. $S_{ea} \geq 1$. Unter Beachtung dieser Bedingung werden anschließend alle möglichen Permutationen gebildet, bei denen die Anzahl der Jobs gleich der Anzahl der Normalperioden $N \cdot H$ ist. Im letzten Schritt wird mit gleicher Wahrscheinlichkeit aus allen Permutationen eine ausgewählt. Damit stehen sowohl die Jobanzahlen S_{ea} als auch die Anzahl der Perioden, in denen ein Prüfer nicht verfügbar ist, fest. Die Bestimmung der einzelnen Perioden t, in denen $C_{at} = 0$ ist, erfolgt dann durch gleichverteilte Auswahl unter allen Normalperioden. Für alle übrigen Perioden t gilt $C_{at} = 1$.

Für die Kapazitätsgebräuche gilt gemäß Anhang C.2 $k_{eas} = 1$.

Durch dev_D wird in Analogie zu dev_C der prozentuale Anteil derjenigen Aufträge angegeben, die in Normalperioden nur eingeschränkt bearbeitet werden dürfen. Dazu wird für jeden Auftrag e die maximale Anzahl an Jobs S_e^{max} berechnet, die von einem der dem Auftrag e zugeordneten Prüfer an diesem Auftrag bearbeitet wird. Die Ermittlung der einzelnen Aufträge erfolgt gleichverteilt unter allen Aufträgen, für die $N \cdot H - S_e^{max} > 0$ gilt. Die Anzahl der Perioden wird anschließend gleichverteilt aus der Menge mit den Werten $\{1, 2,...,N \cdot H - S_e^{max}\}$ gezogen. Die Festlegung der einzelnen Perioden t, in denen $D_{et} = 0$ ist, ergibt sich dann durch gleichverteilte Auswahl unter allen Normalperioden. Für alle übrigen Perioden t gilt $D_{et} = A$.

Reihenfolgebeziehungen bestehen zunächst zwischen allen Jobs, die ein Prüfer a an Auftrag e durchführt, in der Art, daß $(e, a, s\text{-}1) \in \mathscr{V}_{eas}$ mit $s = 2,...,S_{ea}$ gilt. Mit den ganzzahlig gerundeten Werten $s1 = S_{ea}/3$ und $s2 = 2 \cdot s1$ beinhaltet die Menge $vo = \{1,...,s1\}$ das erste Drittel, $mi = \{s1+1,...,s2\}$ das zweite Drittel und $hi = \{s2+1,...,S_{ea}\}$ das dritte Drittel der Jobs von Prüfer a an Auftrag e. Die Bestimmung von zeitgleichen Bearbeitungen basiert auf der Überlegung, daß zum einen Abstimmungstätigkeiten häufiger am Anfang und am Ende einer Auftragsbearbeitung erforderlich sind. Zum anderen liegen zeitgleiche Bearbeitungen für die involvierten Prüfer tendenziell eher für Jobs vor, die den gleichen Mengen *vo*, *mi* bzw. *hi* entstammen. Je nach Datensatzgröße und Prüferzahl eines Auftrags sind nach Ermittlung der Hilfsgröße dev_$\mathscr{V}$ bei leichten Datensätzen bis zu 3, bei mittleren bis zu 5 und bei schweren bis zu 7 Jobs jedes Auftrags zeitgleich einzuplanen. Arbeiten z. B. 3 Prüfer an einem Auftrag und soll ein mittlerer Datensatz generiert werden, so hat die Hilfsgröße dev_$\mathscr{V}$, die die Anzahl zeitgleicher Bearbeitungen wiedergibt, den Wert 3. Für jede dieser zeitgleichen Einplanungen werden zwei Prüfer a und a', die den betreffenden Auftrag bearbeiten, gleichverteilt ausgelost. Dann wird für Prüfer a gemäß den Verteilungsannahmen durch dev1_$\mathscr{V}$ die Menge, aus der der Job s gleichverteilt gezogen wird, bestimmt. In Abhängigkeit vom Wert von dev1_$\mathscr{V}$ wird dann analog durch dev2_$\mathscr{V}$ der zeitgleich durchzuführende Job s' des Prüfers a' festgelegt. Es gilt dann $(e, a, s) \in \mathscr{V}_{ea's'}$ und $(e, a', s') \in \mathscr{V}_{eas}$. Falls die Einführung zeitgleicher Bearbeitungen zwingend zu unzulässigen Lösungen führt, wird die beschriebene Vorgehensweise bis zur Anzahl von 100 Versuchen wiederholt. Bei Erreichen dieser Grenze werden erforderlichenfalls zeitgleiche Bearbeitungen, die zur Unzulässigkeit führen, entfernt.

Für die Mindestabstände zwischen Jobs gilt: Jobs (e, a, s) und (e, a, s+1) mit $s = 1,\dots,S_{ea}-1$, die Prüfer a an Auftrag e bearbeitet, haben einen Mindestabstand $q_{e,a,s,a,s+1} = 0$. Jobs (e, a, s) und (e, a', s') mit $a \neq a'$, die die Prüfer a und a' zeitgleich an Auftrag e durchführen müssen, werden durch Mindestabstände $q_{easa's'} = -1$ bzw. $q_{ea's'as} = -1$ berücksichtigt.

Die Reisezeiten $\sigma_{ee'}$ zwischen zwei Aufträgen e und e' werden in Abhängigkeit von der Anzahl der Überlastperioden F bestimmt. Es gilt $\sigma_{ee'} = \sigma_{e'e}$.

Die Kosten c_t haben in Normalperioden den Wert 0, in der ersten Überlastperiode eines Tages den Wert 300 und in den folgenden Überlastperioden t desselben Tages den Wert $c_t = (c_{t-1}) \cdot (c_{t-1})$.

E.3 Operative Planung

Die Erzeugung von Datensätzen der operativen Planung basiert auf den folgenden Verteilungsannahmen:

- T	val	10	40	80	120
(sehr klein)	prob	100	0	0	0
(klein)	prob	0	100	0	0
(mittelgroß)	prob	0	0	100	0
(groß)	prob	0	0	0	100

- dev_A	val	1	2	3	4	5	6
(sehr klein)	prob	0	50	50	0	0	0
(klein)	prob	0	$33.\bar{3}$	$33.\bar{3}$	$33.\bar{3}$	0	0
(mittelgroß)	prob	0	0	$33.\bar{3}$	$33.\bar{3}$	$33.\bar{3}$	0
(groß)	prob	0	0	0	$33.\bar{3}$	$33.\bar{3}$	$33.\bar{3}$

- dev_S i_min 0.5 i_max 1.2

- dev_P	val	1	2	3	4	5	6	7	8
	prob	5	10	15	20	20	15	10	5

- dev_E	val	1	2	3	4	5
	prob	20	20	20	20	20

- dev_C i_min 0.8 i_max 1.2

- dev1_$\mathscr{V}$

(leicht)	val	0.1
(mittel)	val	0.2
(schwer)	val	0.3

- dev2_$\mathscr{V}$ i_min 0.8 i_max 1.2

- dev1_k i_min 0.0 i_max 0.1

- dev2_k i_min 0.0 i_max 0.4

Zunächst wird die Länge des Planungshorizonts T festgelegt. Dieser beträgt für sehr kleine 10, für kleine 40, für mittelgroße 80 und für große Datensätze 120 Perioden.

Die Anzahl der Prüfer A ergibt sich aus der Hilfsgröße dev_A, die gemäß den Verteilungsannahmen bestimmt wird und die Anzahl der realen Prüfer wiedergibt. Durch Addition des fiktiven Prüfers berechnet sich A zu

$$A = dev\_A + 1$$

So beträgt dann z. B. die Wahrscheinlichkeit jeweils 0.5, daß ein sehr kleiner Datensatz A = 3 bzw. A = 4 Prüfer hat.

Im nächsten Schritt wird die Anzahl der Teilprüffelder Anz_S über alle Prüffelder und -gruppen bestimmt, ehe daraus die Anzahl der Teilprüffelder je Prüffeld berechnet wird. Anz_S ergibt sich aus der Länge des Planungshorizonts T, der Zahl der realen Prüfer A-1 und der Hilfsgröße dev_S, die gemäß den Verteilungsannahmen erzeugt wird, zu

$$Anz\_S = T \bullet (A - 1) \bullet dev\_S$$

Danach wird die Anzahl der Prüffelder Anz_P über alle Prüffeldergruppen wie folgt festgelegt: Gemäß den Verteilungsannahmen für die Hilfsgröße dev_P wird zunächst die Anzahl der Teilprüffelder des ersten Prüffeldes ausgewählt. Dieser Vorgang wird für weitere Prüffelder solange wiederholt, bis genau Anz_S Teilprüffelder zu Prüffeldern zugeordnet worden sind. Dabei kann der Wertebereich von dev_P für das letzte Prüffeld u. U. eingeschränkt sein. Die Anzahl der durchlaufenen Iterationen stimmt dann mit der Anzahl der Prüffelder Anz_P überein.

Anschließend werden die Prüffeldergruppen erzeugt. Dies erfolgt anhand der Hilfsgröße dev_E in analoger Vorgehensweise zur Generierung der Prüffelder. Dabei sind Anz_P Prüffelder zu verteilen.

Nach Abschluß liegen somit die Modellparameter E, P_e und S_{ep} vor. Gemäß den in Anhang C.3 beschriebenen Konsistenzbedingungen und in Verbindung mit der Festlegung von A sind damit auch die Parameter M_e, $\mathcal{MS}_e$, U_e und $\mathcal{M}_{eu}$ spezifiziert.

Zur Bestimmung der Periodenkapazität C_{at} von Prüfer a in Periode t wird zunächst die Hilfsgröße dev_C gemäß den Verteilungsannahmen ermittelt. Danach ergibt sich die Gesamtkapazität Anz_C des realen Prüfers a mit a = 1,...,A-1 über alle Perioden t zu

$$\text{Anz\_C} = \min\{\text{Anz\_S} \cdot \text{dev\_C} / (A - 1), T\}$$

Durch die Zuweisung des Minimums wird sichergestellt, daß Prüfer a in höchstens T Perioden verfügbar ist. Die Anzahl der (Halb-) Schichten mit einer Dauer von vier Perioden der operativen Ebene, in denen der betreffende Prüfer entsprechend den Vorgaben der taktisch-operativen Ebene nicht verfügbar sein soll, wird zu

$$\text{Zw\_C} = (T - \text{Anz\_C}) / 4$$

berechnet und auf die nächste natürliche Zahl abgerundet. Abweichend von dieser Vorgehensweise erfolgt bei den sehr kleinen Datensätzen keine Division. Die (Halb-) Schichten, in denen Prüfer a nicht verfügbar ist, werden anschließend gleichverteilt unter allen (Halb-) Schichten ausgelost. Die Verfügbarkeit des fiktiven Prüfers A wird gemäß den in Anhang C.3 beschriebenen Konsistenzbedingungen festgelegt.

Reihenfolgebeziehungen bestehen zunächst zwischen allen Teilprüffeldern eines Prüffeldes (e, p) mit $(e, p, s\text{-}1) \in \mathcal{V}_{eps}$ für $s = 2,...,S_{ep}$. In Abhängigkeit vom Schwierigkeitsgrad eines Datensatzes wird die Anzahl Zw_$\mathcal{V}$ weiterer Reihenfolgebeziehungen zwischen einzelnen Prüffeldern mit den Hilfsgrößen dev1_$\mathcal{V}$ und dev2_$\mathcal{V}$ ganzzahlig zu

$$\text{Zw\_}\mathcal{V} = \text{Anz\_P} \cdot \text{dev1\_}\mathcal{V} \cdot \text{dev1\_}\mathcal{V}$$

berechnet. Abschließend werden insgesamt Zw_$\mathcal{V}$ weitere Reihenfolgebeziehungen zwischen jeweils zwei gleichverteilt ausgewählten Prüffeldern eingeführt. Dabei wird zur Vermeidung unzulässiger Lösungen sichergestellt, daß keine Zyklen auftreten.

Zur Generierung der Kapazitätsgebräuche k_{epsma} eines Teilprüffelds (e, p, s) bei Bearbeitung durch den realen Prüfer a mit a = 1,...,A-1 in der Bearbeitungsalternative m mit m = a wird zunächst festgelegt, welche Prüffelder (e, p) durch den betreffenden Prüfer nicht bearbeitet werden dürfen. Die Anzahl Zw1_k der Prüffelder, für die ein Zuordnungsverbot besteht, berechnet sich mit der Hilfsgröße dev1_k zu

$$Zw1\_k = Anz\_P \cdot dev1\_k$$

Nach der Auslosung der Zw1_k Prüffelder, die gleichverteilt unter allen Prüffeldern vorgenommen wird, erfolgt eine Ausweitung des Bearbeitungsverbots auf alle Prüffelder der zugehörigen Prüffeldergruppe. Des weiteren müssen Teilprüffelder festgelegt werden, die bei Bearbeitung durch einen bestimmten Prüfer keine Kapazität beanspruchen. Die Qualifikationsunterschiede zwischen den Prüfern werden durch die Hilfsgröße dev2_k berücksichtigt. Die Anzahl Zw2_k der Teilprüffelder (e, p, s), für die bei Bearbeitung durch den Prüfer a in der Bearbeitungsalternative m mit m = a durch $k_{epsma} = 0$ kein Kapazitätsgebrauch entsteht, berechnet sich zu

$$Zw2\_k = Anz\_S \cdot dev2\_k$$

Die betreffenden Teilprüffelder werden gleichverteilt unter allen Teilprüffeldern, für die kein Bearbeitungsverbot besteht, ausgelost. Die Kapazitätsgebräuche bei Einsatz des fiktiven Prüfers A werden gemäß den in Anhang C.3 beschriebenen Konsistenzbedingungen festgelegt.

Nach der Bestimmung der Kapazitätsgebräuche werden die Bearbeitungsdauern d_{epsm} wiederum gemäß den in Anhang C.3 enthaltenen Konsistenzbedingungen berechnet.

GPSR Compliance

The European Union's (EU) General Product Safety Regulation (GPSR) is a set of rules that requires consumer products to be safe and our obligations to ensure this.

If you have any concerns about our products, you can contact us on ProductSafety@springernature.com

In case Publisher is established outside the EU, the EU authorized representative is:

Springer Nature Customer Service Center GmbH
Europaplatz 3
69115 Heidelberg, Germany

Batch number: 10815974

Printed by Printforce, the Netherlands